跨越世紀的信號②

# 日記裡的臺灣史

十七—二〇世紀

〔主編〕張隆志

〔著〕簡宏逸　林紋沛　劉世溫　楊朝傑　陳冠妃　陳柏棕　鄭螢憶　莊勝全　曾獻緯

島嶼新台誌

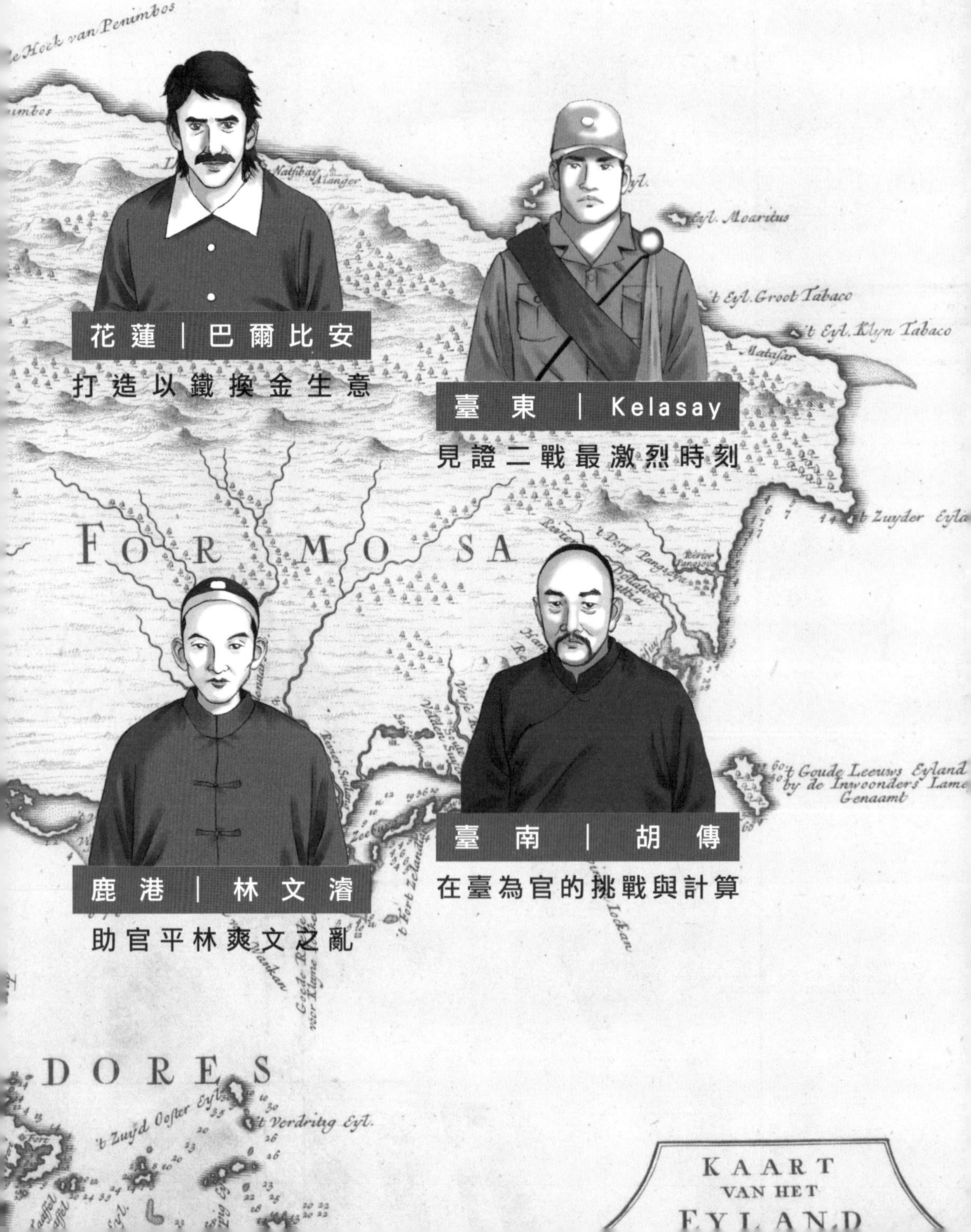
花蓮｜巴爾比安
打造以鐵換金生意
臺東｜Kelasay
見證二戰最激烈時刻
鹿港｜林文濬
助官平林爽文之亂
臺南｜胡傳
在臺為官的挑戰與計算
Hoek van Penimbos
Eyl. Moaritus
't Eyl. Groot Tabaco
't Eyl. Klyn Tabaco
FORMOSA
't Goude Leeuws Eyland
by de Inwoonders Lame
Genaamt
DORES
't Zuyd Ooster Eyl.
't Verdritig Eyl.
KAART
VAN HET
EYLAND

臺北｜黃旺成
為報社奪權風暴揭開序幕
埔里｜曹士桂
識破歸順天朝的本心
臺北｜吳墉祥
戰後異鄉人的流離歲月
苗栗｜馬偕
翻山越嶺努力傳教
霧峰｜楊水心
到東京探望丈夫林獻堂
't Eyl. Gaclay
Tranguidan
Bay van St. Laurens
Riv. Doero
't Eyl. Denual
Bay van Denual
't Eyl. Doati
't Eyl. Sapiat
Tamkay
Medoldarea
Sabragoga
HET EYLA
PISC
Stek Grondt
Hier hebt gy al Eenparige Grondt en int Overfteeken al

1657

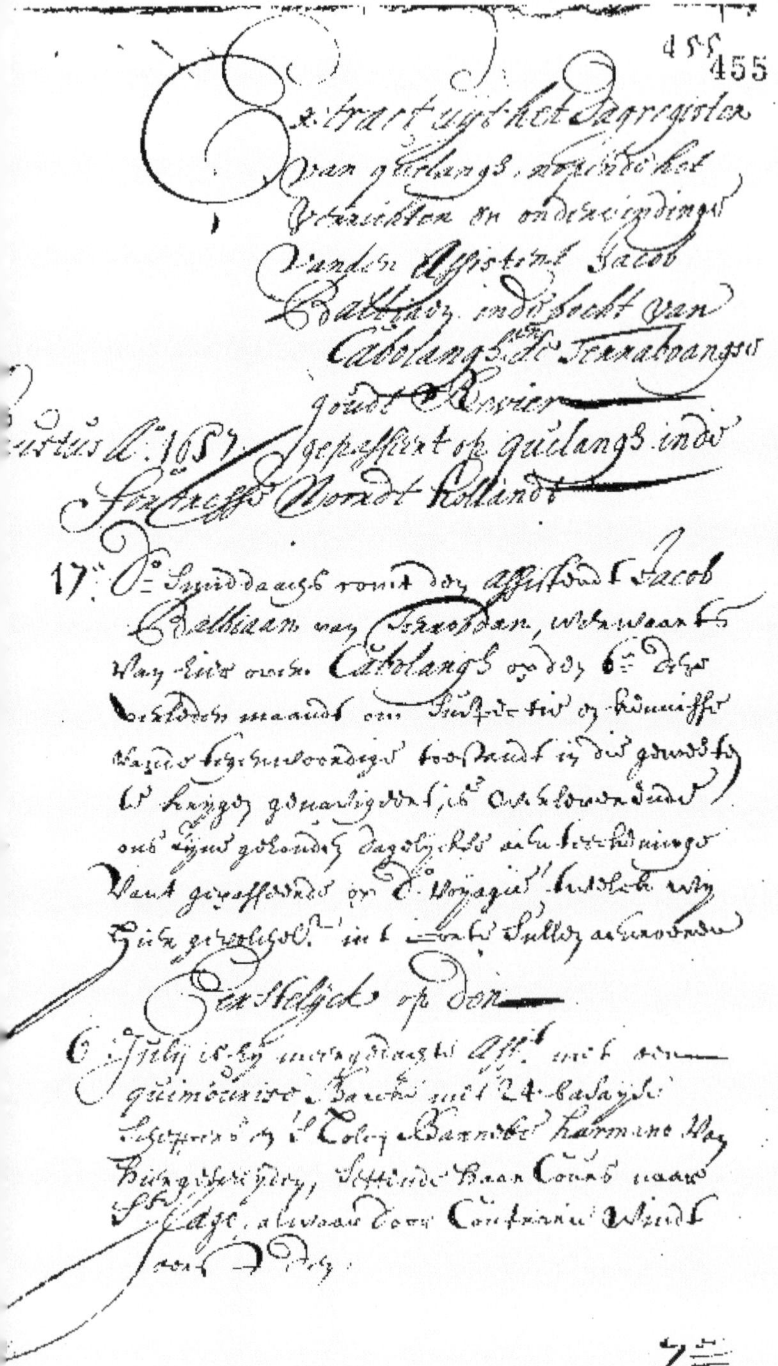

## 雅各巴爾比安探金日誌

（船隻來到部落附近）

巴爾比安擊發一聲槍響，通知哆囉滿人他們的到來。

欽定平定臺灣紀略

（打擊林爽文勢力受到嘉獎）
義民林文濬協同押犯，洵屬可嘉！

大逆應請交刑部再行確審因解送省城交撫
臣徐嗣曾遴委妥員管解并飭沿途倍加防護
以保無虞其押犯來泉之典史李爾和外委許
瑪情願仍回臺地協力勦賊將來視其功績另
予優敘義民林文濬協同押犯洵屬可嘉臣當
即給賞花紅銀兩以示鼓勵並令回臺傳示各

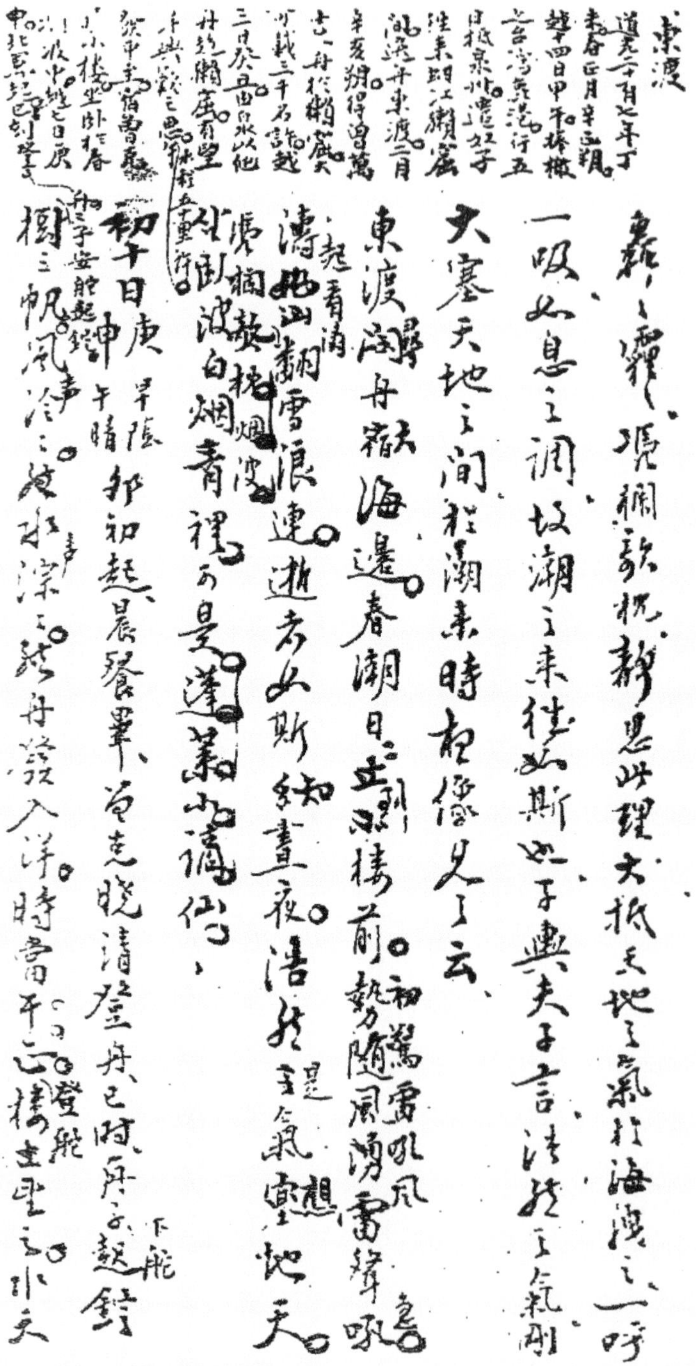

## 宦海日記

〔搭船到臺赴任〕

北風起，巳刻登舟，舟子安舵起錠……

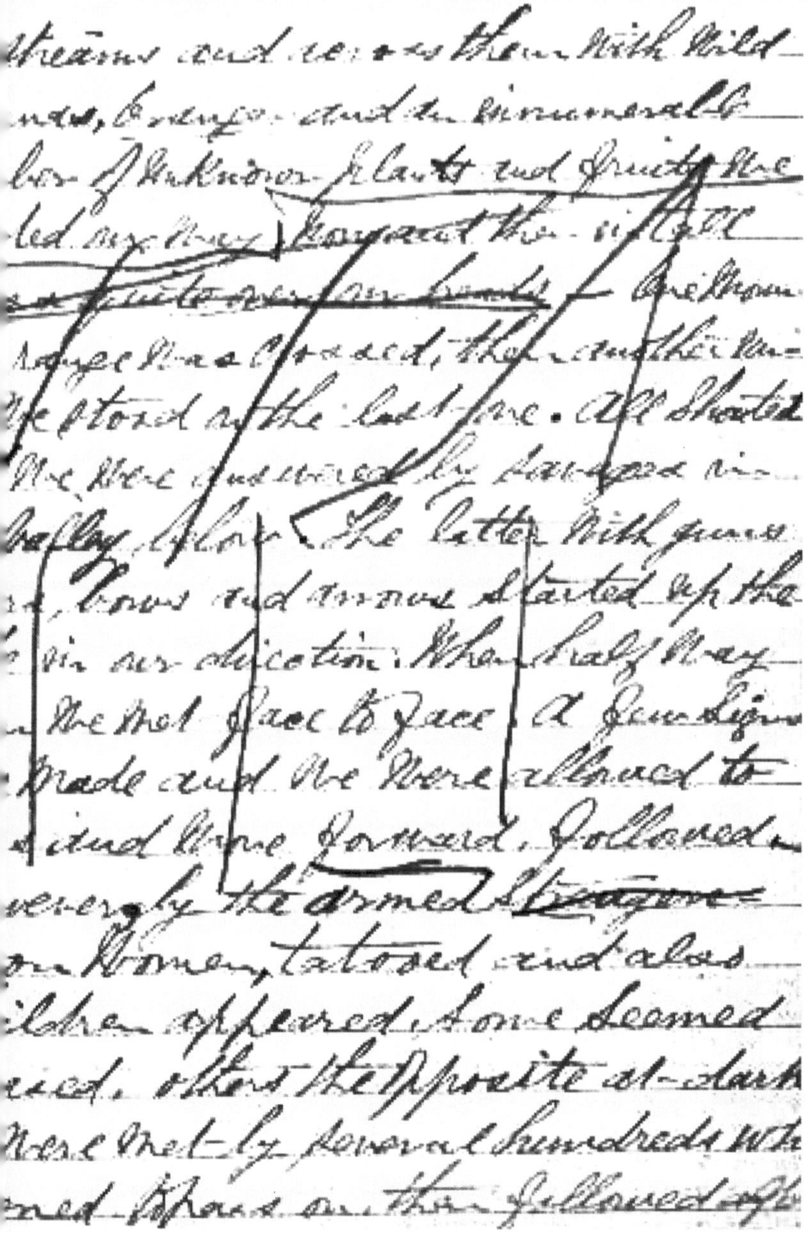
streams and across them with wild
ness, oranges and the innumerable
ber of unknown plants and fruits. We
led our way
and fruits over our heads. One stream
range was crossed, then another
We stood on the last one. All shouted
We were answered by savages in
the valley below. The latter with guns
, bows and arrows started up the
in our direction. When half way
we met face to face. A few signs
made and we were allowed to
and move forward, followed
severally the armed strangers
Women tattooed and also
children appeared. Some seemed
sed, others the opposite at dark
were met by several hundreds who
followed after

## 馬偕日記

（在新港社民的帶領下進入深山）

大家高聲喊叫，下方山谷的番人回應我們

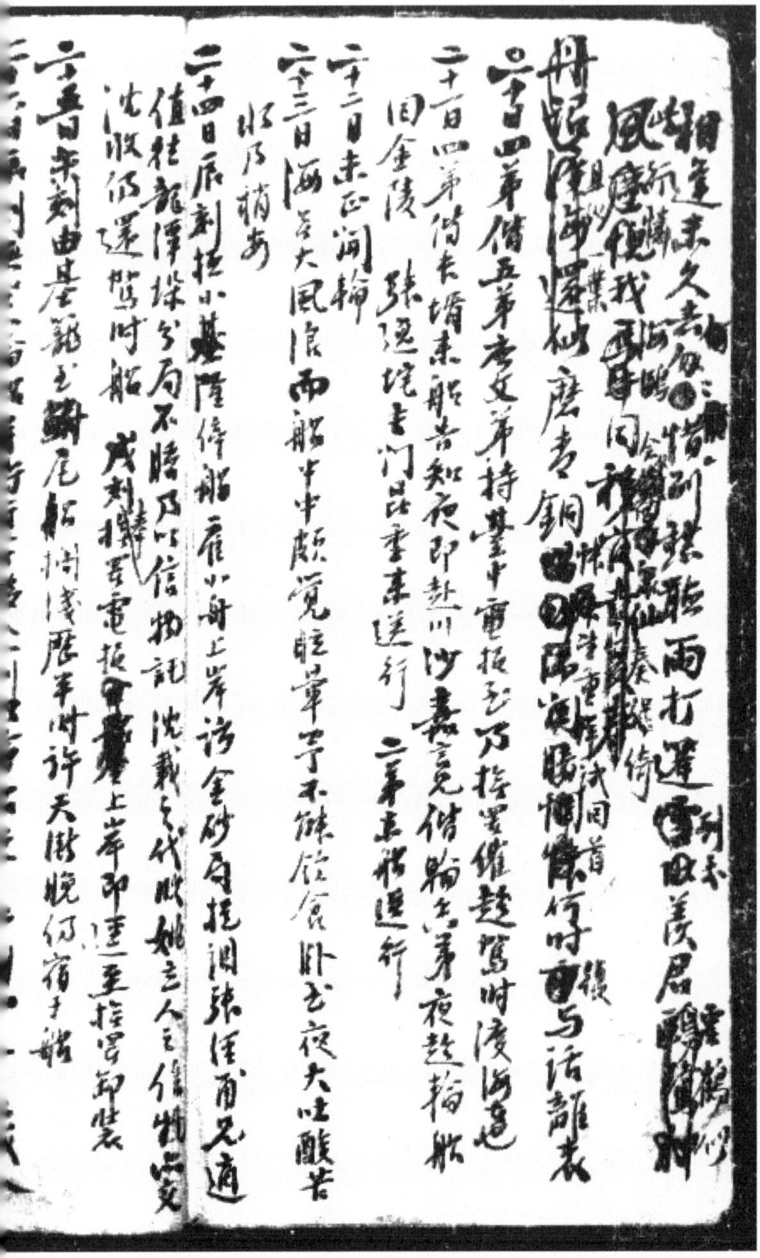

## 壬辰年日記

〔赴臺南前夕〕王君作大江東去一闕贈行。

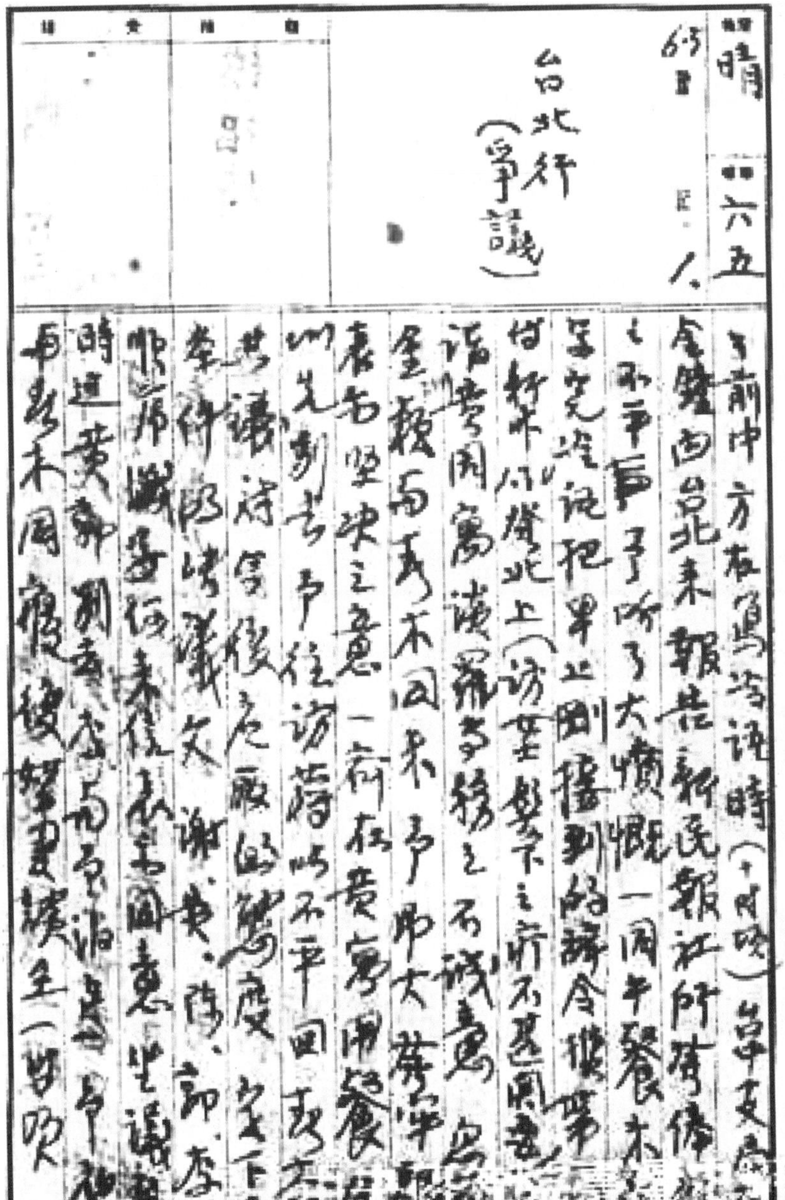
晴

六五

台北行（爭議）

黃旺成日記

〔臺灣新民報社風暴由此而起〕李金鐘由臺北來報告新民報社所發俸給之不平，予聽了大憤慨。

## 楊水心女士日記

〔聽聞丈夫林獻堂在東京養病〕

我決定欲去東京，船已經決定了。

六月二十九日　金曜　庚子　佛滅

舊五月十二日

天氣寒暖

來信

發信

Kin-chá ū chiap-tio̍h A-koan ê tiān-pò kiò góa m̄-thang khì Tang-kiaⁿ, i bô hoàn-sìng-in-ūi góa chin hūn-khài 速要回 tiān iā ū khà tiān khì hō Chiú-lâng kóng góa koat-tēng beh khì Tang-kiaⁿ chūn í-keng koat-tēng liáu,

**Kelasay 的日記**

〈離開馬尼拉前，與好友話別〉
祝你武運長久，在臺東見！

第四航空隊に配属となった遊撃第一中隊の神田部隊と別かれ、私たち遊撃第二中隊の川島部隊は六月二十二日マニラを出発、ハルマヘラのに向かった。神田部隊卑南出身穂積兵長の言葉……。

「散るな岡田兵長、共に武運長久祈って台東でまた逢おう。」

同じく神田部隊太巴六九（今の泰安村）倉田兵長の言葉……。

「嘆くな岡田兵長、如何なる苦難もたへしのび生きて帰ろう。」

しっかりと手に手をとって別かれた神田部隊の戦友たち、あの時あの言葉、マニラの波止場に立ってその影は、どうしたのだ神田部隊？あとでの情報が「神田部隊レイテ島で玉砕」一人も台湾へ帰って来ない、全員消えてしまった。神田部隊は日本靖国神社へ帰った。

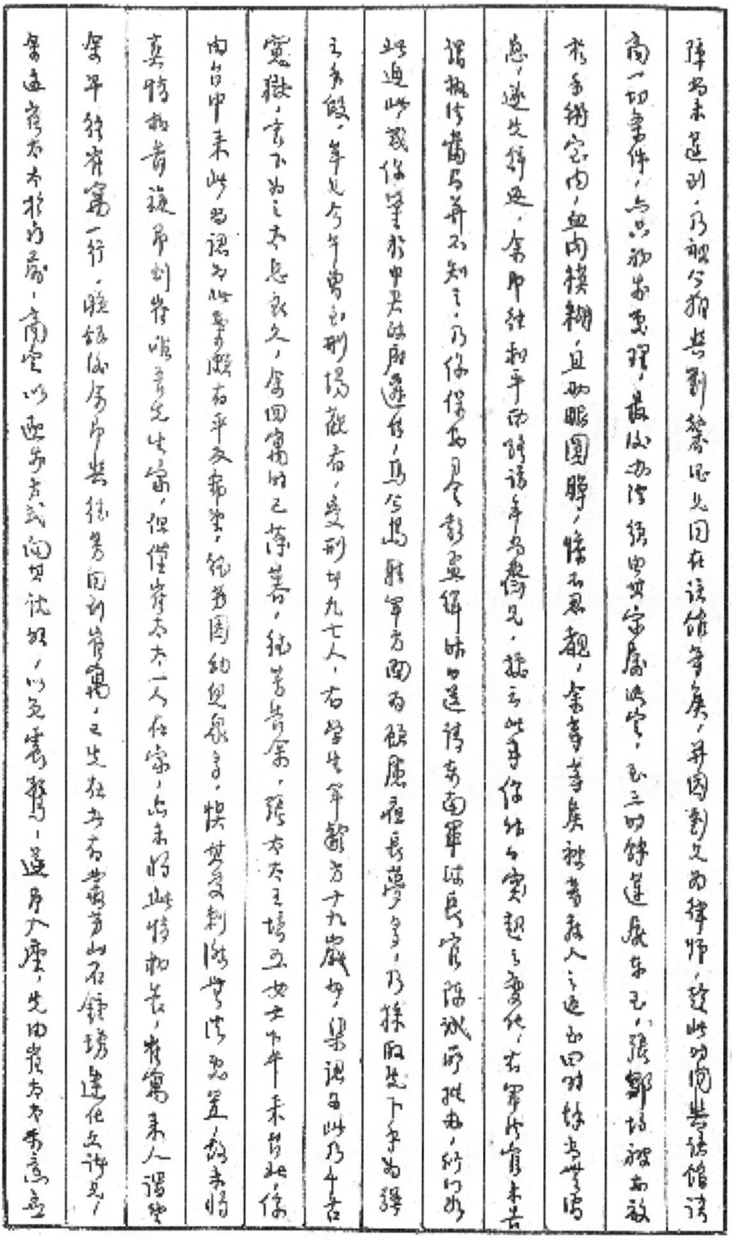

**吳墉祥日記**

〔張敏之等遭處刑後〕受刑者凡七人，有學生年齡方十九歲者，渠認為此乃千古冤獄。

# 編輯室報告

貓頭鷹自一九九二年創立以來，初次開闢歷史人文書系「島嶼新台誌」。本系列由中研院臺史所張隆志老師主編，和新生代歷史研究者，以各類新史料為本，重新向讀者定義屬於這個世代的新臺灣史。本書系著重的面向有：

## 一、從史料出發的新觀點

史料是歷史研究的根本。近年隨政府檔案公開與史料的數位化，日記、書信、地圖、明信片、各類證書、文件等資料更進入空前的「大數據」時代。

讓史料正確說話，並以新史料為底建立新臺灣史觀，是本系列欲達成的目的。系列中每本書會使用一種史料，由多位學者重新詮釋從荷蘭時代到今日臺灣的歷史。

## 二、青年史家的新史學

現今網路平臺提供許多機會分享個人研究心得與成果。歷史研究不再是閉門造車、孤獨無趣之事，而是可以立即拿出來與他人檢視討論的內容，學術研究已進入與大眾分享的時代。本書由多位青年歷史學者參與，將以新生代歷史工作者視角，將各自最新研究成果呈現給讀者。

## 三、給大眾的臺灣民間故事

早年歷史研究與書籍出版以政治史為重，或是帶有民族國家色彩的反思作品，數十年來，則轉向以生活史、文化史等親民、趣味通俗的類型，內容愈來愈與常民生活接軌，也更容易入門。

本系列中每個主題都會以簡單明瞭、深入淺出的文字書寫，搭配珍貴史料、圖片，重說精采的臺灣民間故事。

在這個研究門檻看似降低、史料數量大增、學術與社會互動頻仍，人人似乎都可以變成「專家」而「專業已死」的時代，「歷史學」反而面臨更大的挑戰，更需要重視史料的應用與強大的詮釋智慧與能力。

因此，我們希望在出版精采有趣的新歷史之餘，也能傳遞嚴謹的歷史知識。藉此拋磚引玉，號召更多關心我們腳下這塊土地的歷史同好，一同書寫屬於我們自己的島嶼故事。

# 《島嶼新台誌》總序

張隆志

經過五年多的發想與討論，和三年來的籌備與努力，《島嶼新台誌》系列專書終於要和讀者們見面了！

《島嶼新台誌》書系有兩項主要特色：一是對於新史料及研究成果的強調；二是對於新通史及敘事觀點的探索。作者們雖有各自的學術專業和關懷，但都認為臺灣史教育應該要跨出教科書式的記憶背誦，不能再是陳舊史實和教條觀點的改裝重述，也不能淪為片段傳聞與零碎掌故的拼貼商品。並進而期待能以植根於新史料的研究，通史脈絡觀點的思考，以及讀者取向的書寫為目標，透過共筆書寫的具體成果，來回應當代臺灣人文社會研究的兩大重要趨勢。

一是學院知識的公共化：以二〇〇九年十一月「芭樂人類學」共筆部落格的開設為契機，各種人文社會學術科網站諸如「巷子口社會學」、「歷史學柑仔店」、「菜市場政治學」、「地理眼」、「白經濟」、「STS多重奏」及「法律白話文運動」等陸續問世，蔚為大觀。在時代脈將其專題研究成果轉化為一篇篇生動的敘事，並在解題中反思其史料運用與書寫策略。而讀者們除了吸收臺灣史的新史實外，更可以鑑賞不同風格的歷史學專業技藝，體驗史料解讀與歷史想像的雙重樂趣。從而建構多元而整體，動態而連結的新史觀，落實「人人都是自己的歷史學家」的口號。

猶記得二〇一四年秋初，我在中研院臺灣史研究所文化史研究群的研討室（八二一室），和來自臺大，政大及師大的幾位博士生展開定期交流。我們除了閱讀討論相關的臺灣史作品，並在臉書開設「新臺灣通史的想像與實踐」群組，一起進行試寫及互評分享。二〇一六年春末，在臺史所翁佳音先生介紹下，我帶著部分初稿前往拜訪貓頭鷹出版社說明本計畫的構想。在謝宜英總編輯的支持下，由該社得獎編輯張瑞芳小姐負責協助，進行後續出版規劃及各項流程。歷經多次修改討論，如今第一份成果終於能夠呈現在大家眼前。而當初的共筆同仁，也陸續完成學位乃至成家就職，展開學術與人生的新頁。作為本計畫的主要催生及推動者，我除了感到無比欣慰，更有著深深的感謝！衷心期待這份集體成果，可以為新時代的臺灣史讀者們，帶來知識的喜悅與閱讀的樂趣，一起想像並開創屬於二十一世紀的嶄新臺灣島史圖像！

# 好評推薦

讀日記，如看名人私生活般誘人；
會讀日記，則在細節裡看到時代圖像；
會寫日記故事，能把史料編織成對話如劇場；
文獻加詮釋，深入時代實際運作，淺出時人生活意象，一路讀來，上癮！

十七世紀的荷蘭，卜正民在維梅爾的畫裡，看到美洲與歐洲的毛皮貿易；同時期的臺灣，是荷蘭人日誌裡的金銀島。清帝國治下，郊商、流官、漢番和西洋教士的驚險歷程躍然紙上；日治知識分子、新女性和高砂義勇隊員，都有不由自主的生活要面對，一如外省移民的戰亂流離。大時代的真實人物，讓人隨之悲喜悸動！

——單兆榮／臺北市立第一女子高級中學退休歷史教師

每個人一生其實都是一部歷史，但不是帝王將相、世家巨賈的人們，其經歷見聞如何能流傳下來，又在後世為人所覺察、賞析、論述、詮釋，而得以嶄新面目和後人相見，迎來一場意義的連結與視野的開啟，這樣「成為歷史」的過程，多麼令人著迷呀！

本書是系列之作，第一冊以「書信」為題，此冊繼以「日記」為主，透過九個歷史片段，展現臺灣史的新風貌；十位史家的研究與書寫一方面讓前人的生命重新獲得理解而益發精采生動，另一方面也讓這些歷史人物所身處的大時代，因著人們真切的盤算、圖謀、思緒、行動、際遇等，而益發細膩深刻。

——黃春木／臺北市立建國高中歷史科教師

《跨越世紀的信號：日記裡的臺灣史》從一手史料入手，嘗試在作者演繹與史料傳真的窄縫中，嚴肅對待容納個人情緒與側記時代片段的日記。這群協作的年輕歷史學者們，以史料為本位，在不同的問題意識中，協助臺灣史上，包括原住民、外國人、外省族群、女性等不同主角現身，化身為一篇篇可讀性極高的精采故事。本書的嘗試，證明了史學這門技藝有專業性，也有跟社會對話的溝通能力。

——謝仕淵／國立成功大學歷史學系副教授

# 推薦序　兼具主客觀性的日記史料

許雪姬

「日記」二字最早出現在王充《論衡》卷十三效力篇，作者舉《春秋》一書以年月繫事，故稱孔丘善於做「日記」。至於將「日記」（有時稱為「日鈔」）作為書名（不包括小說），內容為依年月日書寫記主見聞、生活乃至於讀書心得，經年不輟的記載則較接近現代的「日記」。這類型的日記，中國自宋代以來，就開其風氣，明清為盛，今人書寫日記者不多，但因人手一機，行事曆、行程等隨手登錄，儼然成為新型式的日記。

日記有簡有繁，簡者如行事曆，繁者鉅細無遺。以華文書寫的日記，依俞冰主編的《歷代日記叢鈔提要》所介紹，以宋韓淲（一一五九－一二二四）的《澗泉日記》為最早；以日文書寫最早的日記，依吉成勇所編的《日本「日記」總覽》一書的介紹，以円仁的《入唐求法巡禮行記》（八三八－八四五）為最早。令人遺憾的是，迄今為止沒有編輯、出版「臺灣日記總覽」或「臺灣日記叢鈔」的計畫，但由本書可知荷蘭時期雷爾生的日記（十七世紀）可能是臺灣最早的日記。

依目前所存日記，不分語文，就其內容大約可分為五大類，一為生活日記，指記主按時序記載一天中所經歷的事，有時加上感想、對話細節或抄錄某些資訊，甚至臧否人事，如胡傳、林獻堂、楊水心、黃旺成、吳墉祥日記屬之。二、差事日記，指記主為官吏出差，將期間與任務有關者記錄下來以便呈給長官、政府或留給自己閱看，如雅各．巴爾比安採金日記；郁永和《采硫日記》；曹士桂《宦海日記》、胡傳的《臺灣日記》屬之，此類日記另一個特色是時間較短。三、旅遊日記，指記主的旅行日記，包括短程和長程的日記，如顏國年《最近歐美旅行記》，記載自一九二五年三月二十一日起至十月二十七日，旅行二百二十一日，行經歐美十六國的見聞。四、私家載記：如以私人的眼光來　述歷史事件，能由另外的角度切入而達到多元觀點者，如杜家明（二二八期間在台北的外省籍人士）所寫的〈台變十日〉；又如林獻堂日記中有關財政處長嚴家淦因二二八事件躲避在霧峰林家的記載，兩者對了解該事件有所幫助；楊廷理的《東瀛事紀事》、鈔本《臺灣日記》（作者迭名，曾參與平定林爽文事件）都可做為研究林爽文事件的參考。五、官記或起居注：如記載皇帝行事的《起居注》、《先王從征實錄》、《欽定平定臺灣紀略》等不是記主所寫，而由官吏所編著。由上可知一本日記的內容，不一定只能分成一類，有的日記可以包括好幾類；同時日記有自己寫的，也有他人幫自己寫的日記，如上述的起居注，或政治檔案中情治人員定期記載被監視者的言行等都是。

由記主的身分也可以做日記的分類，如本書主要的九種日記記主的身分，即可分為官員、仕紳、新聞記者、臺籍日本兵、宣教師、女性等身分。不過每人的職涯不限一種，如黃旺成原是公學校教師，後擔任家教、新聞記者乃至商人，有多種身分。

有關「日記」的範圍應該如何界定，隨筆、讀書札記亦有人將之視為日記的一種，只要具有日記的部分特質；又或者以回憶錄的型態，也記有重要時間點，似亦可算是廣義的日記。如本書中 Kelasay 的回憶錄被視為日記，其原因在此。又如最近出版的《郭淑姿日記》，即將其記有日期的〈隨想〉編入日記中。

日記是一種非常特別的史料，具有主觀性和客觀性，親歷經驗的書寫具有主觀性，但相對於國家的、官吏的檔案書寫之全面性與宰制性，卻具有微觀性和客觀性，是研究歷史不可或缺的史料。如果研究記主本身，就非參考其日記不可，既可替未寫日記的他者留下第一手的檔案，也可拿來和留下日記的他者作比對，《臺灣新民報》記者為加薪問題的內鬥，在林獻堂、黃旺成日記中可以看出林獻堂的協調、果決；黃旺成的退讓、顧全大局，終於讓事件和平落幕。如果拿林獻堂和楊肇嘉、蔡培火、杜聰明的日記對照來看，可以看出民族運動中的一些「眉角」；也可藉此考訂記主的記錄是否準確，個人的觀點是否多元。

《日記裡的臺灣史（十七～二十世紀）》一書，是張隆志教授所編輯，他知道二十年來利用日記來了解歷史，已是條可循、可親之路，如何利用日記的特點讓讀者藉著它而願意親近，是推廣歷史的蹊徑。此次自荷、清、日治、戰後的日記中挑選九本，記主的身分多樣，女性、原住民也分得了一席之地，不能不說主編思慮周至。由年輕一輩的史學家分頭書寫，令人耳目一新，想先睹為快。作者群描述私人日記如何壯大歷史，歷史因為有記主參與而生動，因為有記主的觀點而生色。帝王將相的政治史不再獨霸舞台，所有的人都是史家，除了寫日記，也正在書寫個人的小歷史，傳統由上而下的歷史，即將由從小歷史匯聚而成的大歷史所取代。主編也不忘要作者在篇後加上註解與解題，盡一個歷史人言必有出處，能提供延伸閱讀的特色。

茲值出版之際，遂談談前人和自己對「日記」的看法，並為之序。

**許雪姬**　中央研究院臺灣史研究所特聘研究員兼所長。

# 主編手記數則

張隆志

《跨越世紀的信號2：日記中的臺灣史》，在九位作者及貓頭鷹出版社編輯團隊的共同努力下，即將呈現在讀者眼前。延續《島嶼新台誌》書系的企劃宗旨，本書以日記史料的研究成果為基礎，透過共筆書寫與互評討論的協作模式，將臺灣史學界的最新學術成果，轉譯成為能夠和大眾讀者共享的歷史故事。進而結合專題史料解題與書寫經驗反思，作為歷史教學和延伸閱讀的實用指南。以下謹以本書主編的身分，與大家分享四則個人記事。歡迎讀者們細細品讀這九篇日記裡的人物故事，慢慢思考日記史料所呈現的島史景觀，一起想像及建構屬於島嶼人群和土地的新臺灣通史圖像。

## 之一：關於史料

二〇二〇年十一月二十八日，週六，天氣晴。臺灣新冠疫情累計人數六四九，今日新增境外移入病例九人，其中八人為印尼來台移工。

昨夜開車南下，今日上午在彰師大進德校區白沙大樓參加「第八屆日記研討會：日記中的歷史事件」學術研討會。中臺灣的陽光燦爛地令人心情愉悅，和台北的陰冷憂鬱形成鮮明對比！

回顧臺灣日記史料的發掘與研究，在許雪姬老師等人的積極倡議及長期努力下，如今已經蔚為大觀。許老師自一九九八年五月於中研院臺灣史研究所成立林獻堂日記解讀班，每週一下午兩點起與所內外研究同仁和各大學研究生共同研讀討論三小時，歷經八年半時光，順利舉行結業式。並將成果出版為《灌園先生日記》共二十七冊，成為珍貴的學術公共財。此一著名日記由先驅林獻堂先生親筆撰寫，始於一九二七年，終於一九五五年（缺一九二八年、一九三六年），是研究臺灣近代政治社會運動不可或缺的第一手史料。臺史所更於二〇〇八年編輯出版《日記與臺灣史研究：林獻堂先生逝世五十週年紀念論文集》，成為臺灣日記史料及研究的重要里程碑。直到今日，二十一世紀的臺灣史讀者們更可以直接進入臺史所檔案館的《臺灣日記知識庫》（https://archives.ith.sinica.edu.tw/），對於十七種臺灣人物日記文本進行全文檢索和互文參照，享受數位典藏及加值利用的科技成果。相較於一九八〇年代初投入臺灣史研究的學術環境和資源，真是突飛猛進、一日千里！

## 之二：關於史實

二〇二〇年十二月十日，週四，天氣陰。臺灣新冠疫情累計人數七二五，今日新增境外移入病例四人，其中三人為菲律賓移工。

傍晚與好友一同至臺師大文學院演講廳，參加《島史的求索：臺灣史論叢史學篇》的新書座談會。今年的十月二十七日是業師曹永和院士的百歲冥誕。（也是霧社事件九十週年紀念！）本書的編輯出版，也算是在陳麗貴導演的紀錄片《曹院士的隱藏文本》、南天書局刊行的《新世代海洋臺灣論叢》、與中研院舉辦的「百年來海洋史研究回顧與展望」學術研討會等活動外，個人對於恩師的小小的獻禮吧？

在曹老師臺灣島史觀的啟發下，《跨越世紀的信號2：日記中的臺灣史》從小故事看大歷史，更為島嶼集體記憶提供了嶄新的史料素材與史實觀點。九篇作品涵蓋了十七世紀的《雅各・巴爾比安探金日誌》；十八世紀的《欽定平定臺灣紀略》；十九世紀的《宦海日記》、《馬偕日記》、《胡傳日記》；二十世紀前期的《黃旺成日記》與《楊水心日記》；以及一九四〇年代《一位高砂族志願兵的摩洛泰島戰記》，與一九四九年後來台的《吉星文日記》、《吳墉祥日記》等重要史料。如同許雪姬老師在本書推薦序中所言，現存臺灣日記史料依照其內容特徵，可分為生活日記、差事日記、旅遊日記、私家載記、以及官記／起居注等五大類，分別反映出不同記主的各類行動紀錄與思想軌跡。這九篇日記臺灣史故事，也共同為豐富多元的臺灣島史提供了流感在臺灣及東亞地區所造成的公共衛生危機及社會文化影響。

今天也接到了出版社告知《跨越世紀的信號：日記中的臺灣史》將於本週清樣、下週送印的好消息。張瑞芳副總編輯日前也寄來了新書封面及書稿給大家審閱。回想起九月十一日與大家在臺北文創大樓參加金鼎獎頒獎典禮時的興奮之情，此時更有份深沉的欣慰與責任感：充滿危機與哀傷的二〇二〇年即將過去，然而幸運地免於恐懼與疾病的臺灣，能否繼續在時代巨變中挺立不搖乃至奮力前行？期待本書的作者與讀者們都能平安健康地繼續閱讀、生活與創作。從而深化並活化歷史學在資料蒐集、研究方法、書寫敘事和普及應用的專業技藝。讓人人都成為自己的歷史學家：一個擁有故事、會說故事、更能聆聽眾人故事的新臺灣人！

# 日記裡的臺灣史

## 十七—二〇世紀

[主編] 張隆志

[著] 簡宏逸、林紋沛、劉世溫、楊朝傑、陳冠妃、陳柏棕、鄭螢憶、莊勝全、曾獻緯

## 尋找黃金的黃金時代

十七世紀又被稱為荷蘭黃金時代。在這段期間，荷蘭聯省共和國成功從西班牙統治下獨立，成為海上世界強權之一。隨之而來的貿易、知識、藝術和文化的蓬勃發展，使這個建立於西歐低地的新興國家，配得上黃金時代之名。但黃金時代的荷蘭，本身其實沒有穩定的貴金屬來源。相較於搶得歐亞貿易先機的葡萄牙，以及擁有美洲銀礦的西班牙，後進的荷蘭只能運輸各種商品在各國買低賣高，賺取價差，換取被視為財富象徵的貴金屬。

挑戰強權以拓展勢力的新興國家荷蘭，當然也會想要像壟斷香料產地一樣，牢牢掌握自己的貴金屬來源，而最大的機會似乎就在當時稱為「東印度」的亞洲。自從《馬可波羅遊記》首次描述黃金之國 Zipangu（英文 Japan 的詞源）以來，歐洲人就格外留意亞洲各國的黃金情報。這激發了荷蘭人向亞洲拓展，知名作家及探險家林斯侯登（Jan Huyghen van Linschoten）在《東印度水路誌》（*Itinerario*）一書中，也提到了亞洲各國盛產黃金的情報。但是這些國家當時都是一方之雄，荷蘭只能透過貿易與之交往，有限度地交易貴金屬。在這些國家中，日本算是比較穩定的貴金屬供應者，荷蘭也透過向日本運輸生絲、陶瓷、鹿皮等商品賺取日本出口的白銀。但即使是供貨穩定的日本，也在一六三〇年代中葉傳出將禁止白銀出口的謠言。此時荷蘭必須做的，就是將貴金屬的來源多元化，最好是能有自己可以掌握的來源。這時，他們的腦筋就動到太平洋上傳說的金銀島，以及自己人剛站穩腳步的福爾摩沙身上了。

## 太平洋上的金銀島

其實上述兩個金銀島傳說很可能有相同的來源，這從一五八四年西班牙船長法蘭西斯科・加里（Francisco Gali）的環太平洋航海紀錄就可以看出。加里的船停泊在澳門時，有位漳州舵手三泰（Santy）曾經告訴他，西洋人稱為「福爾摩沙群島（Ilhas Fermosas）」，而他稱為「琉球（Lequeos）」的地方有黃金礦脈，當地原住民會用小船將鹿皮和砂金拿到中國沿海販賣。三泰自己去過「琉球」九次，對這個情報相當有信心。此外三泰也說，日本東方的太平洋中有四座相隔不遠的群島，那裡的人會帶砂金、棉製品、燻魚去日本賣。加里帶著這兩則金銀島情報，跨過太平洋回到新西班牙（今墨西哥），並隨即接下探索太平洋金銀島的任務。不過加里出師未捷身先死，他在馬尼拉驟逝，遠征也隨之取消。後來西班牙雖然在一五八七年、一六一二年兩次嘗試尋找金銀島，但都無功而返。一六三九年和一六四三年，荷蘭人也兩次隨著西班牙人的腳步，嘗試尋找太平洋上的金銀島，當然最後什麼也沒找到。畢竟，太平洋中央真的沒有金銀島。

但我們不要忘記三泰所說的金銀島情報其實有兩則，另一則就是我們熟悉的福爾摩沙臺灣。一六〇四年荷蘭人首次來到澎湖，被明朝都司沈有容「諭退紅毛番」，無功而返。一六二二年荷蘭艦隊再次占領澎湖，希望打開中國的貿易之門，但最後仍然無法達成目標。在長達兩年的交涉過程中，著名的商人李旦介入，他在一六二三年勸荷蘭人占領臺灣（Thaiwan），還告知了淡水、雞籠一帶出產黃金的情報。一六二四年荷蘭放棄澎湖轉進福爾摩沙臺灣，之後花了十餘年，終於在一六三五年征服麻豆、塔加里揚社等原住民村社，成功在福爾摩沙島上建立穩定的根據地。

此時正是荷蘭積極尋找太平洋上金銀島的時候，荷蘭駐臺當局也不落人後，開始收集福爾摩沙島上的黃金情報，並於一六三七年和一六三八年兩度派遣船隻航行至卑南（臺東市附近），並派遣商務官駐紮卑南收集情報。一六四二年一月至二月間，臺灣商館藉口商務官遇害，由長官親率大軍遠征東臺灣諸社，前進至今天花蓮市一帶後，受到地形阻礙而折返。但荷蘭人在這一年的征途還未結束，八月又發兵北上驅逐據守雞籠的西班牙人，隨後立即水陸並進，試圖前往東海岸的黃金產地。不過陸路只到了臺灣東北的三貂角，海路前進到聖羅倫斯灣（蘇澳），離黃金產地哆囉滿都還有一段距離。

## 黃金產地哆囉滿

在西班牙人統治北臺灣時，哆囉滿（約今花蓮立霧溪口）的黃金就已經為西班牙人所知。

在一六三二年傳教士哈辛托・艾斯奇維（Jacinto Esquivel）的報告中，提過哆囉滿擁有豐富的金礦，通常由居住在雞籠附近的馬賽人（Basay）去交易，再轉賣給漢人。馬賽人是居住在臺灣北部沿海的原住民，也是最早與西班牙人合作的北臺灣原住民。除了為殖民者服務，也為其他原住民製作手工藝品以賺取酬勞。他們精於計算，還駕駛大型艋舺經營臺灣東北海岸貿易路線。從上述艾斯奇維的報告可知，外來的漢人和西班牙人都要透過馬賽人才能夠取得黃金，顯示馬賽人在臺灣東北海岸貿易路線上的優勢。

荷蘭人驅逐西班牙人，占領北臺灣之後，也透過馬賽人取得了不少關於黃金產地哆囉滿的情報。在荷蘭人北臺灣統治中扮演重要角色的馬賽人通事鐵奧多爾（Theodore），曾向荷蘭人說他去過哆囉滿十五次，每年四、五、六月可以去當地交易，一年只能去一次。當地人知道黃金的珍貴價值，也會用來當作飾品。馬賽人用銀幣向哆囉滿人買黃金，每年最多可以換到一千零八十公克重的黃金。

荷蘭人在一六四二年對金礦產地的遠征雖然以失敗收場，但仍在一六四三年四月至五月和一六四五年十一月至一六四六年一月兩次派遣遠征軍進入哆囉滿地區。可是哆囉滿人警戒心強，荷蘭人除了使哆囉滿臣服、繳納貢金以外，只獲知砂金會在河水氾濫後出現在河岸。荷蘭指揮官曾經派人往山中尋找，但沒有找到黃金礦脈；而且深山中還有身手矯健的他族原住民，連哆囉滿人也不敢接近。

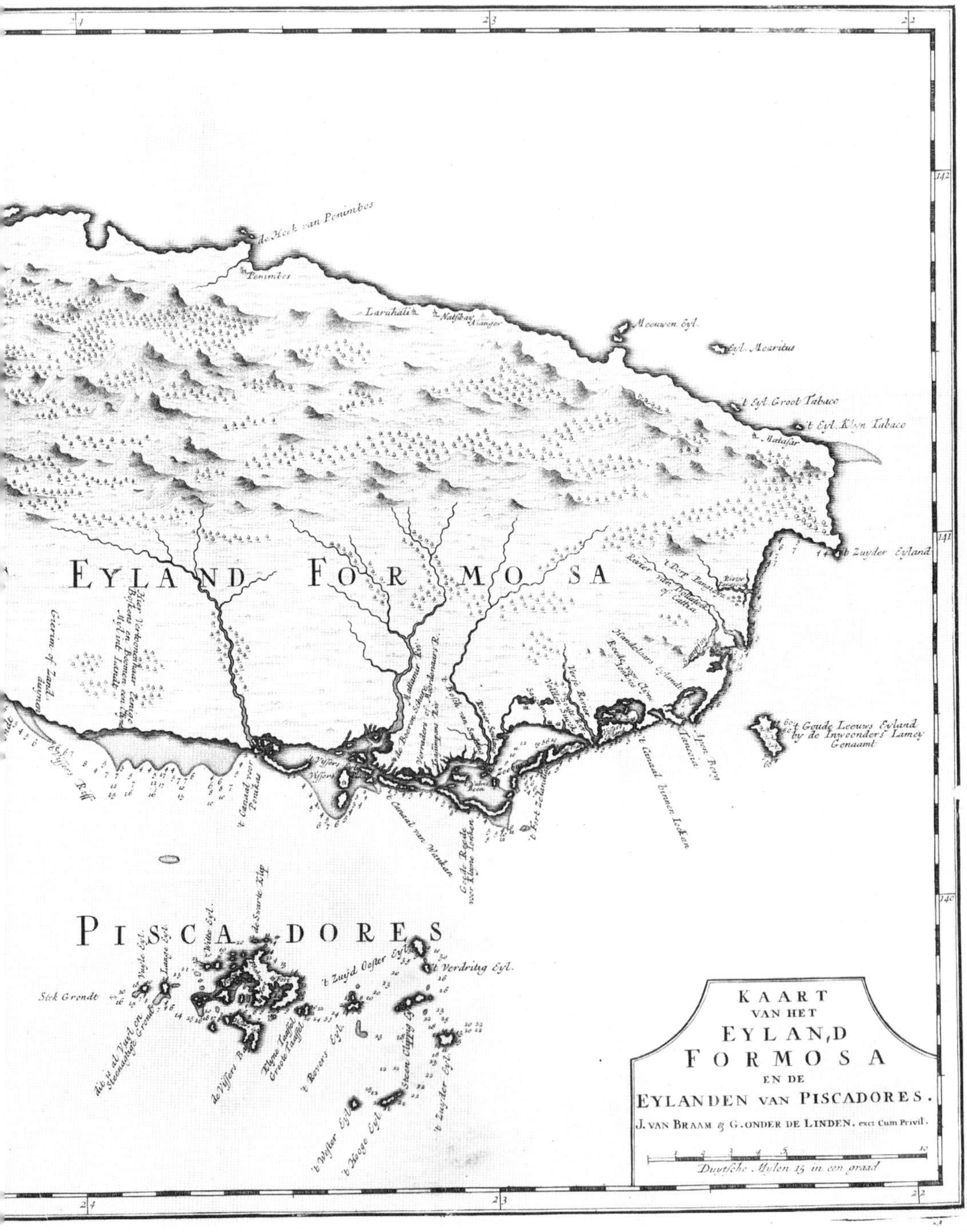
KAART
VAN HET
EYLAND
FORMOSA
EN DE
EYLANDEN VAN PISCADORES.
J. VAN BRAAM & G. ONDER DE LINDEN, exc. Cum Privil.
Duytsche Mylen 15 in een graad
EYLAND FORMOSA
PISCADORES
de Hoek van Penimbos
Penimbos
Laruhali
Meeuwen Eyl.
Eyl. Moaritus
t Eyl. Groot Tabaco
t Eyl. Kleyn Tabaco
Matasar
t Zuyder Eyland
Goude Leeuws Eyland by de Inwoonders Lamey Genaamt
t Canaal binnen Lokan
t Verdritig Eyl.
t Zuyd Ooster Eyl.
Stok Grondt
de Vissers Bay
Witte Eyl.
de Swarte Klip
t Rovers Eyl.
t Wester Eyl.
t Hooge Eyl.
t Zuyder Eyl.
Steen Clippig Eyl.
Lange Eyl.
Canaal van Wankan

古地圖中的哆囉滿（Doero）

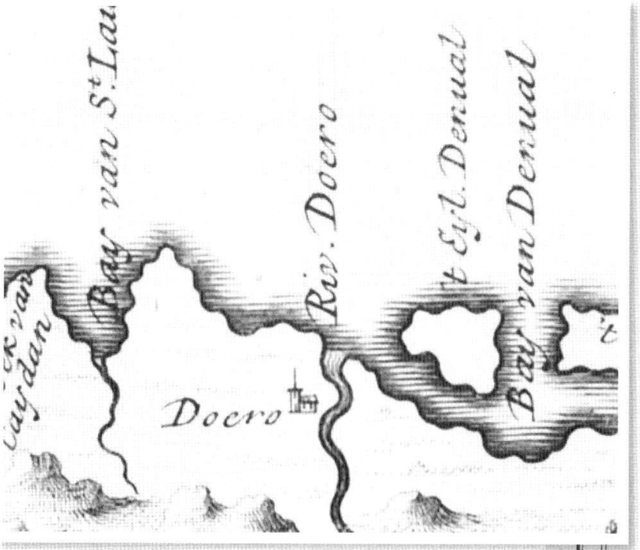

福爾摩沙島與澎湖群島地圖
（François Valentijn，1726）

## 馬賽人的商業勢力

在兩次遠征失敗後，荷蘭當局不再派出耗費龐大的遠征軍去探查金礦，但仍然繼續收集情報。一六四六年，駐雞籠的商務官得知哆囉滿人以砂金交換西班牙銀幣、大鐵鍋和中國產的鐵條。交換比例大約是四十比一，也就是四十單位的鐵條換一單位的砂金；如果鐵條供給較多，價格下跌，鐵條能換到的砂金就會少一點。從這次得到的情報可知，以鐵換金是個可行的生意，但實際的交易仍然掌握在馬賽人通事的手上。荷蘭人如果想做一本萬利的以鐵換金生意，還要想想辦法突破馬賽人的壟斷。

對荷蘭人來說，與馬賽人合作是個利弊互見的政策。一方面荷蘭人仰賴馬賽人挖掘煤礦、砍伐木材、調解爭端，並且透過馬賽人通事經營噶瑪蘭地區村社的關係。前面提到的鐵奧多爾就是荷蘭人倚重的馬賽人通事之一，他一面以荷蘭東印度公司的名義在噶瑪蘭地區收取貢稅，一面為公司在那裡收購鹿皮。但其實荷蘭人從一六四八年起就已經廢除貢稅，鐵奧多爾不過是假借貢稅名義來搜刮財物而已。而且鐵奧多爾在噶瑪蘭收購物品的方式也相當粗暴，寧可用武力威脅而非透過友善的溝通。荷蘭人對鐵奧多爾的行事作風相當不滿，但他掌握馬賽人的人力資源，又壟斷對噶瑪蘭地區的商業交流，即使各方對鐵奧多爾的評價都不好，他仍然能在荷蘭的北臺灣統治中扮演重要角色。

一六五七年是荷蘭對北臺灣統治手段的轉折點。前一年鐵奧多爾以三十九歲英年去世，據說是遇害而死。在荷蘭駐北部官員調查之後，漸漸發現鐵奧多爾假借公司之名中飽私囊的情事。一六五七年五月，新任駐雞籠商務官彼得・彭實（Pieter Boons）到任。此時正逢臺灣東北海岸的貿易季節，大批噶瑪蘭頭人和其他隨行人員來到雞籠祝賀新主管的上任。彭實依照傳統款待了這批噶瑪蘭人，並詢問由公司派員前往噶瑪蘭的可能性，獲得了噶瑪蘭頭人的同意。或許彭實有意藉此將鐵奧多爾去世後留下的勢力空白填滿。如此一來，荷蘭東印度公司就能以最小的成本綏撫噶瑪蘭地區，還可以直接與黃金產地哆囉滿交易，促成以鐵換金的好生意。

## 巴爾比安與他的日誌

被雞籠議會指派出使東海岸的是助理雅各・巴爾比安，隨行的有馬賽人通事巴納比（Barnabe）和一位荷蘭士兵。我們對巴爾比安的生平除了本次出使任務之外，幾乎一無所知。但是巴爾比安詳細的旅行日誌，卻能幫助我們清楚了解荷蘭人以鐵換金的生意，以及馬賽人高超的航海技術。

一六五七年七月六日，巴爾比安一行人搭乘馬賽人的艋舺從雞籠出發。船上除了助理巴爾比安、隨行士兵、馬賽人通事巴納比這三人以外，還有二十四名馬賽人槳手。這艘艋舺總共搭載了二十七人，可見是一艘相當大的船。這和清代文獻中「雞籠內海，蟒甲（艋舺）最大，可容二十五、六人」的記載符合。清代文獻還說：「於獨木之外，另用籐束板，為幫於船之左右。」可見馬賽人的艋舺除了船身，兩旁還有以「籐條」固定的舷外支架（outrigger）輔助平衡。只要在船身與舷外支架上鋪上甲板，載貨量就能倍增，是運送大量貨物進行貿易不可或缺的船隻。

但這麼大的一艘船，可能沒有配置船帆。巴爾比安一行人自七月六日從雞籠出發後，就遇上逆風，直到七日早上才抵達三貂社（St. Jago，今貢寮海岸附近）。如果這艘船使用風

這是庫拉獨木舟，是巴布亞紐幾內亞特羅布里恩群島所使用的交易用獨木舟，有單側舷外支架，與文獻中馬賽人使用的雙側舷外支架略有不同。

力航行，遇到逆風時就應該在原地等待風向轉變。但他們並沒有這麼做，而是靠槳手的力量逆風航行，結果抵達三貂社時，船員就得在當地休息一整天。

八日早上，巴爾比安與馬賽人艋舺從三貂社出發，繞過看似惡魔岬野柳的三貂角後，於下午抵達噶瑪蘭地區的一條河流，上溯河流一段距離後停泊在岸邊。次日清晨，巴爾比安一行人打響火繩槍兩聲，升起奧倫治親王旗，並派遣八名馬賽人去附近各村社告知荷蘭官員到來。不久，附近噶瑪蘭村社的頭人（cabessa）陸續帶食物前來拜訪荷蘭助理，巴爾比安也依慣例以烈酒（arrack）和菸草回贈。在與來訪的噶瑪蘭頭人們對話的過程中，馬賽人通事曾在當地詐取財物的惡行也逐漸揭露。

有一位噶瑪蘭頭人說，他非常願意與公司交易，但他手上的鹿皮和稻米已經所剩無幾，都被另一位馬賽頭人以公司名義買走了。巴爾比安鄭重告訴這位噶瑪蘭人，「掌櫃」（contadoor，西班牙文原意是「會計」，在此指荷蘭駐雞籠主管）對這些事完全不知情，也沒有派其他人來收購商品。十四日來訪的另一位噶瑪蘭頭人也說出類似的情況，他說臣服於公司一點好處也沒有，馬賽人通事鐵奧多爾還以公司名義來收取貢稅，所以他要把公司送給他作為權力與臣服象徵的銀頭藤杖退還給公司。巴爾比安對他說鐵奧多爾「歪哥」，公司早已廢除貢稅，而且與公司敵對會帶來災禍，在軟硬兼施之下，這位頭人仍然說自己有足夠武力對抗荷蘭人，最後巴爾比安只好用菸酒把他打發走了。

除了澄清過去馬賽人通事在噶瑪蘭地區造成的種種誤會，巴爾比安也帶來許多藍色精織布（bafta）、幾內亞粗布（Guinees lijwaet）、中國褐布（cangan）等等與噶瑪蘭人交易的商品。依照當地的交易慣例，巴爾比安用這些布匹交換稻米。如果噶瑪蘭人手上沒有現貨，他們就約定在收割後將等值的稻米運到雞籠交貨，而且不會再和馬賽人做生意。其實在巴爾比安巡視噶瑪蘭的過程中，他已經看到許多維護良好的稻田，整個噶瑪蘭平原可說是個豐饒的穀倉。

為了要讓公司長期經營噶瑪蘭，巴爾比安也在七月十二日造訪哆囉美遠社（今宜蘭縣壯圍鄉新社村，位於蘭陽溪出海口北邊五公里的海岸）。哆囉美遠社坐落在海岸砂丘後方，社人以製鹽和貿易為業。巴爾比安發現哆囉美遠社位處重要的戰略位置，往返噶瑪蘭和哆囉滿都要經過此處，站在砂丘上即可監視這一帶往來的船隻，旁邊的噶瑪蘭河也適合停泊。他認為可以在此駐留數人進行貿易，用布匹器物向哆囉美遠人換稻米，哆囉美遠人再將這些貨品賣給其他噶瑪蘭人，雙方將可各蒙其利。

## 從噶瑪蘭到哆囉滿的航程

巴爾比安的構想在不久的將來就會實現，但現在他還要繼續趕路，前往黃金產地哆囉滿。一行人原本打算在七月十五日起航，但又遇到強烈的東南逆風，洶湧的浪濤讓他們順延了行程。這一等就等了八天。到了七月二十三日，風向終於轉為西北風，巴爾比安決定次日黎明出發前往哆囉滿。二十四日，馬賽人的艋舺沿著海岸東南東航行，在聖羅倫斯灣稍事休息後，繼續趁著月光連夜航向哆囉滿。次日早上，他們停泊在一座陡峭斷崖下方，讓槳手稍作休息。在這座斷崖上方，他們看到原住民普雷秀朗人（Poulecheron）的倉庫。馬賽人告訴巴爾比安，普雷秀朗人的村社就在附近。這些人就是前述那些身手矯健、與哆囉滿人不同族，不准哆囉滿人進入深山的原住民。他們可能是今天太魯閣族或賽德克族的祖先。

艋舺繼續前行，終於抵達哆囉滿社的外海，卻遭遇強烈的海浪，艋舺不易靠岸。此時馬賽人通事巴納比縱身跳下艋舺，游向哆囉滿部落宣告一行人的到來。哆囉滿頭人大里布克老（Tarriboeckelauw）馬上命令一百多名男子，用籃子裝著石塊，跟著巴納比游回艋舺，然後將石塊投入海中，成為臨時的繫泊處。接著哆囉滿人游過海浪，登上艋舺，馬賽人則動手卸下他們裝在罈子裡的貨品。幾乎每個哆囉滿人都來了，他們接下貨物，然後在海浪中穿梭，游回岸上。當所有貨物都卸載後，艋舺開始隨著海浪漂浮。巴爾比安也跳下水，打算游上岸。幾位哆囉滿人見狀，馬上游向巴爾比安，扛著他的肩膀加速游上岸。上岸後，他們大喊「唐人來了！」巴爾比安知道，這是哆囉滿人對所有外國人的一貫稱呼。

上岸後，哆囉滿頭人大里布克老為巴爾比安撐著涼傘，幫他遮蔽強烈的日曬，又叫隨從給巴爾比安一顆檳榔，似乎是作為歡迎之意。隨後大里布克老要所有馬賽人下船，並讓族人協助艋舺靠岸。他們先從船上拿下一根粗藤杖（可能是舷外支架）上岸，然後再由許多人將艋舺拖上岸。哆囉滿人對助理巴爾比安相當友善，頭人大里布克老拿了一籃蒸好的米飯和一些煮好的燻肉（speck）給他吃。用完餐後，大里布克老邀請巴爾比安去部落。在路上有些哆囉滿人圍著巴爾比安，說應該犒賞他們幫忙卸下貨物的功勞。巴爾比安先給了他們三包中國菸草，但是不夠，最後給了七包社人才滿意。然後這群人又走向馬賽人，直接打碎盛裝醃肉（kliekjens）的甕，將裡面的食物分著吃，作為卸載貨物的酬勞，而受此對待的馬賽人一個氣也不敢

抵達哆囉滿（示意圖）

吭。巴爾比安認為，哆囉滿人並不看重馬賽人，而是公司既有的威名仍在，哆囉滿人才會如此友善地接待他。

## 哆囉滿印象

巴爾比安上岸後，稍微整理一下行李和衣裝，接近傍晚時分便與士兵和馬賽人通事走向位於高台上的哆囉滿部落，沿途有許多好奇的小孩跟著他。他稍微逛了一下部落，發現哆囉滿人口繁多，房屋是離地約一呎（三十公分）的高腳屋，整個部落大約有一百二十間房子，被分為五區，每區都有各自的副頭人。大里布克老則是監督這五位副頭人的部落首長，手上仍保有之前荷蘭人給他的銀頭藤杖。巴爾比安也發現哆囉滿的男人標槍或番刀（parang）都不離身，小男孩也拿著弓箭練習，這是因為敵對的普雷秀朗人不時會來出草獵頭，需要自衛，而哆囉滿人偶爾也會還以顏色，伏擊普雷秀朗人。如有緊急事故，哆囉滿全社可以出動五百名戰士。

抵達哆囉滿的七月二十五日晚上，巴爾比安只短暫拜訪了頭人大里布克老，二十六日早上才正式訪問。在馬賽人通事巴納比的翻譯下，巴爾比安與大里布克老進行了友善的談話。大里布克老高興之餘，拿出他所藏的黃金，有穿戴在頭上、脖子上及手腕上的金飾，還有許多大大小小的金塊。清代文獻說哆囉滿人把黃金「鎔成條，藏巨甓中，客至，每開甓自炫」，彷彿就是在描述巴爾比安與大里布克老的互動。大里布克老還說全村除了他以外，只有少數幾個人擁有黃金。還說黃金是在大雨後出現的，但還是沒人知道黃金礦脈的位置。

巴爾比安建議大里布克老應該去雞籠拜訪駐地主管，主管會給他很好的禮物作為回敬。大里布克老答應明年再去，因為這一年已經到了七月底，貿易季節即將結束，他可能去得成，但會因為逆風而回不來。不過大里布克老也說，超過十年都沒有荷蘭人來到哆囉滿，他覺得有點驚訝，反而是馬賽人年年都以為公司採購黃金的名義來訪。大里布克老認為荷蘭人還是自己來比較好。巴爾比安向他保證，雞籠主管絕對不會忽略哆囉滿人，會定期派船隻來交易，建立互惠的友誼。

在這些友善的談話中，夜幕漸漸低垂，巴爾比安也向大里布克老道別，回去海邊的帳篷休息。

## 哆囉滿的市場

七月二十八日，哆囉滿的市場開市了。馬賽人帶了他們的舊鐵、甕裝醃肉、鹽漬小魚去市場發賣，巴爾比安也帶了幾匹精織布和兩擔（約一百二十公斤）重的鐵樣品前往。一百二十公斤的鐵其實不多，換算起來大概也就是一個超市購物籃的大小而已。體積不大，但在哆囉滿可是價值非凡。

作為部落頭人的大里布克老，首先對馬賽人帶來的商品徵收了十分之一的稅，歸頭人所有，然後再將馬賽人和荷蘭人的商品分成幾堆，依當地習慣分配給幾位重要人物，似乎是作為保管人。這些保管人的房屋會標上特別的標誌，等到各區的副頭人回來後，他們再與保管人討論價錢。不過，這時似乎有很多副頭人都不在部落裡，所以哆囉滿人一直等到八月五日才決定好收購這些商品的價格。

讓我們來看看哆囉滿人決定的價格。一甕的醃肉和鹽漬小魚價值約九點六公克重的黃金，一匹精織布價值八十一公克的黃金，其價值數倍於馬賽人帶來的甕裝醃肉和鹽漬小魚。荷蘭人帶來的鐵價錢更高，賣到約兩百八十三點五公克重的黃金。決定好價格後，大里布克老把跟以上價格黃金同重的小礫石給了巴爾比安，後者再拿著這些礫石去和買主交換黃金。巴爾比安讚嘆每顆礫石的重量都相當精確，買賣雙方都可以依照礫石的重量做準確的交易。

我們再來算一下交換比例，看看巴爾比安的生意做得如何。前述一六四〇年代透過馬賽人得到的情報是「十個八里爾重（約兩百七十公克）的鐵條換四分之一個八里爾重（約六點七五公克）的砂金」，相當於每公斤的鐵條可以換到二十五公克的砂金。不過這次巴爾比安用一百二十公斤的鐵換到了約兩百八十三點五公克的黃金，相當於每公斤鐵可以換到二點三六三公克的砂金，賣價不到之前情報的十分之一，可說賣了個很不好的價格。我們不清楚這個貿易季鐵的價格為什麼會這麼低，可能是供給太多，但鐵對哆囉滿人還是相當重要，因此願意出比布匹更高的價格。其實對荷蘭人來說，鐵的進貨價格相當便宜。一六四二年臺灣商館購入中國鐵的進價為每公

巴爾比安出使噶瑪蘭和哆囉滿的結果，終於在一六五七年十一月傳到了臺灣商館。臺灣商館方面認為巴爾比安的表現比預期還要好，並指示雞籠商館繼續購入更多黃金。臺灣商館也計劃在噶瑪蘭的哆囉美遠設立木造商棧，作為與噶瑪蘭和哆囉滿的交易基地。一六五八年五月，派遣巴爾比安駐留哆囉滿，以及在哆囉美遠設立商棧的計畫獲得荷蘭東印度公司亞洲總部核准。大約在一六五八到一六五九年間，荷蘭人經營東臺灣的計畫正待如火如荼進行，雖然略有波折，但荷蘭人又再次成功在哆囉滿交易到黃金。

但是好景不常，駐留在哆囉滿的巴爾比安大約在一六六〇年左右過世，哆囉滿的黃金產量也無法提高，加上哆囉美遠商棧本身的鹿皮生意不如預期，最終於一六六一年撤離。雖然臺灣商館的決議還計劃繼續派人駐留在哆囉滿，接替巴爾比安留下的任務。然而，就在當年四月底鄭成功攻臺，除了一鯤鯓沙洲中的熱蘭遮城，福爾摩沙全域迅速落入鄭軍的控制。後續派遣到哆囉滿的常駐人員和士兵三人，也被原住民殺害。

臺灣商館最終於一六六二年向鄭成功投降，但荷蘭東印度公司並未完全放棄臺灣。一六六四年荷蘭人再次占領雞籠，並且不計前嫌，再次與哆囉滿交易黃金。這次荷蘭依然以鐵換金，用約六十公斤的鐵換到了二十七公克的砂金，但價格比之前巴爾比安那次更差。其實，荷蘭第二次占領雞籠的收益一直不佳，在荷蘭東印度公司放棄收復臺灣的念頭後，虧錢的雞籠商館也在一六六八年收攤，荷蘭人最終撤離雞籠，放棄福爾摩沙黃金夢。

原住民又是如何看待這些覬覦哆囉滿黃金的外來者呢？清代文獻中有位「老番」在清朝攻臺前，說了一個有趣的故事。他說先是日本人來取金，結果被荷蘭人趕走；荷蘭人也來取金，結果被鄭成功趕走；現在你們鄭氏唐人又來取金，結果會發生什麼事呢？老番所言甚是，果然鄭氏政權馬上就被清朝消滅了。而坐擁黃金的哆囉滿，也在十八世紀受到太魯閣或賽德克族的東進威脅，搬到噶瑪蘭平原的哆囉美遠居住。黃金之國哆囉滿，連同曾經在此以鐵換金的人們，至此終於成為歷史陳跡。他們的故事，要到二十世紀才會重新被歷史學家想起。

雅各・巴爾比安探金日誌*【一六五七年七月二十五日】

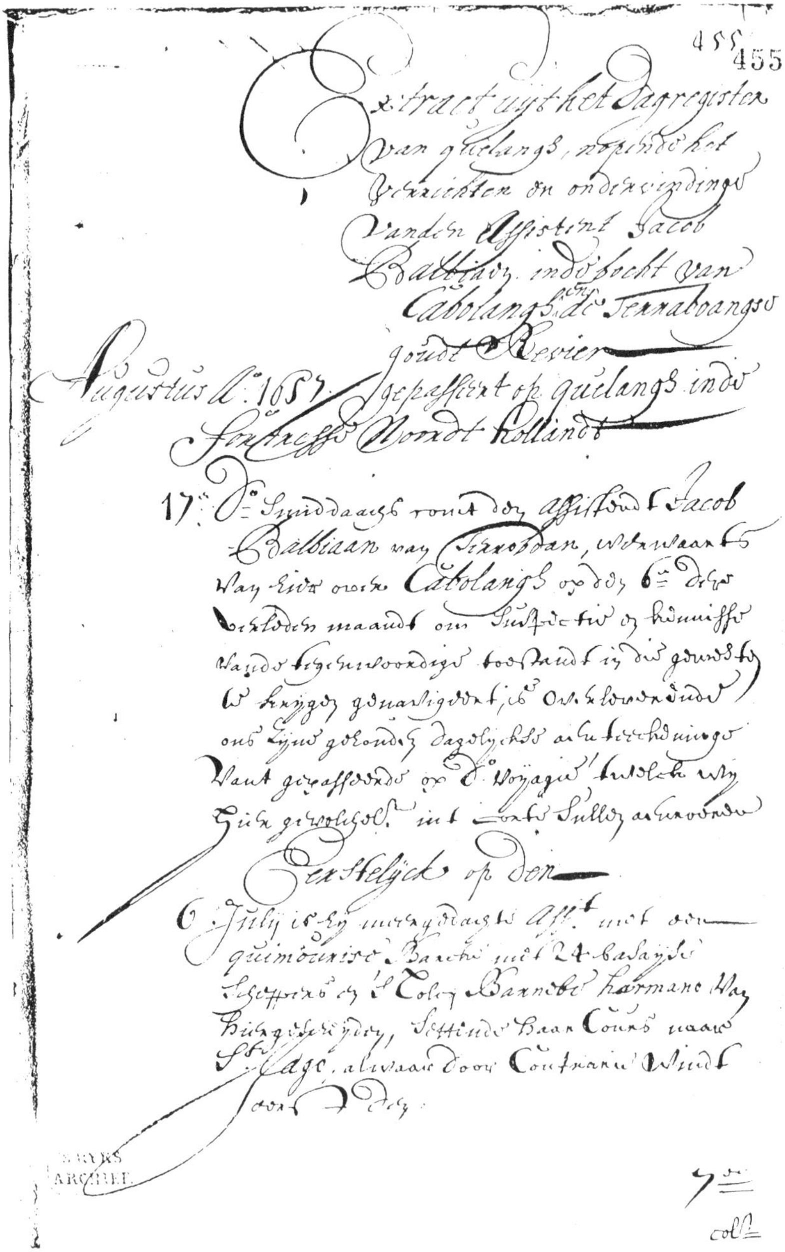
455

Extract uyt het dagregister van Quelangs, nopende het berichten en ondervindinge vanden Assistent Jacob Balbiaan inde socht van Cabolangs der Terraboangse goude Revier

Augustus A°. 1657 gepasseert op Quelangs inde Fortresse Noordt Hollandt

17^e^ ... Sondaachs ... assistent Jacob Balbiaan van Terraboan, ... Cabolangs op den 6^e^ deser ...

... Eerstelijck op den

6 July ...

... St. Jago ... Contrarie Windt ...

7^e^

coll^e^

七月二十五日早上，一行人划近一座峭壁，並在峭壁下暫時停留，好讓槳手有機會休息，吃點東西，喝點飲料。在峭壁的上方，有一間普雷秀朗人的小倉庫，馬賽人說那些人的村社就在不遠處。當一行人繼續划槳前進，就可以看到普雷秀朗人的小村社，位於駭人的高度之上。

當一行人已經相當接近哆囉滿的時候，助理巴爾比安擊發一聲槍響，通知哆囉滿人他們的到來。因為普雷秀朗人也聽到這聲槍響，一行人看到普雷秀朗人在高山頂上以奇怪的方式跳來跳去。然後馬賽人再度划行船隻前進，當離開那座峭壁時，艋舺進入一個寧靜的沙灣，其中有一條約一個砲彈射程寬的小溪，離哆囉滿大約半小時的路程。

因為海灣裡沒有波浪，在此可以輕易地用這艘艋舺登陸上岸，但一行人仍繼續前行，直到抵達哆囉滿社前方的海面。這裡有洶湧的海浪，所以馬賽人不能也不敢用此艋舺登陸。就在這時，通事巴納比縱身躍下艋舺，游向海岸，宣告他們的到來。在此哆囉滿的頭人大里布克老馬上命令一百二十至一百二十五名男子，陪同著馬賽人，將石頭裝進籃子裡，然後將石塊投入海中，好讓艋舺繫泊。此時，一大群哆囉滿的顯要居民從前述的哆囉滿社游過海浪登上艋舺，馬賽人便將他們帶來的醃肉、飲料、鹹魚，以及其他的商品交給他們。每一位哆囉滿人都拿了一部分，然後游回岸上，將商品再次放在一起。

＊圖像為雅各·巴爾比安探金日誌第一頁，非本文日誌對應頁面。本日誌內容原文即是以第三人稱書寫，在《熱蘭遮城日誌》中有不少此類例證。

當所有貨物都被卸下後，艋舺再度浮起，無法抵住海浪而持續地翻滾。該助理也跳入水中游上岸，哆囉滿人見狀便馬上游向他，扶著肩膀讓他游上岸。在岸上，哆囉滿人向自己的同胞大喊唐人來了（這是他們稱呼每位外國人的方法）。因為沙灘被太陽曬得滾燙，他們讓該助理坐在一個木箱上，並且讓他穿好衣服。前述的頭人大里布克老給該助理一把涼傘，讓他遮擋炎熱的日曬，並命令旁人給他一顆檳榔。

助理問那位頭人，為什麼他們不去那個可以安全登陸的沙灣，對此通事巴納比說那個地點最近正值「馬瑞納特」（Marenat，禁忌）期間，因為過去哆囉滿人在該處每天與普雷秀朗人戰鬥。

那哆囉滿的頭人命令所有馬賽人下船，他也讓自己手下的哆囉滿人協助他們上岸。他們是這樣做的：哆囉滿人先從船上拿下一根粗藤杖上岸，這原來是固定在艋舺上的，然後一大群人熟練地將艋舺拖過海浪，帶到岸上。馬賽人也將他們所有的商品帶上岸，外加公司帶來作為樣品的貨品。

哆囉滿人表現得相當願意幫助該助理，前述的哆囉滿頭人帶來一籃蒸好的米飯和一些煮好的燻肉給他吃。吃過之後，該位頭人邀請他和他一起去他的村社。在路上，成群的哆囉滿人跟著他們，在他們身邊轉來轉去。哆囉滿人說，因為他們幫忙卸下艋舺上的貨品，幫忙帶上岸，唐人（如前所述，他們都這樣叫外國人）曾經給他們一些菸草。因此，該助理給哆囉滿人七小包中國菸草作為酬謝，而他們對此感到高興。

然後哆囉滿人又走向馬賽人，他們已經在帶來的醃肉和飲料旁坐定。突然之間，哆囉滿人將三個甕打碎，然後將裡面的食物分著吃。馬賽人沒有一個有膽對此說點什麼。顯然哆囉滿人並不敬重馬賽人，但榮耀的公司之名從過去以來就在他們之間享有崇高的尊敬。總的來說，哆囉滿人相當願意幫助該位助理。

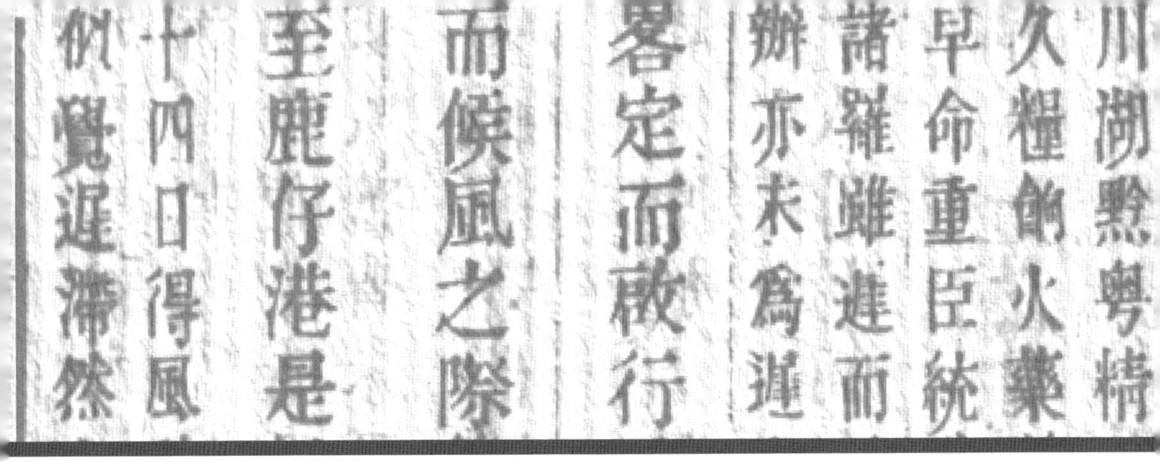

第二章

# 借力使力

## 十八世紀末林爽文事件中的鹿港郊商

楊朝傑——著

清帝國統治臺灣的十八世紀末葉，史官按照時間序列寫下的軍事「日記」——《欽定平定臺灣紀略》，詳細記錄清廷派兵平定林爽文事件的經緯。紀略內容主要收錄身為軍機大臣傅恆第三子、孝賢皇后內侄的福康安，奉乾隆皇帝意旨跨海抵臺平亂的細緻過程。福康安高貴的出身，且為清帝國將臺灣納入版圖一百多年後，北京朝廷所奉派來臺層級最高的官員，加上他所平定的林爽文事件又是乾隆皇帝的十全武功之一，從而促成了《欽定平定臺灣紀略》的問世。然而相較於紀略裡鮮明的官方形象，事件中奮勇獻身的臺灣義民卻顯得樣貌模糊。本文即是從紀略所提供有限的線索裡，試圖追尋鹿港郊商在動亂中的因應之道。

林家可說是「靠海吃飯」的，但他們並不從事捕魚種蚵的海洋生產，而是經營海上運輸的船頭行「生理」。據說，林家一開始就是靠著輸運供給永寧城內商鋪貨物而起家的。永寧城規模不小，由大東、小東、西門、南門、北門這五座門樓環繞構成。城內大街東西直貫，南北縱橫，居民達二十餘萬。大街店屋自中開封直落至土地宮，就有二百餘間。商店林立，如綢緞布匹、蘇廣百貨、米糧、青糖、藥鋪、典當、油車、磨房、染坊、煙茶、香楮油燭、農具、菜館、醬園、打鐵鑄銅，百工技藝，應有盡有。北門街商店也有四、五十家。水關街店鋪也有二、三十間，以手工業居多。除此之外，當地的富商還積極投資船頭行生意，他們基本都掌握數艘載重千擔的大型帆船，遄走南北各埠，北達煙台、牛莊，南至安南（越南）、實叻（新加坡），可是當地最有「錢」途的行業。而船頭行一途就是支持振嵩及其家族的重要經濟命脈。

除了在永寧一處據點，北邊泉州灣口的蚶江同樣也有林振嵩家族的船頭行。蚶江是水路進出泉州城必經之處，繞過金嶼、白嶼後沿著灣口直上晉江即可抵達郡城。因為這個緣故，比起永寧，蚶江的商況更加興盛。從石湖連接到金嶼這處蚶江港，密布著船船停靠，大者八百擔，小者三百擔，也不乏千餘擔的大船。碼頭工人忙著起落貨物，喧囂吵鬧聲此起彼落，譜出了蚶江港口繁華的盛況。

據說從康熙皇帝解除海禁之後，蚶江的繁盛就沒有停歇。那兒的居民也在朝廷頒布那道命令之後大量「下海」，開啟靠海掙錢的時光。他們一般透過家族合股投資船頭行生意，並且由自家成員包辦船行所有事務，從司庫（倉儲管理）、出采（駐外人員）、內櫃（出納）、出海（船上管理員）、經理，可以說是「聚族而居」，非不得已，絕不僱用外人。當然，這樣的堅持為的就是確保家族最高獲利，不讓肥水落入外人田。林振嵩家族雖不是本地人，卻也恪守此地的傳統，認真經營著日茂行這一船頭行生意。

不僅如此，林振嵩也有著勇於冒險的性格。他所掌理的日茂行除了經營泉州域內各港的船運外，也從事臺灣與泉州間的米穀走私貿易。從康熙四十年（一七〇一）以來，產自臺灣的米穀因為價格持續低廉，在長期缺糧的華南沿海城鎮締造出龐大商機。有利可圖的米穀貿易，讓臺灣島內掀起了違法的走私風氣，甚至執行取締任務的水師艦艇也公然販運私米，說白了就是全民運動。

即便官府三令五申的強調私運米穀是被禁止的，但也僅限府城附近的鹿耳門正口可以比較落實禁令。臺南以北的商人們算盤打得精，不樂意走車運到沿海港口，再用杉板小船由沿海運送到鹿耳門的高成本輸運，更不願意見到自己的利益在這繁瑣過程中消磨殆盡，於是商船紛紛規避正口，轉往中、北部小港走私貿易。鹿港從此揭起了中臺灣米穀輸出港的序幕。

準備進攻彰化縣城。

十二月十二日，陳邦光與林文湊將大夥聚集在天后宮前，在一番祝禱與誓師後，龐大的隊伍就由鹿港大街出發，經過石厦街、安平鎮、許厝埔、馬鳴山等村庄往東挺進，一路上仍有不少民眾加入鄉勇行列，最後來到彰化城下的西門外。比起北門那片被蹂躪到不知何地步的竹圍，西門一帶還綠意盎然。

本來就是烏合之眾的林爽文黨羽，見到如此聲勢浩蕩的人馬蜂擁而來，嚇得四處逃竄。進城後，作為主帥的陳邦光騎著快馬，怒目圓睜地追捕叛民，駐守在縣城中的叛民首領高文麟、楊振國、楊軒、陳高，一一被鄉勇擒獲。

林文湊環顧四周，暗自竊喜著：「機會終於到來！機會終於到來！」於是開始大肆焚屋、殺害漳州人，就像煞不住的車子橫衝直撞。

彰化縣城就在泉、粵與漳州人的對抗下，徹底被摧毀殆盡。回顧林爽文在進攻彰化縣城伊始，命令手下不准焚庄劫掠，為的就是能夠安定民心，所以即使數千人一下子湧入城內，並居住了數日，卻也沒有太大的毀壞。不像林文湊和他所率領的泉州「義民」，在攻進彰化城不久，就努力地將泉州人移往鹿港，並且快速燒毀城內的房舍、殺害漳州人。這一堅壁清野的做法，讓彰化縣城頓時成為廢墟，同時也將彰化平原上漳州、泉州人的關係推向憤恨的深淵。

乾隆五十二年正月初六，原是承平時理應開心過新年的日子。鹿港鄉勇苦撐了一個多月，終於等到福建陸路提督任承恩帶了二千名兵員由鹿港登岸。

初來乍到的任承恩，必然對彰化一帶的狀況不熟，急需一位嫻熟地方的人士指點迷津。在鹿港郊商公推下，他找到了日茂行林振嵩。振嵩因為年事已高，於是就將事情委託給兩個兒子及侄子辦理。

林文會、林文濬與林文湊告訴任提督：「林爽文這般人馬不難平！他們既然是土賊，我們只要準備充足的糧食及精良的武器，守備好關要，設置一些埋伏，再召集地方鄉勇去攻打他們，自然可以手到擒來。」

在這個兵荒馬亂的時刻，朝廷連派兵都有問題，更遑論糧餉供給。面對此等窘境，任承恩的內心猶如此刻鹿港東北季風恣意橫掃，已然失去頭緒。還好他的困擾很快就得到林振嵩的援助，林家慷慨資助白銀五千兩，同時還幫忙籌備乾糧、招募義勇，甚至往返兩岸運補的糧船都由林家打理。有了這筆將近臺灣縣年收一半田賦的資金支持，任承恩和他的軍隊士氣大振！

不久，在林文湊、林文濬及鄉勇的引領下，任承恩軍隊再次收復彰化縣城。任提督也為了感謝林振嵩義助，特別贈送了「屢建奇勳」匾額給林家。

僥倖從彰化城逃出的林爽文黨羽，向爽文報告林文湊與黃奠邦再次助官作戰，還將彰化城內的漳州人殺害殆盡。這事讓在南臺灣作戰的林爽文非常氣憤，於是下了一面告示，宣告林文湊背棄盟友的行為：

照得本盟主因貪官汙吏剝民脂膏，爰是順天行道，共舉義旗，剿除貪汙，拯救萬民，未嘗妄殺一人，混取一物。只緣彰化鹿港林湊〔按：林文湊〕，諸羅之黃奠邦等背盟結眾，抗拒我師，焚毀莊社，殺戮男女。雖其中有附和從事者，實因被迫無奈，出非本心。本盟主兼聽並觀，愛民如赤，自當仰體上蒼好生之德，學效先皇三宥之恩，是以歷次諄諄勸諭歸安各在案。茲訪查近來各鎮將軍、股頭不能約束，任縱旗下軍士人等在外藉義民各色，或挾私怨而妄殺，或圖藉騙而混拿，以致民心搖栗，殊非安邦定國之政。除諭飭各鎮將軍嚴行約束外，合行出表嚴禁。為此示仰軍民人等知悉，自示以後，軍歸伍，民安業。其從前雖有被脅為義民，今既知悔歸順，無論閩粵民番皆屬百姓，更當加恤。爾等毋得仍前藉端混拿嚇騙，倘敢故違不遵，一經察出及被告發，定按軍法斬首示眾。各宜凜遵毋違。特示。

眼見著與林爽文反目成仇，林文湊知道兩方關係已經無法挽回，只能更加固守鹿港，抵禦敵人侵犯；而林爽文陣營何時會挾怨襲擊則不可捉摸，這種無法預料的恐懼開始在鹿港泉州人的心中蔓延開來……

## 從鹿港登岸的陝甘總督嘉勇公福康安

乾隆五十二年（一七八七年）八月，動亂已經蔓延快要一年，在福建水師提督黃仕簡、陸路提督任承恩、閩浙總督常青、江南提督藍元枚等官員都無法有效控制動亂後，乾隆皇帝開始緊張了。當皇上陷入苦思之際，腦中竟浮現了曾在金川之戰立下大功的陝甘總督福康安，也就是孝賢皇后的親侄子。

很快的，八月初二，乾隆皇帝下了一道給軍機處的命令，諭令福康安為將軍，命其前往臺灣更換常青督辦軍務的工作。同時，派命海蘭察為參贊大臣、參贊領隊大臣普爾普，以及四川將軍鄂輝統領戰鬥力極佳的巴圖魯侍衛一百二十餘人，並且由湖南、湖北、貴州、廣西、廣東、四川、浙江、福建等省分調遣了上萬名兵員，準備隨福康安渡海到臺灣征討林爽文這幫「逆賊」。

在出發前往臺灣之前，乾隆皇帝特別召見福康安，囑咐他務必收拾此次動亂，並將珍愛的「大利益吉祥右旋白螺」交給了福康安，告訴他說：「這一祥瑞的右旋

福康安

法螺極為罕見，據說渡海時若供奉於船頭，便能風平浪靜，海不揚波。相信有這法寶隨身，可保我大清勇士順利抵達臺灣，定可天下太平。」

福康安仔細接過了裝著右旋白螺的漆皮盒子，看著金絲布襯底的印度聖貝潔白異常，法螺上下加鑲鍍金裝飾的吹口及護板，吹口飾蓮瓣及卷草紋，護板釘接於螺口與底端，銀質的內板刻著藏文右旋螺贊詞及漢、蒙、滿、藏文款識，邊緣鑲有珊瑚、松石、青金石等寶石，珍貴異常。有了乾隆皇帝的信任與祝福，福康安心裡更加踏實。

九月十九日，福康安已經抵達距離紫禁城二千多公里遠的南方港口——廈門。相對於京城來說，這裡溫暖許多，港澳裡頭早已停滿了官府徵用的民船。對從未見過海洋的福康安來說，渡海雖新鮮卻也緊張。不過，當地的颶風頻發，在風信不佳的情況下，福康安的出海計畫便是奢求。在大擔門等待風信的福康安，批閱公文之餘，還想到了聲東擊西的辦法：他告訴船戶要往鹿耳門，等待出洋之後再令其轉赴鹿港。目的在於，讓林爽文黨羽接到假消息而來不及防備。

等了一個多月，廈門洋面的風信還是不允許船隻出海，十月十一日福康安由大擔門出洋不久，即被逆風打回。過了三天後，終於等到了順風，不過船隻行駛了半日，遭遇風信轉向，只能先到廈門北方一百二十餘公里的崇武澳停泊。

崇武澳上有一座天后宮，祭祀著國朝祀典神媽祖。在等待風信的這段時日，福康安經常前往行香，祈禱能順利出洋，前往臺灣。說也奇怪，就在四川調派的二千名屯練及三千名廣西兵抵達

崇武不久的十月二十八日，連日紊亂的風信突然轉趨平穩，大夥趕緊把握這揚帆啟程的大好時機。福康安恭敬的捧著皇上交給他的右旋白螺，仰天祝禱，趕在落日餘暉前的申時（十五點到十七點）啟行。

經過一晝夜的海上航行，與崇武澳直線距離大約一百七十餘公里的鹿港就快要抵達。福康安站在甲板上，眺望著遠方的房舍連綿不絕，炊煙四起，此時已是二十九日的傍晚，港邊的景觀從渺小而模糊，到愈來愈清晰。福康安看見大武郡溪出海口北邊的沙岸高崁上人山人海，知道這裡應該就是鹿港。就在此刻，船戶拉起高亢的聲調，

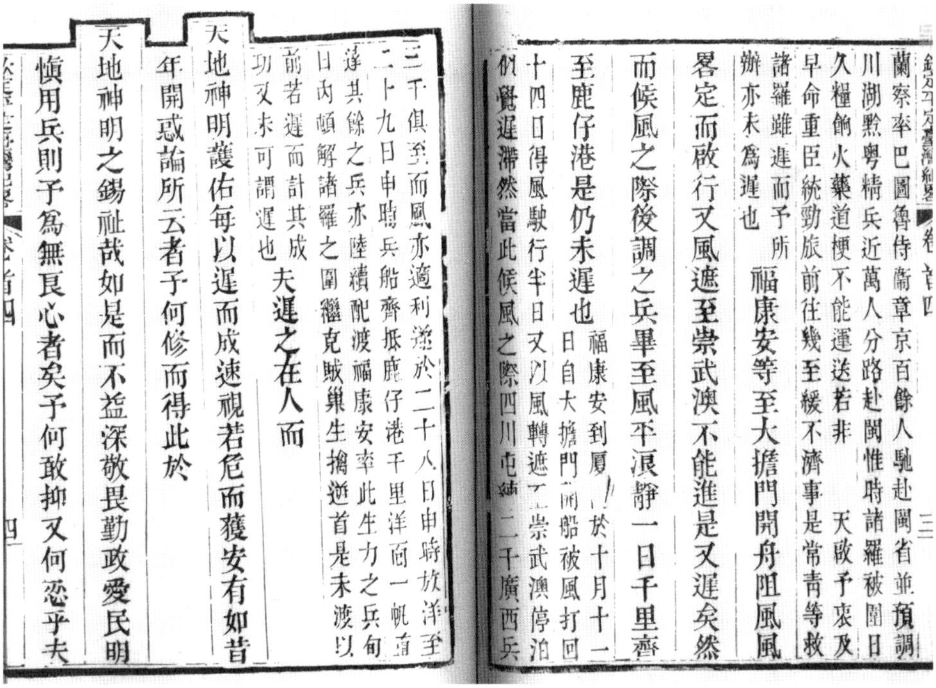
欽定平定臺灣紀略 卷首四 三
蘭察率巴圖魯侍衛章京百餘人馳赴閩省並預調
川湖黔粵精兵近萬人分路赴閩惟時諸羅被圍日
久糧餉火藥道梗不能運送若非 天啟予衷及
早命重臣統勁旅前往幾至緩不濟事是常青等救
諸羅雖進而予所辦亦未為遲也 福康安等至大擔門開舟阻風風
息定而啟行又風遮至崇武澳不能進是又遲矣然
而候風之際後調之兵畢至風平浪靜一日千里齊
至鹿仔港是仍未遲也 福康安到厦門於十月十一日自大擔門開船被風打回
十四日得風駛行半日又以風轉遮回崇武澳停泊
仍覺遲滯然當此候風之際四川屯練二千廣西兵
三千俱到而風亦適利遂於二十八日申時放洋至
二十九日申時兵船齊抵鹿仔港千里洋面一帆直
達其餘之兵亦陸續配渡福康安率此生力之兵旬
日內頓解諸羅之圍繼克賊巢生擒逆首是未渡以
前若遲而計其成功又未可謂遲也 夫遲之在人而
天地神明護佑每以遲而成速視若危而獲安有如昔
年開惑論所云者予何修而得此於
天地神明之錫祉哉如是而不益深敬畏勤政愛民明
慎用兵則予為無良心者矣予何敢抑又何忍乎夫
欽定平定臺灣紀略 卷首四 四

《欽定平定臺灣紀畧》中記載福康安渡海的經過。

遙指岸上呼喊著：「鹿港到了！」

晚霞餘暉在鹿港洋面閃爍，上百艘載著官員與士兵的船隻同時湧現，對於當地來說，這可是從來沒有過的空前景象。

鹿港的居民知道救兵前來，人人高興不已。有人說是皇帝領兵前來，有人說是王爺……在大崁頭等待官船到來的人愈聚愈多，即使當地稱「九降風」的東北季風強勁，仍舊吹滅不了居民的興奮。他們不只在海口擺設香案迎接大軍到來，還敲鑼打鼓，在遠方的海上就可以聽聞歡聲震地的響聲。

不過，由於鹿港港道較窄，且附近皆為沙岸，大船無法直接靠岸，得由哨船接駁才行。即使十月二十九日就已經在鹿港附近的沙汕靠岸，但一直到十一月初二，福康安統領的官兵才全數登岸完畢。龐大的軍隊，有的騎馬，有的步行，聲勢浩蕩上岸，鹿港居民看得瞠目結舌，他們從來沒有見過在那麼短的時間內就湧入這麼多的外來人潮。

福康安登岸後不久，在日茂行林文濬兄弟及鹿港仕紳的陪同下，率領著官員一同到天后宮行香，叩謝媽祖神威顯赫，護庇渡臺的官兵水路平安。當下福將軍也指示地方官員與日茂行林家，在鹿港當地尋覓一處寬廣的空地，恭建天后廟宇作為官府祀典之用。

隨著領兵來臺的最高將領福康安選擇從中臺灣的鹿港登岸後，這裡的重要性也再次被看見。在閩浙總督李侍堯寫給乾隆皇帝的報告中說道：「目前臺灣只剩下府城及鹿港等地。而臺灣府治所在的郡城是全臺的政經中心，鹿港是配渡官兵的要口，而且接近林爽文的老巢大里杙，所以這兩個地方一定得要堅守，才能有辦法抵禦叛民。」鹿港的重要性大概是無庸置疑了！

眼看大軍壓境，林文濬、林文湊知道自己押對了！趕緊再次號召鹿港鄉勇，跟隨福康安前去攻打林爽文黨羽。

十一月初四黎明，福康安派令海蘭察帶領二十多名巴圖魯侍衛到八卦山一帶蒐集情資，途中遭遇林爽文陣營設下的關卡，在一番廝殺後，林爽文人馬抵擋不了官府軍隊的攻擊，四散潰逃。

在福康安及大軍抵臺後，原本被攻陷的彰化縣城、諸羅縣城一一被官兵收復，林爽文事件也逐步被官府控制住。

生擒林爽文圖

乾隆五十三年（一七八八年）一月，官府於老衢崎（今苗栗縣的崎頂一帶）捕獲林爽文；又經過一個月後，莊大田也在瑯嶠（今屏東縣恆春鎮）被官府緝拿。這場蔓延全臺、歷時一年四個月的動亂，終於劃下句點。

## 利益盤算

林爽文動亂平定後，官府開始進行敘功請賞等善後工作。在《彰化縣志》記載林爽文案獲得軍功的三十九名義首中，日茂行林家就占了四名，分別是林振嵩、林文湊、林文會及林文濬，而除了林文會外的三名都還各別立傳，林家在官府眼中平亂的重要性在此嶄露無遺。

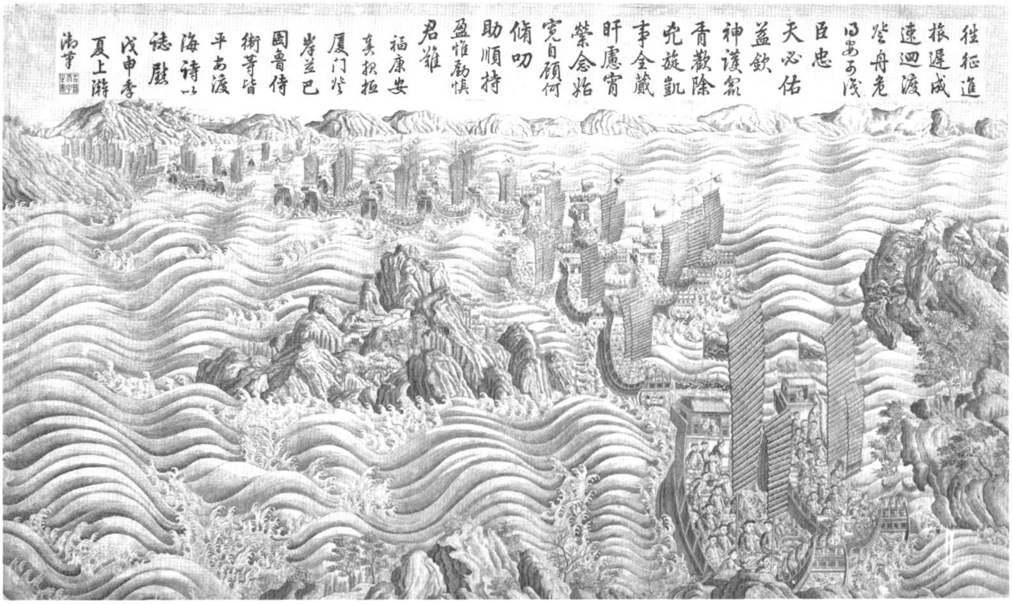

福康安返抵廈門圖

事實上，日茂行林家也從十八世紀末開始，成為了鹿港最有權勢與財力的商號。林振嵩家族的例子告訴我們，清代臺灣最大規模的動亂，反而是他們晉升致富的最好機會。在眾多機會裡頭，有人選擇投入林爽文陣營，也有人做了另一個選擇，比如日茂行林家。更具體的例子就像是林文湊與黃奠邦，他們的身分也在動亂發生的短期間翻轉，在官府眼中從「賊匪」變為「義首」。所以，動亂對於地方社會而言，有時候只是為自己利益盤算所做的判斷及選擇而已。

除此之外，臺灣很多地方的歷史就是在這場大規模動亂之後，於很短的期間內翻轉，就像鹿港一樣。雖然鹿港早在乾隆四十九年就已經是「對渡」的正口，但在林爽文事件後，官員認為鹿港的地理位置優於彰化縣城，不但適合文治，也是海防重地。不過，清廷在此之前並無此認知，除了原來的鹿港防汛和巡檢外，並無較高階文官駐守鹿港。林爽文事件後，彰化縣城的同知衙署因為在戰亂中被毀，北路理番同知終在乾隆五十三年遷駐鹿港，自此才有五品同知這一高階文官進駐，成為真正的正口港該有的設官治理規制。當然，這件事也彰顯了清廷願意繼續鞏固鹿港作為中臺灣正口的決心。

但無論如何，官府、官員與民間一直存在各自的盤算，從十八世紀到二十世紀，甚至當代都在不斷上演，具體的故事也在十九世紀番界內的水沙連地區登場……

## 欽定平定臺灣紀略【一七八八年】

高文麟許爲總爺楊軒委辦軍務各賊郎分路
往攻諸羅淡水留高文麟等帶同匪黨數百人
保守彰化旋經鹿仔港守備陳邦光並泉州義
民林湊林文濬黃奠邦許伯達等募集鄉勇同
往攻殺賊衆紛散將逆犯高文麟等四名擒獲
押解來泉該犯等膽敢從賊肆擾攻佔城池領
受僞職實屬罪大惡極不容一刻稽誅但案關

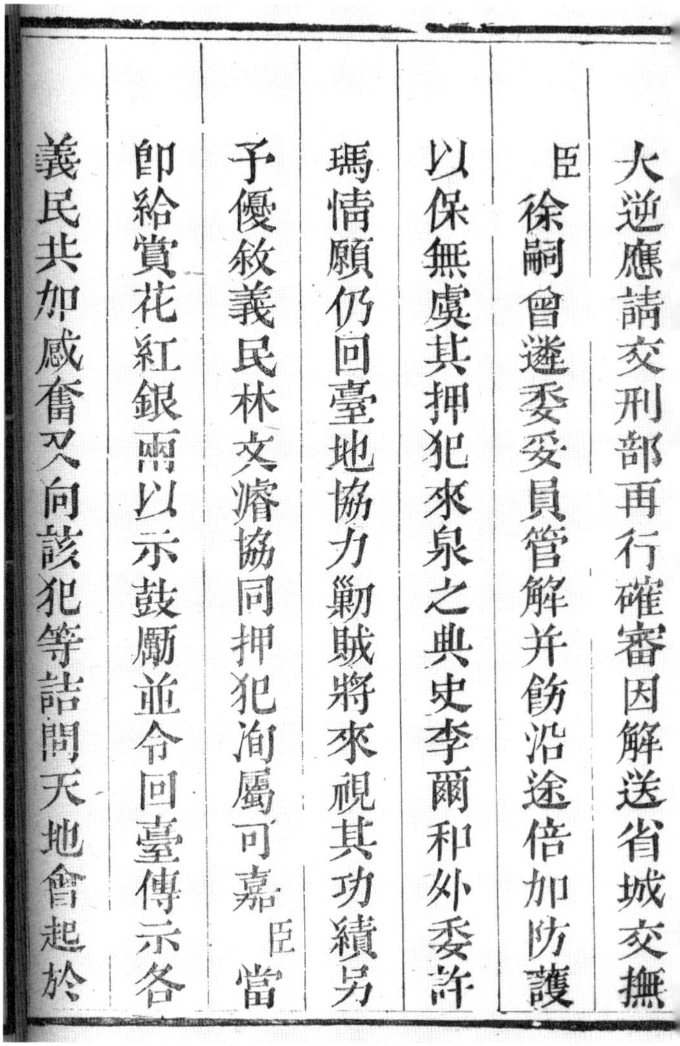
大逆應請交刑部再行確審因解送省城交撫
臣
徐嗣曾遴委妥員管解并飭沿途倍加防護
以保無虞其押犯來泉之典史李爾和外委許
瑪情願仍回臺地協力勦賊將來視其功績另
予優敘義民林文濬協同押犯洵屬可嘉臣當
卽給賞花紅銀兩以示鼓勵並令回臺傳示各
義民共加感奮又向該犯等詰問天地會起於

旋經鹿仔港守備陳邦光並泉州義民林湊、林文濬、黃奠邦、許伯達等，募集鄉勇，同往攻殺，賊眾紛散。將逆犯高文麟等四名擒獲，押解來泉。該犯等膽敢從賊肆擾，攻佔城池，領受偽職，實屬罪大惡極，不容一刻稽誅。但案關大逆，應請交刑部再行確審。因解送省城——交撫臣徐嗣曾，遴委妥員管解，並飭沿途倍加防護，以保無虞。其押犯來泉之典史李爾和、外委許瑪，情願仍回臺地，協力勦賊，將來視其功績，另予優敘。義民林文濬協同押犯，洵屬可嘉！

【白話】

隨即經由鹿仔港守備陳邦光與泉州義民林湊、林文濬、黃奠邦、許伯達等，募集鄉勇，一同前往攻擊、戰鬥，作亂的人四處逃散。將犯有逆謀罪的人高文麟等四名抓起來，拘捕運送到泉州。這些人犯無所忌憚地跟隨作亂之人放縱侵擾各地，攻占城池，接受假的官職，確實是罪惡深重，達到極點，出兵征伐的時間一刻都不容許拖延。但是這案子關係不利於君主的叛亂行為，應該移送掌管刑法、獄訟事務的官署另外進行審理。因為押送人犯至省政府所在地（按：此處指福州），移交給巡撫徐嗣曾審理，挑選委派妥當的人員看管押送過程，並且告誡一路上特別防守維護，確保沒事發生。押解人犯來泉州的典史李爾和、外委許瑪，依舊情願回到臺灣，共同努力消滅作亂之人，未來端看他們的功績，另外晉升官職。義民林文濬共同押解人犯，實在是值得嘉許！

第三章

# 慕義來歸

## 十九世紀中葉水沙連埔地弛禁與版圖擴張

鄭螢憶——著

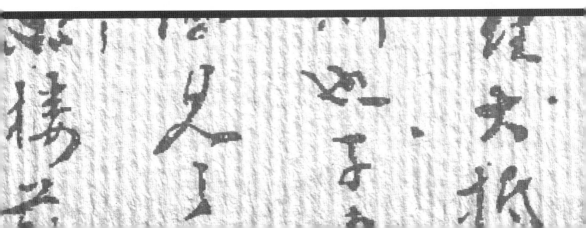

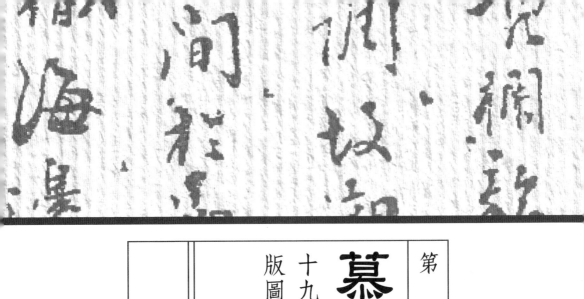

在臺灣番界邊區的水沙連，道光二十七年（一八四七年）正上演著「慕義來歸、王化彰顯」的戲碼。在漢人通事們的細心安排下，在番界外的社番們整齊跪在官道兩側，迎接天朝官員的到來。一派平和的場景，背後卻是移墾者、地方官員與中央朝廷謀劃拓展帝國版圖的發端……

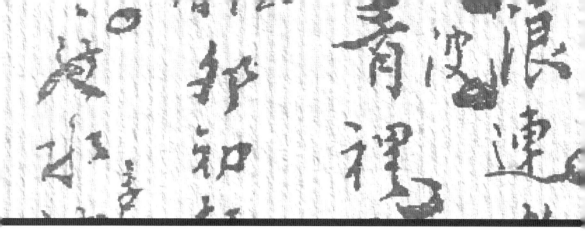

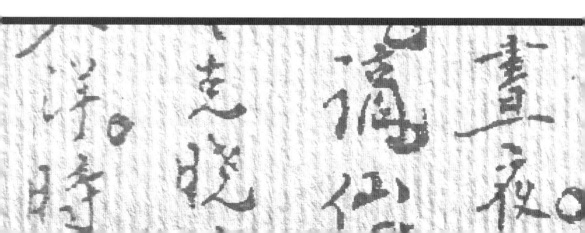

# 獺窟島東渡

道光二十七年二月初，一名正值中年的官員正在福建泉州港外的小島獺窟，等候東渡臺灣的船隻。他名叫曹士桂，屢次進士不第，終於在十二年前一次增額錄取的機會下，開始以江西新安知縣的職位走向官宦之路。

此時的他感受著北風微微吹起，望著不遠處停泊著可載三千石的船隻，心中有忐忑也有興奮，因為等待他的是已經遲赴兩年的官位：臺灣府鹿港北路海防兼理番同知。

風起船發，曹士桂起身登上舵樓，看著一望無際的海洋，聽著海浪翻湧拍打著船身，讓出身於內地雲南的他嘆為觀止。不過，他的浪漫情懷沒能維持多久，就在身旁奴僕的嘔吐聲中，感到一陣暈眩，只能凝神閉目。入夜後北風加劇，海浪更加洶湧，當船隻行經黑水溝中心時，船身搖晃更劇烈，彷彿要被黑水吞沒。此時曹士桂終於明白，為什麼之前的渡臺官員會說黑水溝是渡臺第一險惡了。

翌日清晨，海天一色的美景再也無法安撫食不下嚥的情緒，曹士桂回想著此行赴任的目的，以及月餘前他在福州面見閩浙總督劉韻珂的經過：

正月初三，曹士桂身著常服，與總督稟報初八欲東渡臺灣的計畫，並商討此行所肩負的阻止洋人覬覦臺灣基隆山區煤礦的責任。初八當天，坐在五福樓左廂房的劉韻珂，在曹士桂臨行前再次招見他，叮嚀關於「番界外水沙連（今南投縣埔里鎮、魚池鄉一帶）埔地開墾事宜」的考察，並再三交代不可違背「聖諭」，貿然應允開放，也應轉知臺灣官員，特別是力主開放的理番同知史密，必須謹慎行事。

隨後，曹士桂領取各一封轉交道臺、總兵的公文，內容寫著「禁止煤礦開採」的意見。至此，曹士桂深知此行不是單純的赴任，內山水沙連的勘查已不可免。幸好，在內書房的福建巡撫提點他，若此行「靜聽訟聲」，那麼拔擢之日亦不遠。想到此處，曹士桂內心的激動稍有平復，隨後領取義倉穀四千石、搬運費四千兩作為安家費，便動身乘船由泉州前往獺窟。

甲板上人聲吵雜，打斷了曹士桂的思緒，由於言語不通，他無從知道發生何事，只聽到僕役高喊著「到了」。時至正午，他臉上帶著雀躍，遠眺白茫茫的一片海域，僅依稀可見一艘帆船停泊於遠處。僕役告訴他，前面就是鹿港新開的港口五條港，但因三千石大船無法入港，必須由南邊的番仔挖港進入。現在因為退潮而無法駛入，要等南風潮漲後由小船牽引才可入內。

十二日曹士桂由番仔挖啟程，下午四時才抵達鹿港府衙。鹿港是一座以泉州人為主的商業港市，當時理番同知的衙署正設於此。可惜，前任官員史密人還在水沙連不能前來，由泉籍仕紳林廷鳳、林會圖及管事一同迎接他。

在等候史密歸來的日子，曹士桂沒少跟地方官員往來，並同時處理公文轉交的相關事宜，「紹興酒、普洱茶」已成委託這些衙役跑腿的必備禮品。

嘉慶二十一年冬天，臺灣總兵武隆阿巡視北路時，獲知此事後大發雷霆，便與彰化知縣吳性誠商議，決定驅逐眾漢佃出山，但領有知府告示的黃林旺等人，一度抗拒不從。不過，官員們考慮這些流離失所的埔社（埔里社）生番本性兇悍，若無棲身之所，恐會鋌而走險，越過番界，掀起兵燹。因此，強力要求臺灣知府撤除墾照，並將越界開墾者全數驅逐。

最終，在鹿港同知張儀盛等人率軍驅離下，水里、埔里二社的漢人耕佃盡被驅散，而土城也全數被拆毀。但謀事者僅有郭百年被處以枷杖，黃林旺等人均被赦免。清廷也保持一貫封禁的做法，在集集、烏溪二處的入山口各設立禁碑。

雖然，曹士桂對於碑文內容僅是驚鴻一瞥，但內心已明白史密所言的生番歸化問題，恐怕也與長久以來漢人越界開墾不脫關係。離開集集埔後，曹士桂在汛弁口又見一石碑，碑文寫著「奉旨永禁開墾，如違拿究。道光五年月日立碑」等字樣。這塊石碑顯然是中央官員封禁番地政策落實的最好證明，只是面對附近漢莊林立的情形，顯得有些嘲諷。

沿著濁水溪岸行約數里，經過風谾口，走至水里坑，此處設有一新建的公館，旁邊還設有防範生番出草的武裝砲臺。曹氏一行人在公館稍憩一日，有人說及明日越過雞胸嶺時，即正式入山，道路顯然較之前的官道崎嶇。此時，門外傳來婦女哀淒的哭聲，遣人一問才知婦人丈夫在十九日進入埔里社前，在谾口一處突然被卓社（今布農族）生番殺害，頭顱瞬間被割去，同行者八人無一倖免。

曹士桂沒有追問婦女丈夫的職業，也無從得知為何漢人行隊要進入埔里社，但不難推測這些冒著生命危險入山的漢人，應該多是從事與番社交易的工作，他們提供鐵鍋、布疋、鹽等日常用品，甚至是違禁品的鐵器或槍枝，與番社交換獸產等山貨。出草的卓社，是連水里、埔里二社都要忌憚三分的強悍番社，他們時常出沒於入埔必經的隘口，舉行獵頭儀式。

## 雞胸嶺，遇歸化生番

二十四日天剛破曉，一行人就動身穿越茂密林道，狹小蜿蜒的道路開始隨著險峻的地勢向上攀升數百丈，高處即是雞胸嶺（今水里鄉、魚池鄉交界），登嶺便可一覽無遺地俯視水里坑地貌。曹士桂心想附近並無生番居住，那為何前些日子史密會在此處遇見水沙連社番民陳情歸化呢？

想到此處，遠方忽有八、九名穿著紅衣短褂的番人身影映入眼簾，定睛一看，那些人身旁尚有十多名上身掛著鹿皮、下體僅以橫幅布匹遮掩的番人，手中持有刀銃、竹箭，外貌並不如前人遊記所描寫的那般兇惡，也非其貌不揚。他們多數是之前與史密見面欲歸化的社番，身上穿的紅衣就是史密的賞賜之物。他們之所以跪於此處，是為了迎接新任理番同知曹士桂到來。

在這些番人的伴隨下，他們經過橫嶺、土地公垵、芊蓁林、竹仔林等地，進入田頭社、水里社等處視察。田頭社，早在嘉慶年間的郭百年事件時就有不少漢人入墾。雖然，事後清廷勒令逐佃出山，但想來應該有不少漢人不願放棄安身立命之處，因此改變族群身分，留居當地。田頭社附近缺少水利設施，多數是旱作，但在曹士桂到來時，早已有數十戶人家墾田數十甲。

距離田頭社五里處，可以看到一座水潭，潭中有座山，漢名稱為「珠子山」，當地社人則稱為「那魯島」（邵語：Lalu），是社人祖靈安息之地。圍繞著潭邊，居住著社仔、福骨及貓蘭等社，他們沿著山邊架樓儲藏糧食，約有百來戶。在中國遊記中，這些番社所在地大都被描寫為「山水之秀」，而曹士桂則覺得此處林木蒼蔚，可謂奇觀。

此地離埔里社不遠，但為詳細考察社番歸化的緣由，曹士桂住進了當地公館，還見了九社的水沙連社番。早膳後，九社社番跪於他面前，社番婦女則跪於路旁，也像平常一樣菸袋不

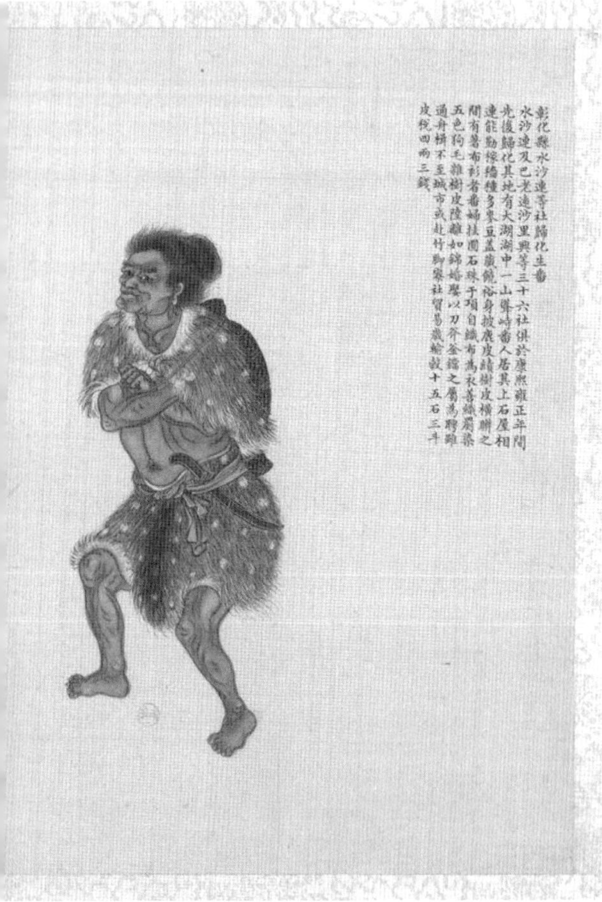

離口。她們多數挽髮綁髻，身穿紅條毛毯，戴著串珠及耳銀鉤，也有不少人穿著衣裙。

曹士桂先賞賜他們紅布百匹、毛毯百尺、珠串百條等物，再細細詢問他們歸化的理由。社番們個個臉色驚恐、支支吾吾，經由社丁、通事們翻譯後才能了解一二。不過從通事們翻譯的舉動，隱約讓曹士桂明白，「生番歸

彰化縣水沙連等社歸化生番。

化」很可能只是這些漢人社丁、通事們從中作梗的伎倆而已。

## 入埔，歸化的理由

行經埔社的途中，一路上可以見到一塊塊的墾田，而貓蘭社處已經住進三、五十戶，其中半數都是先前越過番界的熟番。這些熟番社，在西半部平原地帶被捲入漢人商品經濟後，因為難以調適而導致生計困頓，只能遠走他鄉。他們越過番界進入生番，是當時不得不的首選，也因為曾經受過農業文化的洗禮，將漢人的農耕技術間接地引入深山林野間並傳布開來。

望著貓蘭社不遠的審鹿荒埔，雜草荒煙間掩蓋著人力開墾過的痕跡，這兩、三千甲的埔地，顯然是嘉慶年間漢人被逐出封禁後遺留下來的。曹士桂內心盤算著，沒有水源的荒埔，將來若又開放拓墾，可能要仰賴地勢引水社的潭水來灌溉才行。

沿著清澈溪流西行五、六里，再轉東行，道路突然緊縮，兩旁的山壁陡峭、高石數丈，中間僅有溪流通過，遠處有一谿口，旁人說只要一「丸石」就可堵住洞口，這裡就是卓社殺害漢人之處。穿過谿口，隨即抵達埔里社。

洞口另一端，等待迎接的是地方武官屯把總羅國忠、吳清贊，以及職官類似今日副縣長的南投縣丞冉正品等人，他們率領埔里社、眉社、水眉里社的男女生番數十人前來迎接。曹士桂的行隊便在眾人簇擁中，走了五、六里路，住進了埔里公館。該公館設於埔里社番境內，位於眉溪以南，有埔里社番約兩百多戶，已墾熟田約有兩、三千甲。

這些熟田全是社番耕種的嗎？這樣的疑問在曹士桂心頭冒了出來，他轉身探問把總等人關於埔里社周遭的地形地貌。結果得知在距埔里社幾里處，已建有一處茄苳城，這座土城並非生番所有，而是由熟番與新移居的漢人鋪戶共十多戶一起聚居而成。此時，入山以來的連綿阡陌，熟番、漢人家戶煙霧冉冉升起的景象，頓時浮現在眼前，曹士桂心中了然，這塊位於中臺灣的封山禁地，開墾之勢已經是山雨欲來了。

翌日，曹士桂召見埔里各社番七十餘名，按慣例賞給他們紅布、串珠等物，同時再次詢問歸化理由，得到如同水社番人的答案，而這些答案顯然也是通事們事前教導過的。顯而易見的，水沙連番社歸化應是受到漢人通事及社丁的矇騙，答案已不言可喻。因此，曹士桂打算就此回報閩浙總督劉韻珂，關於水沙連埔地開放的考察所得。

眼見此行目的已達成，午後他又轉往埔里盆地各處視察。他在虎仔山，俯瞰埔里盆地與清澈的潺潺溪水；在眉社公館小坐，看著眉溪以北的眉社番地，聽著當地人家說起眉社番與埔社的不同。眉社屬「王字生番」（應是指今日泰雅族眉原群），婦女的額頭刺有王字，自耳起至下脣則紋約兩吋寬的方條圖案，左右兩邊都是，稱之「雕題」。在男女將嫁娶時，要拔去上下牙齒四顆，稱為「鑿齒」。而埔里社以南的各社，通常只鑿齒而不雕題，但埔里社以北的眉社群則鑿齒

水沙連族群分布圖（改繪自簡史朗《水沙連眉社古文書研究專輯》）

雕題都有，生性也較為兇悍。

這樣的眉社風俗，與眼前數十戶熟番人家餘煙裊裊的景色，更顯得格格不入。今日眉溪以北的埔地，已被熟番開墾數百甲，讓曹士桂不禁感慨從前只有生番二、三十戶的地方，現在已家屋遍布，從嘉慶年間遷徙入山的熟番已有反客為主之勢。

## 北路歸程

二月二十六日曹士桂並沒有循來時的入埔南路往回走，而是選擇另一條北路通行，隊伍沿著烏溪岸邊行走，途經大茅埔、雙溪口及國姓埔等處，在幾次溪水湍急的地方只能仰賴數十名番丁扛轎而行，過程險象環生。

走至龜仔頭時，忽然有一名漢人跪迎於官道旁，詢問何名，答之「李秀」。李秀身旁還跪有番婦數名，都是王字番。李秀是一名番割，因娶番婦女為妻，能通曉番語。這類私越番界者，通常都是犯事的匪徒之輩，李秀也不例外。他是在嘉慶二十四年因與鄰人洪璠爭墾國姓大坪林埔地未果，從而煽動生番出山搶劫、殺害鄰人，被官府通緝在案。他身居番地，難以緝捕，最終理番同知史密在考量過「通番以制番」的前提下，私賞頂帶與把總官職，用以招撫生番。

這類遊走於灰色地帶的番割，時常成為官府安撫生番的利器，也是番界邊區有實力的在地豪

努侄兒的墳墓，奪取殉葬刀斧，還有其他番人也因為被徐贛棋侵擾而苦不堪言。劉韻珂將徐氏逮捕歸案後，雖然曹士桂建議他在新闢疆土之時，應該減輕刑責來彰顯仁德之心，但劉韻珂沒有採納，堅決要除暴安良，最後將徐贛棋斬首示眾於西郊。當時在場觀看的生番、熟番都因為除去地方一大害而額手稱慶。

不過，對於番人的態度，劉韻珂就不曾如此嚴厲。身為儒生的他，一直都堅守著「道德感化番人」的信念，如同曹士桂的探查一樣，劉韻珂在埔里社也遇見許多已私墾三代的熟番，他僅在詢問原籍後，告知熟番們私墾是犯法的，但念在罪其祖父輩且家業都在此地，於是同意他們暫居於此。同時，他也表明若日後稟明聖上，能諭允開墾的話，這些私墾之地都需要輸賦納貢，熟番們就能於此安居樂業。

劉韻珂於水沙連的視察，在許多不同社番「慕義來歸」的歡讚聲中宣告結束。五月二十日，一行人循著北路沿溪而行，踏上了歸途。八月回到福建的劉韻珂，寫下〈奏勘番地疏〉的奏摺，表明他對於水沙連番地開放的態度。奏摺寫道：水沙連六社番人是為誠心歸化，並非理番同知史密所邀功討好使然。所以，建議朝廷應援引淡水、噶瑪蘭改土為流的前例，讓水沙連番地開放入墾且設官治理。

被地方官員、熟番與漢人移墾者殷殷期盼的〈奏勘番地疏〉，也引起軍機大臣的熱議。軍機大臣穆彰阿站在族群分治與地方治安的立場，認為生番、熟番共居，加上許多漢民因交易往來其

閩浙總督劉韻珂道光年間巡視水沙連圖

間，很容易發生事端；況且國家邊境的開放，需要謹慎全盤考量，因此他強烈主張應以乾隆年間所訂立的土牛番界為界線，水沙連六社番地歸官開墾一事無需再議。

事實上，對於國力日漸衰落的大清帝國而言，推動版圖擴張的關鍵並不是賦稅的增加或是彰顯王化的生番歸化。道光皇帝真正在意的是邊區社會秩序與治理的穩固。不同於嘉慶朝針對噶瑪蘭地區設廳，背後有著海盜蔡牽所影響的治安因素。水沙連地區，在道光皇帝的眼中，僅是一群非法越界的漢人移墾者與生番歸化的問題，不會對帝國統治產生立即性的威脅。因此，最終在軍機大臣們的建言下，皇帝大筆一揮，寫下「封禁」二字，終結了水沙連納入帝國版圖的議論。

## 善後，臺灣道徐宗幹的處置

道光二十八年（一八四八年）臺灣道徐宗幹奉命來臺，處理水沙連番地已墾、私墾田園與生番歸化等事的善後。他動身前往水沙連，此時田頭社番目擺典等人率領番民再度跪接於入山口。甚至在回到府城時，六社番目在通事的慫恿下，集體再次跪見徐宗幹，表明亟欲歸化之心。

此舉，讓徐宗幹陷入了長思，他一方面告訴番人，感念他們願意歸化成為熟番，但朝廷在考量歸化後番人的生計問題，而未能同意歸化。因此，需稍待一些時日，等查明整體情況後，定當設法解決養贍問題，讓他們歸化。另一方面，徐宗幹在重新思考朝廷封禁態度與歸化生番、熟番私墾田園等問題後，決定提出〈議水沙連六番地請設屯丁書〉回覆上級，試圖為封禁之事找到轉圜機會。

在稟文中，徐宗幹提及如果朝廷拒絕生番歸化，那麼這些已經薙髮的六社番人，其身分將處於「不生、不熟、不番、不民」尷尬境地，恐怕會遭受生番或熟番的夾擊。再者，雍正年間以來朝廷從未反對生番歸化，為何此次會反對？若是考量生番的生計問題，可以仿照乾隆年間以來熟番設屯的辦法，將水沙連六社設一番屯，以水沙連埔地為屯業，讓他們自行招墾收租。生計問題，自然迎刃而解。

可惜的是，徐宗幹縝密心思所規劃的歸屯政策，仍然無法消除清廷對開放番地會引發動亂的疑慮。這次由地方官員所發動的水沙連番地劃入版圖的行動，仍功敗垂成。至此，嘉道年間以來，關於水沙連奏請歸化及帝國版圖擴張的一干紛擾，最後以失敗告終。

但是朝廷不允許，但並不代表地方社會的移墾者會就此放棄這塊肥沃的界外埔地。許多熟番們開始打著「歸化生番」的名號，繼續開墾水沙連埔地。例如，理番同知史密任命的埔眉社正通事巫春榮，就曾在府城向徐宗幹稟請，欲招佃墾耕水沙連埔地，以維持番民生計。在獲得「暫且招佃種地」，而正式開墾則需等稟請決議的回覆後，隨即興高采烈地拜別。

雖然，後來苦等許久，巫春榮遲遲等不到徐宗幹的指示，但六社開墾之事已經箭在弦上，否則番租無收，番民生計將陷入窘境。所以在道光三十年（一八五〇年），巫春榮開始私自招佃開墾。他曾以鹽三百擔、色布二百匹為代價，將水沙連一處稱為牛眠山的草地交付給番人潘永成等人負責耕種，這塊埔地後來也成為中臺灣平埔熟番岸裡社群的主要墾耕處。岸裡社的番人們，趁著道光年間熟番移居水沙連埔地的浪潮，不少社番遷移這塊新天地定居。

## 封禁或開放，餘波蕩漾

進入十九世紀後的水沙連埔地，不再是番界封禁下的世外桃源。以郭百年為首的漢人移墾集團，打破這處位於臺灣地理中心的寧靜。雖然，朝廷曾以公權力，驅逐為惡的漢人移墾者，並豎立界碑宣告禁止的決心，但界外肥沃的土壤，早已深具魔力地吸引著各路人馬前仆後繼。同時，封禁、開放的不同聲音，也在中央及地方官員之間爭論不休。

面對此窘境，道光二十六年初曹士桂奉命踏上勘查水沙連埔地的旅程，一路所見除了番人的風俗民情、熱烈跪迎等情事外，還親眼看到了內山淨土中有不少私自越界的熟番及漢人，而已開墾的田園也早已阡陌交錯。前幾任的地方官史密、鄧傳安等人，更是早早就與漢人業戶互通聲氣，投資開墾界外埔地。顯然，推動帝國版圖的擴張，並不是中央朝廷本身的王權延伸，而是來自這些私墾者與官員共同合謀所推動的。

一場場生番跪接官員、慕義來歸的場景，不斷在曹士桂等官員視察水沙連的路途中出現，這些番人並非真心歸順，而是通事們在暗地裡推波助瀾，讓他們知道歸順的好處（有布匹及珠串等賞賜）。至於，番地開墾、賦稅繳納，這群如葛天氏之民的番人根本不以為意。在彰顯王化的前提下，官員們也樂見這些番人歸化，更重要的是他們深知唯有如此，才有可能使得中央朝廷或甚至皇帝，同意帝國版圖的擴張。

可惜事與願違，水沙連埔地終究在道光年間劃入封禁之列。它下次成為朝廷官員的關注對象，已是二十多年後（同治十三年）沈葆楨關於開山撫番的討論了。只是曹士桂並未有幸見到水沙連番地的開放，因為他在道光二十七年底就已病逝，僅留下一段入埔的日記，讓後人可以窺見這段水沙連納入帝國版圖錯綜複雜的歷史。

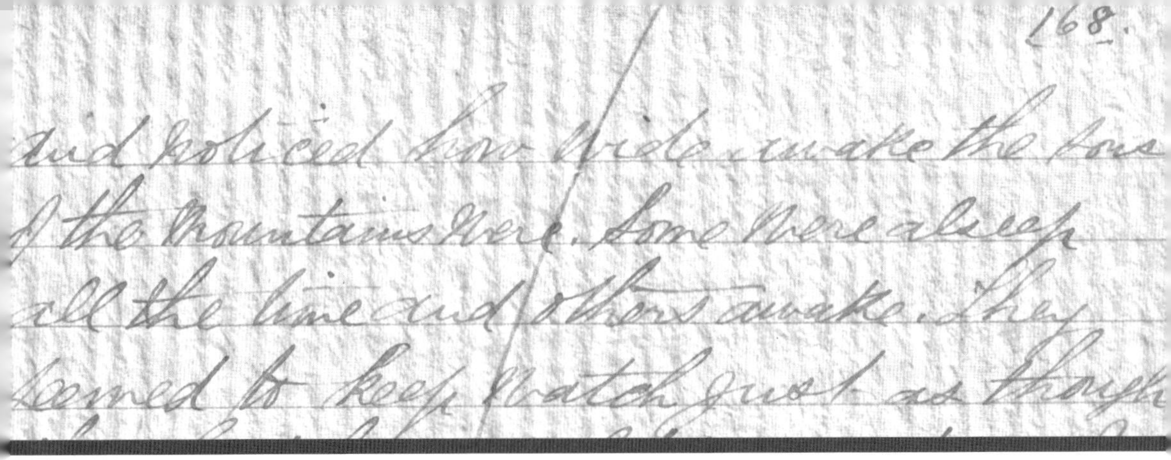

第四章

# 跬步千里

## 十九世紀馬偕的傳道之旅

林紋沛——著

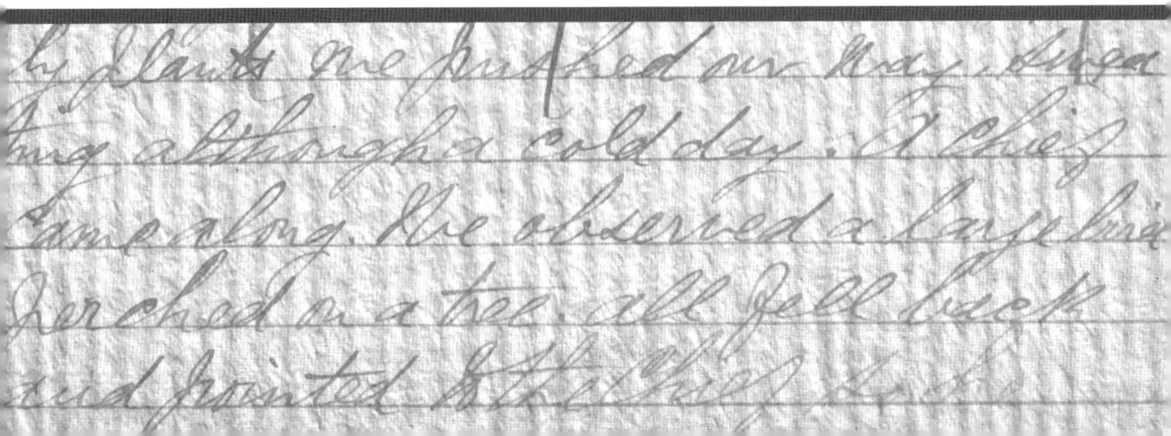

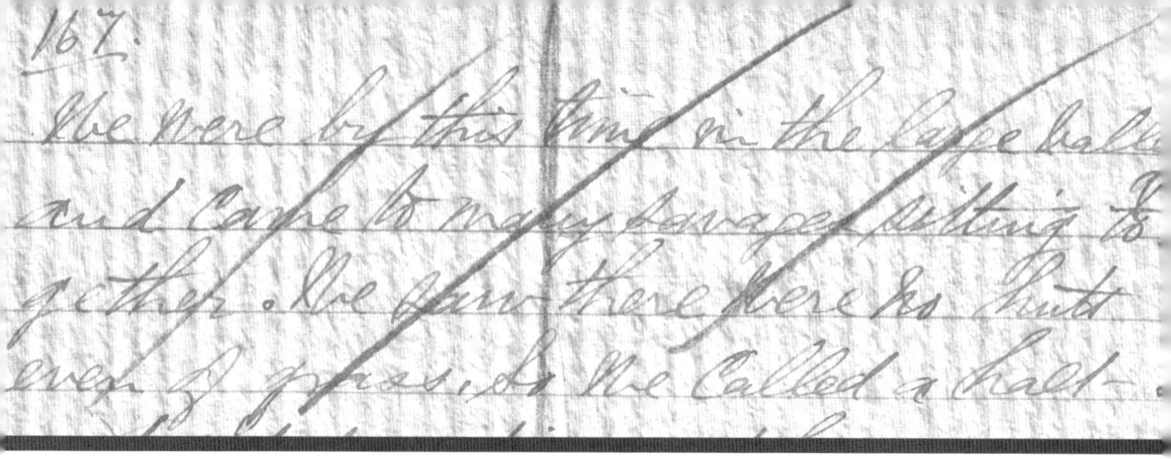
167.
We were by this time in the large hall and came to many savages sitting together. We saw there were no huts even of grass. As we called a halt-

一八七一年底，長老教會傳教士馬偕（George Leslie Mackay）從加拿大來到福爾摩沙，在臺灣展開二十九年的傳教生涯。馬偕不只在臺北傳教，也和本地傳道人一同前往新竹、苗栗一帶，並翻越雪山山脈進入東部，在整個北部傳教區一共建立六十多間教會，洗禮三千人。這些傳教成果來自一步步的扎實足跡，馬偕走遍北臺灣，認識各地人群，他的日記寫下了一趟趟傳教之旅，也記錄觀察和研究心得。

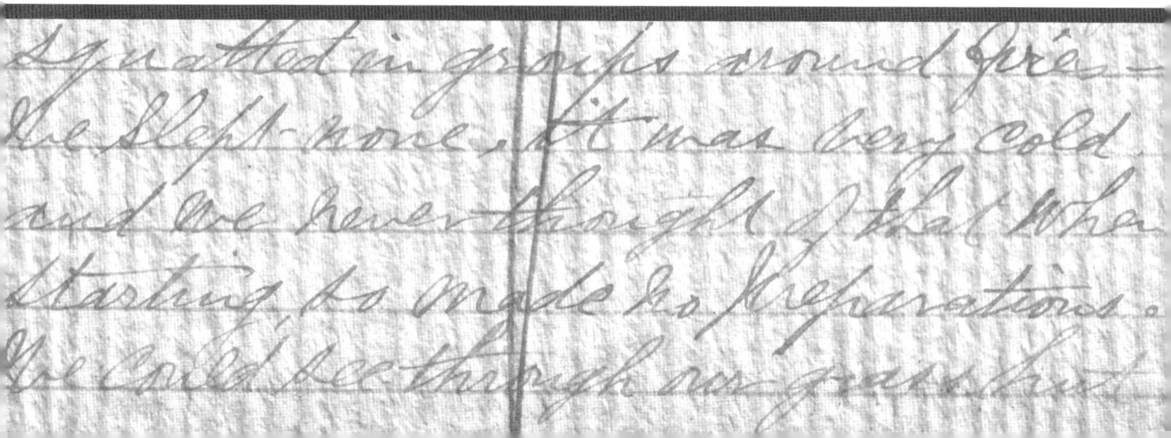
squatted in groups around fire— We slept none. It was very cold and we never thought of that when starting so made no preparations. We could see through our grass huts

約為閩南人的七分之一；「熟番」、「生番」人口較少，可能在十萬人以內。族群分布呈現明顯的空間區隔，以西部地區為例，粗略而言，閩南人住在平原地帶，「生番」控制山區，而客家村莊和「熟番」村莊則多分布在中間的丘陵和淺山地帶。政府的統治力量由平原至山區遞減，「生番」領域是政府統治不及之處。上文提到的新港社民是「熟番」，獅潭底賽夏族則是「生番」，馬偕仰賴新港社民居中協調，希望和賽夏族人建立關係。

一八六〇年代，《天津條約》、《北京條約》簽訂後，淡水、雞籠、打狗、安平等口岸陸續開放，西方商人來貿易、傳教士來臺傳教，領事館、海關等機構也隨之成立。在條約限制下，西方人只能在條約港置產，但可自由前往內陸探險、傳教。於是西方人漸漸形成以通商口岸為據點的小社群，在臺定居人數約有百餘人，職業包括商人、傳教士、醫生、領事人員、海關雇員等等，偶爾也有博物學家來臺旅行，或有船長、水手、海軍隨著船隻停泊而上岸休閒。從馬偕的日記中，可以看到馬偕和上述各行各業的西方人時有往來。

西方人擁有不同職業或身分，這些身分可能流動，也可能重疊。例如知名茶商陶德（John Dodd）曾兼任美國與荷蘭的名譽領事，他不只在北臺灣經營茶葉生意，閒暇時還常到屈尺（今新北市新店區屈尺）探險，寫下原住民相關研究。本文的主角馬偕也是一例：馬偕至各地巡迴傳教，拔牙、發藥都是傳教手段，他記錄漢人社會和原住民文化，也拍攝照片、收集物件，展示在博物館中。馬偕的博物館吸引不少西方人參觀，也有漢人官員到訪，及至日治時期，第三任臺灣總督乃木希典也曾慕名而來。

西方人擁有自己的社群，居住地也以通商口岸為主，因而和漢人稍有區隔。在所有來臺的西方人當中，傳教士可以說是最努力融入在地人的一群，他們經營的關係也最深刻、最持久。一方面，傳教士熟習當地語言，透過教授知識、發藥治病等方式傳教，和當地人的來往遠比其他西方人深厚，也成為連結其他西方人和在地人的節點之一。另一方面，傳教士建立的教會機構及傳教據點穩定成長，跨越十九世紀末的動盪，歷經日治時期，至戰後仍屹立不搖。相較於洋行至日治時期漸漸消失，領事館及海關隨政權更迭而改換主事者，教會的影響持久不衰，迄今仍是社會中有力的聲音。

一八六〇年代的開港將西方人帶來臺灣，也帶來西方的影響。傳教士宣揚西方的宗教和知識，現代化事物也在此時登場。一八八四年臺北建城，築起城門、城牆，也出現電燈、鐵路、發電機、新式工廠。馬偕四處前往參觀日漸改變的臺北各地，對新登場的現代化事物深感興趣，也表達讚許。現代化事物雖然不是直接由傳教士引進，但傳教士的出身文化與之親近，他們見證現代化的影響，有時也積極向臺灣人展示西方新知。傳教士的觀察根植於西方文化，但也貼近在地文化，提供我們另一種觀點，由此重新審視十九世紀下半葉的臺灣。

# 從加拿大到福爾摩沙

馬偕（一八四四－一九〇一）的教會譯名是偕叡理，人稱偕牧師，本文採用一般人較熟悉的譯名馬偕。馬偕一八七一年底來到臺灣，一九〇一年在臺病逝，二十九年間曾三度短暫離臺：一八七九年十二月至一八八一年十二月，以及一八九三年九月至一八九五年十一月，馬偕返回加拿大述職；清法戰爭時，馬偕到香港探望避難的家人，因法軍封鎖臺灣而無法返航，一八八四年十月至隔年四月間滯留香港。除此之外，馬偕都留在臺灣傳教，日記寫下二十九年來的生活點滴。以下簡單介紹馬偕生平，說明馬偕當初為何會立定志向，從加拿大來到遙遠的福爾摩沙，在此落地生根。

一八四四年三月二十一日，馬偕出生在加拿大東部位於多倫多附近的左拉村（Zorra），是家裡最小的孩子，上面有三個哥哥、兩個姐姐，父母原本是蘇格蘭高地的農民，因為高地清洗運動（Highland Clearance，貴族將農地改為牧羊地及獵場，迫使農民離開）而移民加拿大，展開艱辛的拓荒生活。馬偕在胼手胝足的辛勞環境中成長，他們信仰的加拿大長老教會屬於喀爾文教派，奉行嚴格清苦的生活，塑造了馬偕堅毅的個性。

馬偕十歲那年，英國傳教士賓威廉（William Chalmers Burns）來到左拉村，分享到中國的傳教經歷，馬偕年紀雖小卻深受啟發，決心長大也要到海外傳教。一八七〇年馬偕從美國普林斯頓神學院畢業後，多次向教會提出海外傳教的申請。申請並未立即獲准，馬偕耐心等待，同時繼續深造，到英國愛丁堡大學神學院留學。一年後教會終於決定將馬偕派往中國，是加拿大長老教會派出的第一位海外宣教師。

一八七一年十一月一日，馬偕從舊金山登上「S．S．美利堅號」，一路上海象惡劣，暈船嘔吐是家常便飯，不過馬偕只要精神尚可，就把握時間閱讀關於中國的書籍，想像位於太平洋彼端的國度是什麼樣子。馬偕航經橫濱、香港、汕頭，在三地短暫停留，最後聽說福爾摩沙的傳教事業亟待開拓，決定前往福爾摩沙。

十二月，馬偕抵達臺灣。從馬雅各（James Laidlaw Maxwell）醫生一八六五年奉派來臺算起，英國長老教會已在臺耕耘七年。當時在臺的李庥（Hugh Ritchie）牧師、甘為霖（William Campbell）牧師、德馬太（Dr. Matthew Dickson）醫生等人皆努力幫助馬偕熟悉臺灣社會。英國長老教會主要在南部傳教，以打狗、旗後、臺灣府等地為中心，尚未觸及北部。馬偕感到北臺灣正是他可以努力奉獻之地，最後決定以北臺灣為宣教區，在淡水設立最初的教會*。

---

*馬偕一八七二年的淡水寓所是北臺灣最早的教會，兼做醫館。一八七三年五月，馬偕另租房屋做為滬尾醫館，一八八二年七月成立牛津學堂，一八八四年一月成立女學堂，各地教會也陸續建立。至一八九五年，北部有六十多間教會，其中約半數在宜蘭，教友人數多達三千。

落腳北臺灣

一八七二年三月九日，馬偕抵達淡水，暫時借住在陶德提供的房間，北臺灣的傳教事業算是有了起點。

只不過馬偕的臺語雖然已經練習四個多月，卻還是不敷傳教之用，他知道只有繼續勤練會話、掌握羅馬白話字、熟習漢字，才能勝任傳教工作。他找附近的牧童說話，幾個小孩一開始嚇著了，罵他「番仔」又向他丟石頭，後來發現馬偕竟然會說臺語，還戴著稀奇的手錶，漸漸願意和他對話。馬偕就這樣白天練會話，晚上查字典、背漢字，語言日益精進。四月十四日，抵達淡水一個多月以後，馬偕首次以臺語講道。

馬偕不只在淡水講道，也到附近村莊的廟口、街坊唱聖詩、傳福音。馬偕的積極作風和「番仔」身分時而招致民眾反感，甚至引來攻擊，艋舺的情況尤其嚴重。艋舺在馬偕口中是迷信又排外的地方，艋舺人不只罵馬偕「番仔」、「外國鬼」，向他丟石塊、砸橘子皮，還威脅要殺掉他。一八六八年，馬偕來到臺灣以前，陶德曾打算在艋舺租屋供寶順洋行使用，卻遭到當地宗族強烈反對，發展為暴力衝突，可見艋舺確實有排外的一面。

儘管傳教難免遇到阻力，但馬偕所傳的道理仍漸漸吸引願意相信基督教的人，本文開頭和馬偕一同前往獅潭底的阿華（嚴清華）正是北臺灣第一位信徒。阿華原本是讀書求功名的士子，他在馬偕開始講道幾天後前來拜訪馬偕。馬偕受過扎實的科學及神學訓練，也認真研究儒教、道教、佛教等漢人宗教信仰。阿華聽馬偕用臺語和二、三十位讀書人辯論，一一駁倒「異教」的荒謬處，為之折服，感動於馬偕所傳的道理，決定拋棄「迷信」和「偶像」，追隨馬偕學習。

馬偕得到阿華這位年輕好學的學生非常高興，扎實的訓練阿華，也向阿華學習臺語及漢人風俗。日後漸漸有更多學生來到馬偕身邊，漢人、平埔族皆有。馬偕不只教導聖經的神學、教義、歷史、地理等宗教知識，也教導動物、植物、地質、世界地理、天文、醫學、解剖等科學知識。對於當時生活在臺灣的一般人而言，這些知識應該前所未聞，讓人大開眼界吧。

馬偕的教學從不局限於教室，一如他的傳教範圍也從不限於淡水。他帶著阿華等人頻繁穿梭於臺北盆地，乘船或徒步前往各地，常常打赤腳，路上看見的花草蟲魚都可以拿來研究，有時也帶回淡水做成標本，沿途風景則成為領略造物之美、啟迪心靈感受的最佳教材。阿華在馬偕的訓練下終於成為獨當一面的傳道人，後來也受封立為牧師，是一八九五年為止兩位封牧的本地牧師之一。

馬偕從一八七二年三月落腳淡水傳教，經過幾個月努力，他開始熟悉這個地方，身邊也有了一群學生和信徒，一切似乎漸入佳境。不過，除了語言的障礙之外，在北臺灣傳教還有許多困難，有待馬偕一一克服。

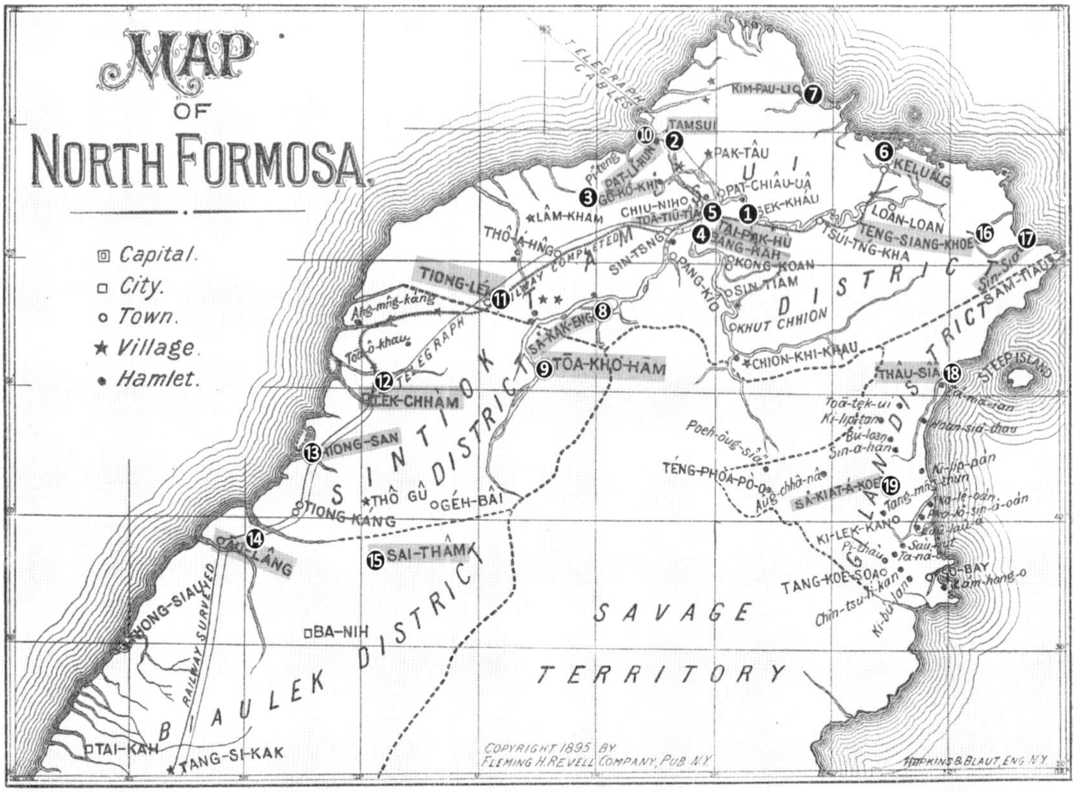


**馬偕博士在北臺灣的傳教據點（引用馬偕 1895 年《臺灣遙寄》所附地圖）**

・北部據點
①臺北府
②淡水
③五股坑
④艋舺
⑤大稻埕
⑥基隆（雞籠；1875 年改為基隆）
⑦金包里（今金山）
⑧三角湧（今三峽）
⑨大姑陷（今大溪）

・1872 獅潭底之旅
⑩八里坌
⑪中壢
⑫竹塹
⑬香山
⑭新港（今後龍）
⑮獅潭底

・1875 宜蘭行、1890 宜花行
⑯頂雙溪
⑰新社（今貢寮新社）
⑱頭城
⑲三結仔街

## 傳教生活的日常與困頓

一八七二年四月，為了展開傳教工作，馬偕離開陶德的宅邸，另租一間原本要當馬廄的屋子整理成住處，這裡同時也是淡水最初的教會、醫館及學校。一切大致塵埃落定，馬偕在門口張貼十誡，附近居民群情激憤，撕毀紙張。馬偕重貼一次，又被撕毀。第三次貼上十誡以後，居民雖然依舊不滿，咒罵他、威脅他，但已放棄撕毀十誡，悻悻然離開。

馬偕憑藉決心和勇氣扎下根基，身處在反對他的人群之中，每天辛勤工作。待在淡水的日子裡，他白天讀聖經、學語言，也讀漢人的經典，思考如何贏得信徒，同時教導阿華等人，遇到病人上門便忙碌於醫療工作。到了晚上，馬偕帶領大家做禮拜，先就著黯淡的油燈讀一段聖經，向大家講解，再一起唱聖詩、禱告。有時聚會結束後仍繼續工作到凌晨，睡得很少。週六前往山上、海邊獨自默想，或帶學生一起研究大自然，週日上午先舉行英語禮拜，午後、晚間舉行臺語禮拜。雖然大多數人依舊討厭外國人，但也有一些人好奇而來，參加聚會的人數漸漸增加，有時多達百人，也有人邀請馬偕到自己的村莊傳教。

馬偕以淡水為據點，但不在淡水的日子占多數。他帶著學生前往臺北各地，除了步行，有時會仰賴淡水河系接駁運輸，例如從淡水經干豆（今關渡）到五股坑；從新莊經艋舺、大稻埕、干豆到淡水；又或從雞籠到洲裡（今蘆洲）、艋舺。路上遇到人有機會就傳教，每到一地就為大家三天，第四天略微好轉，之後又病了一週，隔天好些，旋即再病兩週，至二月五日才漸漸康復。病情反覆發作，幾乎病了整整一個月。一八八九年底，馬偕回顧時說自己「百般焦慮、煩惱、病痛纏身……願主保佑這脆弱的心」。馬偕常生病，也有痛苦不安的時刻，但只要身體還允許，仍會在病床上工作，意志堅強。

或許就是馬偕百折不撓的意志，加上能實際幫助病人的醫療服務，讓馬偕漸漸贏得當地人的認同。即使是最「迷信排外」的艋舺，經過十多年後，對馬偕的態度也不可同日而語了。一八八七年底艋舺舉行祭典，城隍爺出巡，連日遊行熱鬧滾滾，參加群眾多達兩、三萬人。馬偕前去參觀時，昔日辱罵他、攻擊他、拆教會的艋舺人，那日卻對他報以微笑，向他鞠躬，恭恭敬敬稱呼他「偕牧師」。讓馬偕不禁感嘆，真是「巨大的改變！上帝掌權。」

隨著馬偕在臺灣耕耘日久，臺灣人對馬偕的態度開始友善起來，在馬偕逐漸熟悉臺灣後，日記書寫的內容也有所轉變。一八七二年的獅潭底之旅記述重點放在旅途的艱辛及傳教工作。雖然也談到接觸的人群，不過基本上是比較簡單的觀察：友善與否、對傳教的接受程度、族群身分等等。到了一八九〇年，馬偕來臺已將近二十年，這年他前往宜蘭、花蓮傳教時，記述重點放在當地的風俗文化，可以說是馬偕的研究筆記。馬偕不只是旅人、醫生、傳教士，也是研究本地人群的博物學者。以下介紹一八九〇年的宜蘭花蓮之旅，勾勒馬偕的另一面。

## 一八九〇年的宜蘭花蓮之旅：馬偕的文化觀察

宜蘭是馬偕重要的傳教區，宜蘭原設噶瑪蘭廳，隨著漢人開墾腳步日益加速，在一八七五年改制為宜蘭縣。馬偕一八七三年至一九〇〇年到宜蘭、花蓮傳教共二十八次。一八九〇年來到宜蘭、花蓮時，已在這一帶耕耘了十七年，洗禮的信徒多達兩千人。這次旅行主要乘船移動，當地官員還好心借他一匹小馬。昔日剛來到宜蘭時，徒步走遍蘭陽平原，願意聽福音的人卻不多，現在努力已漸漸開花結果。

馬偕一八七三年十月第一次到宜蘭探路，一八七五年四月再度來到宜蘭，這次身邊不只有阿華等人，還有領事阿赫伯同行。他們取道山路（應是今日的淡蘭古道南路）翻山越嶺前往宜蘭。山路難行，地形陡峭，道路緊貼幾近垂直的岩壁，下方溪谷深不可測。山區經過大雨洗禮，草木一片溼漉漉，馬偕自嘲就像「溺水的老鼠」。一行人加快腳步，第三天終於抵達蘭陽平原最大的城鎮兼縣治所在：三結仔街。馬偕等人展開傳教工作，阿赫伯將名片送給當地官員，獲贈雞、鴨等禮物。

一八七五年的宜蘭行，每日徒步跋涉近三十公里，交通費去不少力氣。這次搭配水運和騎馬，可以把更多精神花在傳教工作，除了前往已設立教會的各個村子主持禮拜，還特地拜訪飽干（今 Cipawkan／德安部落）、薄薄（今 Pukpuk／仁里部落）等「南勢番」村莊，兩地屬今日的將近六十公分厚，向外伸出整整一公尺左右，彷彿形成走廊，不過高度太矮，無法走在底下。地板鋪設近三公分厚的藤條，用撕開的藤條把平鋪的藤條綁在一起，晚上就睡在地板上。一端留下一平方公尺左右未鋪藤的地面，用土填平，是生火的地方。房子既堅固又整潔，住起來比潮溼的地面高出三十公分，有益健康。

部落製作陶器的方式和巴勒斯坦人或本地的漢人都不一樣，陶土挖出後用石頭搥打再加水，用手捏出陶罐，一點一點慢慢加土成形，不使用輪盤。水罐和猶太式水罐相仿，只是高度較矮，兩邊有把手，把水罐頂在頭上時可以抓握。婦女負責一切負重搬運，她們走下水井，把罐子裝滿水後頂在頭上，走起路來跟柱子一樣筆

前往奇萊平原。

直，真是賞心悅目。

村中可以看到柚樹、香蕉樹、檳榔樹、柿樹、梅樹等果樹，還可看到荖藤，這是檳榔樹上常見的爬藤植物，這樣一來吃檳榔就很方便，需要的荖葉和檳榔果唾手可得。部落人人吃檳榔，檳榔也用來招待客人和朋友。樹蔭下、家裡、路邊，處處可見一群人嚼檳榔，用葫蘆等容器裝滿石灰，拿著一袋袋菸草葉和檳榔。石灰是在海邊燒貝殼、珊瑚得來，菸草是自己種的。大家的嘴巴成天嚼個不停，吃檳榔、嚼檳榔、吐檳榔，一邊繼續準備檳榔和雪茄，一刻不停歇。

至於外貌方面，完全沒有人刺青，會戴耳環當裝飾，耳環有各種大小，大都以竹製成，約兩、三公分長。年輕男女戴頸飾，主要由兩、三平方公分的一片片貝殼構成，用線和小珠子串在一起，瑪瑙珠最貴重。部落幾乎人人赤身裸體，男人只在胯下圍一小片布，婦女也是，不過也有些人不是全身赤裸，還有些人穿著像貧窮漢人婦女的衣服。

部落的運作方式是特殊的年齡階級制度。男人被編入階層組織，按年齡每五歲分一組，共有九組。第一組是最年長的五十五到六十歲，接下來第二組是五十到五十五歲，一直到第九組的十五到二十歲。每五年將新的年輕人編為一組，賽跑決定誰當首領。部落頭目一樣透過賽跑決定，由各組首領賽跑，從中選出優勝者。

每一組都負責不同工作，有的開路，有的耕田，有的編藤，偶爾集合某幾組或所有人一起狩獵、戰鬥、收割等等。親兄弟可能被拆散至不同分組別，因此朝夕相處的同組成員比親兄弟更親。年紀較輕的組別均受上一級年長者約束，人人敬畏長者。長者有時會將年輕人趕出村莊六天，六天內沒有人敢回來，因為處罰絕無寬貸。膽敢回來的人，房子會被拆毀、妻子被趕走、財產全部毀壞，自己則挨打後再被逐出村子，直到獲准回來為止。

馬偕想起在大社看過類似的事情。聽說有一天第二、三組外出打獵，卻被長者發現他們沒有認真的深入高山叢林，反而耽於玩樂，於是回村後立刻受罰，被暫時逐出村子。馬偕正和幾個大社人談論此事，個個都是身強體壯的年輕人，忽然看到三個長者現身，這些年輕人轉眼就跑掉了，可見他們對長者的敬畏和服從。一旦聽聞自己部落的人遭到其他部落殺害，年輕人會被召回來一起去作戰。

馬偕以九頁日記細數自己在飽干、薄薄的見聞，詳細描述建築、陶器、檳榔、飾品、年齡階級等各方面的文化，寫到家屋、集會所、井等建築時，不只描述建材和工法，也說明建物的使用情形，展現長久以來對此地人群的認識，這是短期旅行難以企及的深度觀察。從日記無法確定馬偕是否會說東部原住民的語言，但同年底另一趟深入屈尺山區的旅行中，馬偕提到他向一位婦女「說了幾句原住民話」，可以看到馬偕時時學習新語言，積極認識不同人群。

馬偕的深刻認識不只展現在旅程中的文化觀察，也轉化為博物館收藏，他和學生常在臺灣各地採集標本，致力開拓臺灣博物學這本「未寫之書」。馬偕一八九五年出版的《臺灣遙寄》（*From Far Formosa*）提到他在淡水的博物館有各種礦物、動植物標本，也收藏漢人、平埔族、原住民的器物，包括樂器、農具模型、武器，此外還有偶像和祖先牌位，是信徒改信基督教後捐棄的物品。這些藏品是多年累積下來的成果。

日記沒有提到博物館開設的日期，一八八五年以後常提到有人來參觀博物館，其中有來臺旅行的西方人，也有臺灣本地人及官員，可以想像馬偕配合博物館陳設向他們活靈活現的介紹臺灣，說明本島的氣候、動植物，講解漢人、平埔族、原住民的文化，以及長年傳教旅行的心得和傳教工作的進展。馬偕二十九年來在臺活動，走出豐富足跡，累積對臺灣的系統化知識，成為西方人（甚至本地人）認識臺灣的一扇窗。

馬偕博士收藏之佛像及神主牌。

## 一步一腳印，走入各地傳教

馬偕一行人克服險阻，忍受身體的疲憊病痛，前進各個村落傳播福音。雖然難免受挫，甚至有傳道人因族群衝突而不幸喪命，但整體而言仍經營出豐碩的成果。馬偕從加拿大橫渡太平洋來到福爾摩沙，他所帶來的宗教、科學知識及醫療能力成為北臺灣開教的核心資源，日常生活充滿學習、授業、醫療、傳教、旅行的忙碌工作，和傳道人與信徒一起開拓教會網絡。馬偕也在臺灣娶妻成家，一八七八年和五股人蔥仔（後改名張聰明）結婚，育有兩女一子，全家齊心投入傳教事業。

除了融入當地，馬偕也和西方人社群密切交往，住在北臺灣的西方人多和馬偕時有往來，來臺旅行、上岸休閒的西方人也常來拜訪馬偕。馬偕向他們分享在地知識，也邀他們一同旅行，西方人則熱心贊助傳教事業。例如巴克斯船長就常趁著船隻停靠淡水時拜訪馬偕；領事阿赫伯曾和馬偕一同前往東海岸；又如陶德曾提供馬偕最初的落腳處，也向教會熱心捐獻。馬偕活躍於北臺灣，既融入在地社群，也創造出以信仰為中心的在地網絡。馬偕不只是教會網絡的重心，在宗教上、知識及人際上也成為連接臺灣和西方世界的節點。

馬偕筆下記錄旅途的種種，有跋涉的艱辛，也有動人的風景。臺北盆地內可沿淡水河系通勤各地，但水運通行範圍有限，大部分地區缺乏方便的交通手段，只能徒步前往。獅潭底之旅展現交通、住宿的難處，也透露旅途潛在的危險。往東翻越雪山山脈來到蘭陽平原，宜蘭、花蓮一帶有許多人樂意聽道理，原住民的特殊文化也吸引馬偕的目光。

旅行見聞豐富了馬偕對臺灣的認識，馬偕在旅程中遇見友善或不友善的人，彼此講不同語言、擁有不同風俗和信仰，旅行則成為相互認識的一種途徑。馬偕發揮博物學、民族學知識，記錄接觸各地人群的第一手資訊，也把握機會採集標本、收集器物，將知識保存並重現到博物館中。馬偕在臺生活二十九年，隨著一次又一次走訪各地，對臺灣由陌生到熟悉，觀察愈來愈深入、愈來愈詳細，更將臺灣視為摯愛之地。跟隨馬偕的雙眼、雙腳，彷彿能重新看見十九世紀下半葉臺灣社會充滿活力、衝突頻仍的複雜人群。

馬偕日記【一八七二年十二月三十日】

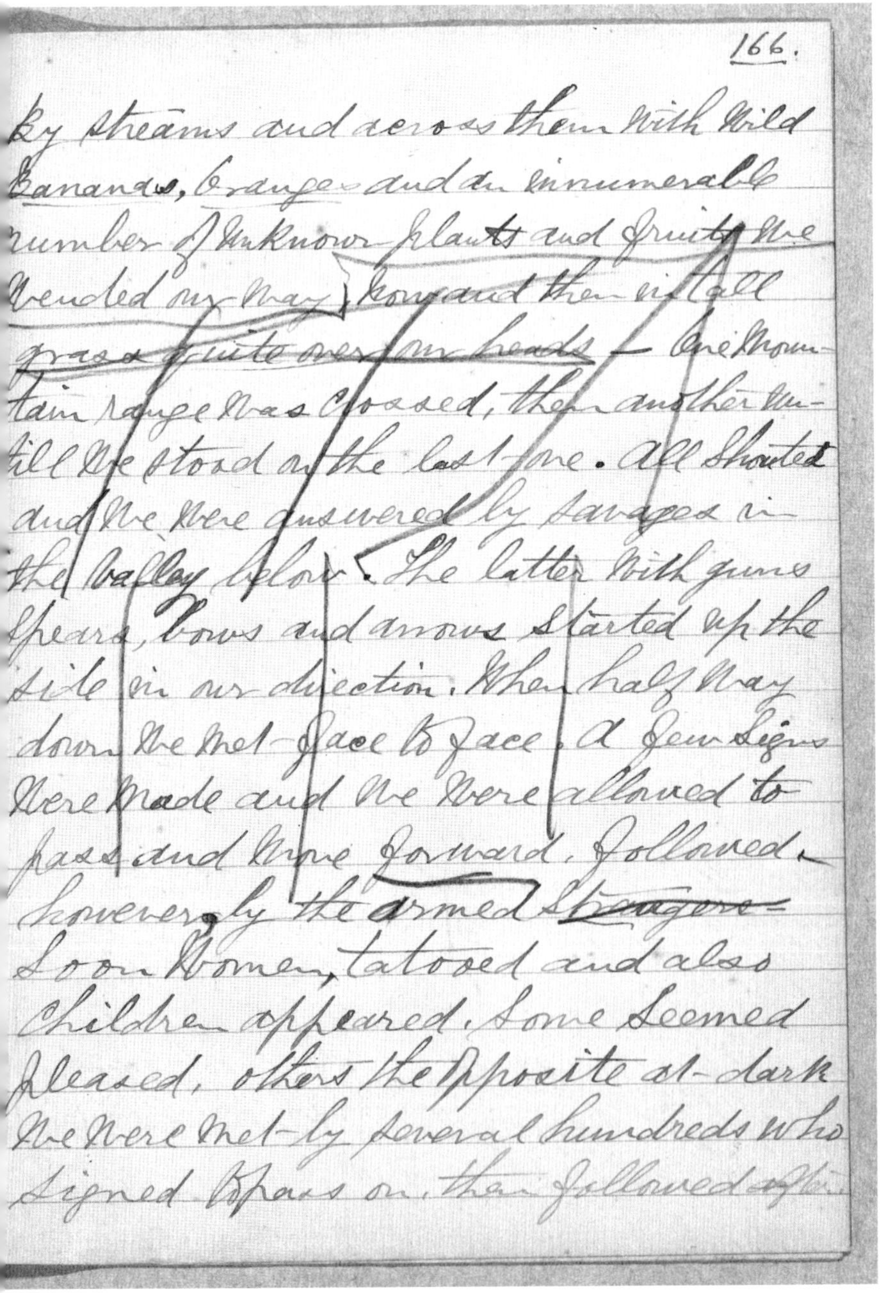

166.

by streams and across them with wild bananas, oranges and an innumerable number of unknown plants and fruits we wended our way forward then in tall grass quite over our heads — One mountain range was crossed, then another untill we stood on the last one. All shouted and we were answered by savages in the valley below. The latter with guns spears, bows and arrows started up the side in our direction. When half way down we met face to face. A few signs were made and we were allowed to pass and move forward, followed however by the armed strangers. Soon women, tatooed and also children appeared. Some seemed pleased, others the opposite. At dark we were met by several hundreds who signed to pass on, then followed after

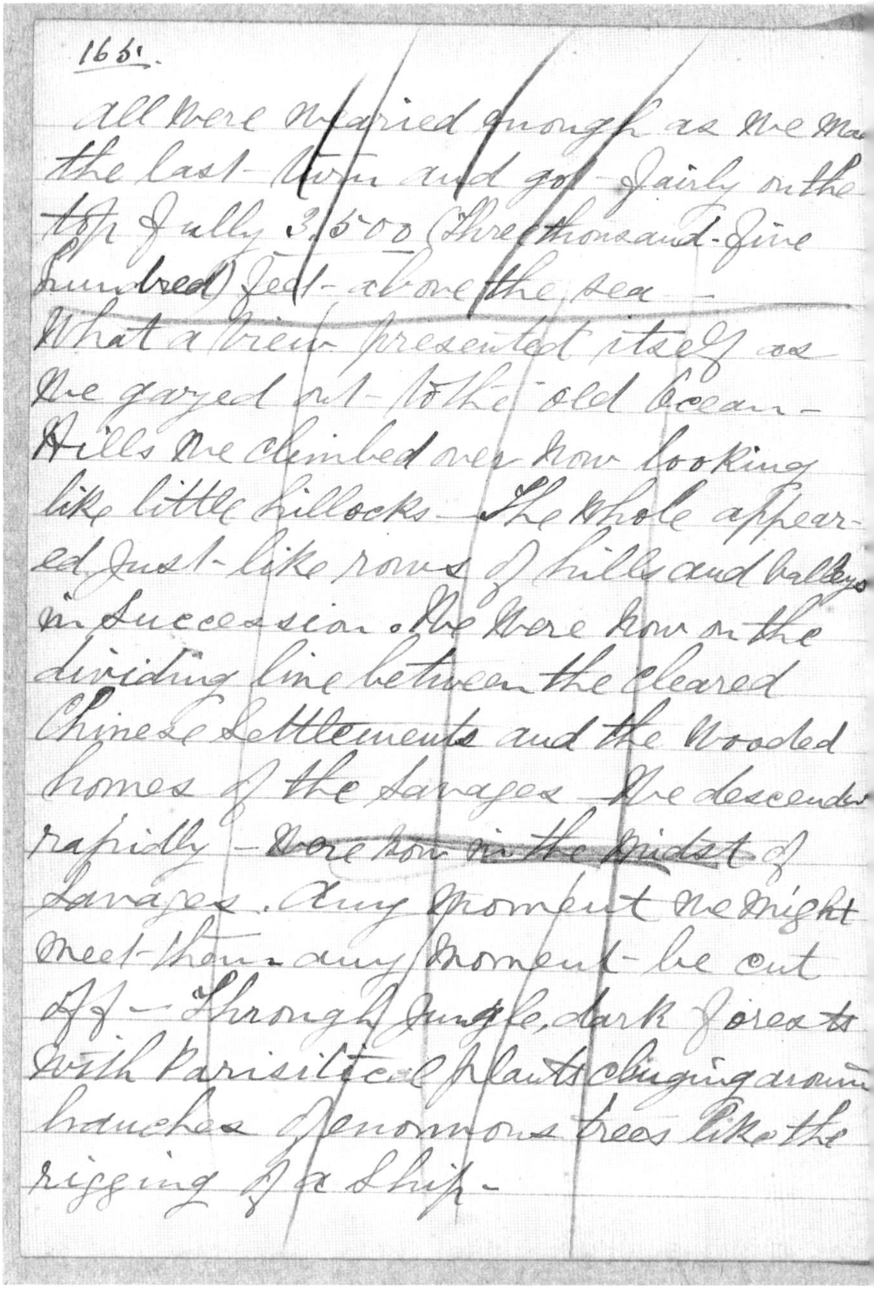

1651.

All were wearied enough as we ma
the last turn and got fairly on the
top fully 3,500 (Three thousand five
hundred) feet above the sea.
What a view presented itself as
we gazed out to the old ocean.
Hills we climbed over now looking
like little hillocks. The whole appear-
ed just like rows of hills and valleys
in succession. We were now on the
dividing line between the cleared
Chinese settlements and the wooded
homes of the savages. We descended
rapidly – ~~were now in the midst~~ of
savages. Any moment we might
meet them – any moment be cut
off – through jungle, dark forests
with Parisiltical plants clinging around
branches of enormous trees like the
rigging of a ship.

【左】（加線表示與正文中引文重複）

All were wearied enough as we made the last turn and got fairly on the top fully 3,500 (Three thousand-five hundred) feet above the sea — What a view presented itself as we gazed out to the old Ocean — Hills we climbed over now looking like little hillocks — The whole appeared just like rows of hills and valleys in succession. We were now on the dividing line between the cleared Chinese settlements and the wooded homes of the savages. We descended rapidly — were now in the midst of savages. Any moment we might meet them any moment be cut off — Through the jungle, dark forests with Parisitical plants clinging around branches of enormous trees like the rigging of a ship —

翻譯：我們轉過最後一個彎，幾乎已爬上山頂，離海平面整整三千五百英尺高，大家全都疲憊不已。眺望熟悉的大海，眼前呈現的景色多麼壯觀。方才爬過的丘陵現在看來就像低矮小丘，整體就像是綿延不絕的一列列丘陵谷地。我們正站在漢人村落開墾地和「番人」森林家鄉的界線，快速下山後已進入「番人」的領域，隨時可能碰見他們，隨時恐成刀下亡魂。穿越叢林，漆黑森林裡寄生植物攀附在巨樹枝幹上，彷彿船上的索具。（〔savages〕貼近原文翻成「番人」，並加上引號。〔Parisitical〕馬偕的筆誤，正確的拼法是 parasitic 或 parasitical，後者較少見。）

【右】

By streams and across them with wild Bananas, Oranges and innumerable number of unknown plants and fruits we wended our way, now and then in tall grass quite over our heads — One mountain range was crossed, then another until we stood on the last one. All shouted and we were answered by savages in the valley below. The latter with guns, spears, bows and arrows started up the side in our direction. When half way down we met face to face. A few signs were made and we were allowed to pass and move forward, followed, however, by the armed strangers — Soon women, tatooed and also children appeared, some seemed pleased, others the opposite at dark we were met by several hundreds who signed to pass on, then followed after.

翻譯：我們沿溪行走、涉溪而過，四周是野香蕉、野柑橘和數不清的不知名植物水果，偶爾走在高過頭頂的草叢中。我們一次次翻山越嶺，直到抵達最後一座山。大家高聲喊叫，下方山谷的「番人」回應我們。他們帶著槍、矛、弓、箭，開始往我們這邊的山坡爬上來。下山到半途時我們面對面相遇。他們比出一些手勢，允許我們通過並繼續前進，但這些武裝的陌生人緊跟在後。不久婦女（有刺青）和小孩也現身，有些人面帶喜色，有些人神色不豫，天黑時我們又碰到數百人，他們示意我們通過，然後跟隨在後。

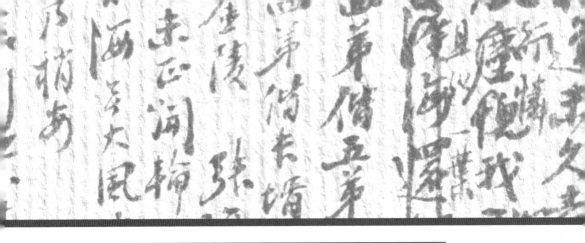

第五章

# 文武雙全的政治精算師

## 胡鐵花

陳冠妃——著

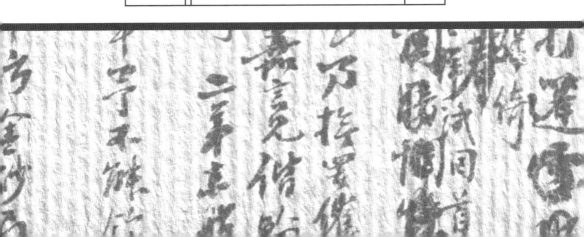

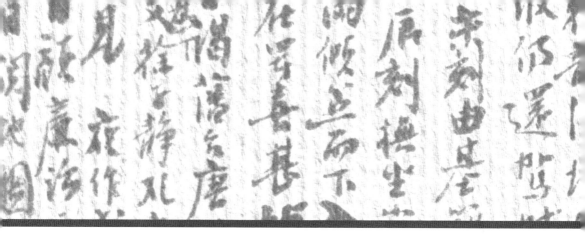

一個清朝末年的朝廷命官，平常都在做什麼呢？是公堂審案？宦海浮沉？

光緒年間自上海來臺的安徽人胡傳，經歷了臺灣在乙未前夕瀰漫改革與未知氣氛的時代。數十年後，他鼎鼎有名的兒子胡適，將其生前日記與書信整理出版，讓我們有機會看到晚清官員在臺灣面對的挑戰，以及他在公務與日常行政上各種權衡計算的身影。

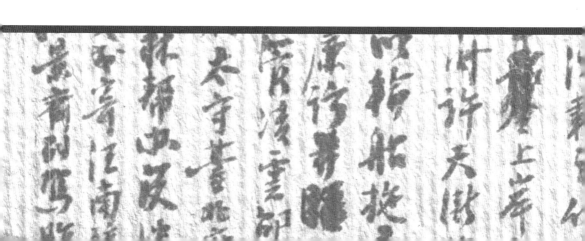

七月初一日，詣各廟行香。移居中營。是日以前，軍中所應領正雜餉項、公費、薪水、統費、夫價銀兩，概歸前代統，由營務處為放給。自初一起，由予經理，以清界限。

（《臺灣日記與稟啟》）

光緒十九年（一八九三年）七月初一，胡傳以代理臺東直隸州知州的身分正式開始兼統防衛東部地區的鎮海後軍各營。他在日記寫下自己當天的工作。前此不久，胡傳卸下了主管臺南鹽務總局的工作，為清朝政府在臺灣南部經營的官鹽產銷事業算了一筆好帳。隨後接到派令，前往東部赴任。

胡傳是在六月二十六日收到兼任的命令，開始清點軍營人數，清算軍餉的發放情況。到了初一這天，胡傳先是到官衙周圍的天后廟上香，每逢朔望之日，地方官都得去轄區的官廟上香祝禱。接著從臺東州衙門搬進軍營，按照先前的計算，把自己應當負責的帳項與前任長官分開——算帳這件事，不僅是文職地方官的日常，看來也是武職將領很重要的工作。

胡傳出身徽商家庭，善於計算管理，但向來不以處理財政賦稅與田土訴訟等文治事務自滿，而是胸懷壯志，情繫軍旅。他親眼見到建省與開山撫番之後的臺灣，還親身經歷一八九五年的乙未變局，成為最後一批離臺的清朝官員，在十九世紀末的臺灣完成了一番文武雙全的志業。胡傳究竟在臺灣做了什麼，他如何以文官之身統領軍隊呢？

臺東天后宮與昭忠祠（2020 年攝）

臺東天后宮建於光緒十四年大庄事件後，原址在今臺東市和平街東禪寺處，昭和八年（1933）遷至中華路現址。臺東昭忠祠最初在光緒七年（1881）建於埤南寶桑庄海濱，奉祀因戰爭、瘴癘死難的清朝官兵，光緒十九年被颱風吹倒。在胡傳奔走下，將昭忠祠牌位移入天后宮，並重建昭忠祠於鰲魚山麓（今臺東鯉魚山）。昭和三年（1928）日本人拆除昭忠祠興建臺東神社。昭和八年民眾將昭忠祠神主再入天后宮供奉至今。

## 徽商之後

或許大家對胡傳的另一個名字更為熟悉——胡鐵花（鐵花是他的字）。今天臺東市的鐵花路就是以他的名字命名。胡傳出身安徽績溪，這裡在清代屬於徽州府，其祖上經商有成，於上海及黃浦江對岸的川沙開店販茶為業。胡傳年少時，就常隨著父親往來上海與徽州之間採辦山茶。徽商的家庭背景，也養成了胡傳在數字管理上的技能，精打細算且講求實效。但關於胡傳的人生，最知名的還是他有個出色的兒子胡適。

胡傳

胡傳於光緒十八年二月來臺，奉臺灣巡撫邵友濂之令展開全臺營務處總巡的工作，同年九月轉任臺南鹽務總局提調，光緒十九年六月改任臺東直隸州知州，七月兼統鎮海後軍，直到光緒二十一年五月清朝結束統治，在臺時間約三年三個月。

生於道光二十一年（一八四一年）的胡傳，年少時經歷太平天國之亂，不時與家人倉皇入山藏匿，也曾與鄉人一同組織團練對抗太平軍的劫掠。這段守護家園的經歷，培養出胡傳務實但不

畏戰的性格。亂平後，胡傳進入丁日昌創辦的上海龍門書院讀書，二十多歲的胡傳在龍門待了三年，不僅學習經世致用的學問，也開啟了他對輿地學的興趣。可惜時代動盪與家事頻擾，使得胡傳一直無法專心讀書，儘管通過了縣試與府試成為生員，但在鄉試階段卻屢試不中。光緒七年（一八八一年），做不成舉人的胡傳索性放下一切，前往東北壯遊，追隨當時正在寧古塔督辦吉林邊防的吳大澂。*得到吳大澂賞識的胡傳，竟從此開啟與一般科舉入仕者不太相同的宦途，十年之間參與了中俄（東北）及中葡（澳門）勘界、調查海南島黎族、協辦黃河治水，還擔任過五常廳撫民同知、松滬釐卡總巡等職位。這類官職多半不是帝國承平時期的知府、知縣或同知等編制員額內的一般地方官，而是晚清為因應外交內政的新興事業需求，例外開設的公務機關。胡傳最後來到臺灣，則是因為臺灣兵備道顧肇熙†的舉薦，由巡撫邵友濂奏調而來。顧肇熙是江蘇人，與吳大澂是同窗好友，也是胡傳在吉林時的老長官。

---

＊十九世紀下半葉中俄之間在此為了畫界問題爭吵不休，且山區道路與地景、聚落仍然狀況不明，正是抱著輿地學夢想的胡傳實踐抱負的機會。

† 顧肇熙（一八四一－一九一〇），江蘇蘇州人，清同治三年舉人，官工部主事、惠陵工程監修，後歷任吉林分巡道、陝西鳳邠鹽法道、臺灣兵備道等。晚年居住在蘇州，捐資辦學。

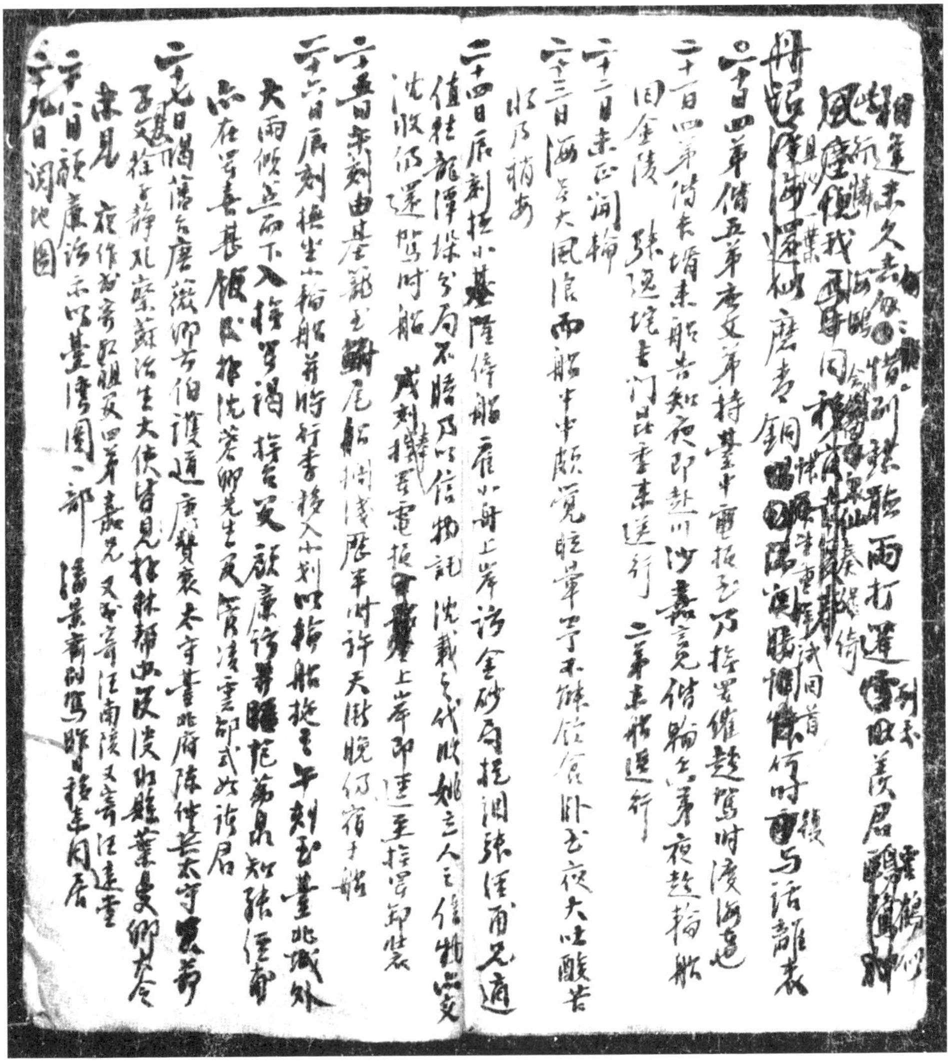

胡傳在日記中記載他來到臺灣的過程（1892 年 2 月 22 日出港，2 月 24 日抵臺）。

## 初到臺灣巡閱全臺

光緒十八年二月二十二日，五十二歲的胡傳由上海搭「駕時號」輪船前往臺灣，從日記來看，大約費時一天半抵達基隆。在臺北逗留一個月後，胡傳從滬尾（今淡水）搭乘「飛捷號」輪船至臺南，正式展開臺灣營務處總巡的工作。所謂營務處總巡，就是奉巡撫邵友濂之令前往全臺營區檢閱軍營。胡傳花了六個月，巡閱檢查了臺灣及澎湖的營伍和軍備。光緒十八年三月二十五日他由安平縣開始檢閱臺灣重鎮的鎮海營，接著往南路的鳳山縣、恆春縣，再往東，經由三條崙（現在的浸水營古道），到臺灣東部的埤南（今臺東市）、鹿寮、新開園、成廣澳、璞石閣（今花蓮玉里）、水尾（今花蓮瑞穗）、吳全城，最北到花蓮港；再折回埤南，返安平縣覆命。五月十三日，續由臺南啟程往北，經嘉義、雲林、埔里廳、彰化大甲城、苗栗內山。閏六月開始在臺北的行程，此時有長官臺灣道顧肇熙同行，至基隆、滬尾、大嵙崁，再搭輪船到澎湖檢閱軍營、砲臺。八月至宜蘭巡閱，返臺北，至此完成任務。

胡傳的閱兵巡查行程走遍了臺灣東西部，即使是今日的環島旅行也非常不容易。當時他只能靠著步行與坐轎跋山涉水，深入內山勇營，點驗兵丁身分是否冒名頂替、測試其用槍打靶是否精準、隊伍陣法是否熟練。然而，身為一介文官，即使奉了巡撫之命，也無法保證各營盤的武官將領都會順從行事。

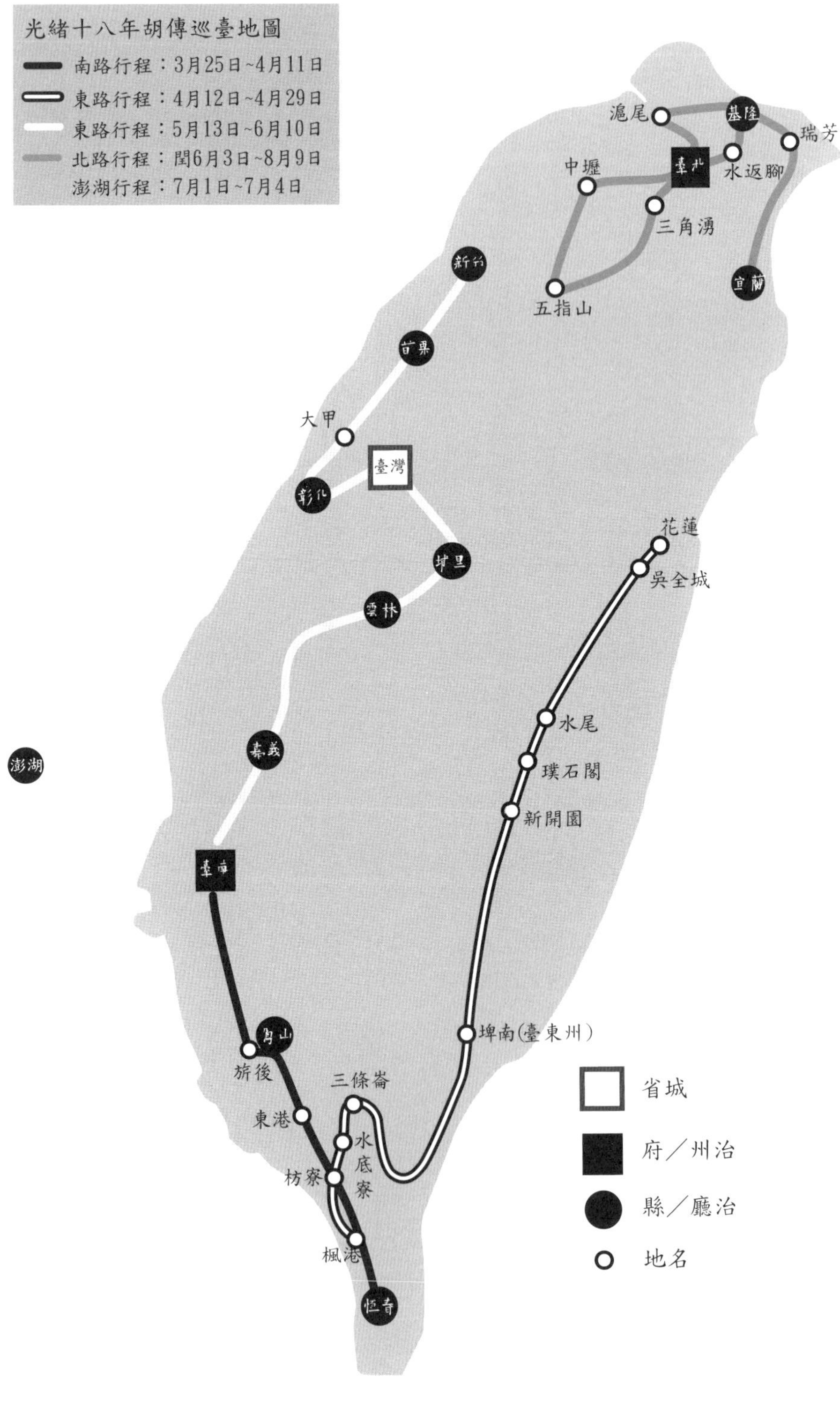
光緒十八年胡傳巡臺地圖
南路行程：3月25日~4月11日
東路行程：4月12日~4月29日
東路行程：5月13日~6月10日
北路行程：閏6月3日~8月9日
澎湖行程：7月1日~7月4日
滬尾
基隆
瑞芳
臺北
水返腳
中壢
三角湧
五指山
宜蘭
新竹
苗栗
大甲
臺灣
彰化
花蓮
吳全城
埔里
雲林
水尾
嘉義
璞石閣
澎湖
新開園
臺南
埤南(臺東州)
鳳山
旂後
三條崙
東港
水
底
寮
枋寮
楓港
恆春
省城
府／州治
縣／廳治
地名

當他巡察到埔里廳時，就與北路協副將滕國春發生了衝突。

滕君見面，即詢：「查點屯兵人數，將歷其駐防之堡而點之耶？亦將調至一處而點之耶？」（白話：你要點兵，是打算親自到各個營區點名，還是把大家都叫來這裡一起點名？）

余答以「駐風窪口及白葉山等處，余來時已歷其堡而點其名；各處無槍靶，未能校槍。若遍歷別處，亦無不可。但予奉札巡閱，此屯兵不能操陣，又不校槍，似乎不可。似須調二三哨至城閱之。」（白話：有幾個地方我來的路上已經看過了，如果要繼續去別的營區看也可以。但是我除了點兵之外，還要檢驗大家的槍法如何，外面的營區設備不足，沒辦法演示槍法，似乎要抽點兩三組人來城裡打靶給我看看。）

滕曰：「如兵奉調來城，而堡為番所焚，此處分將誰任？」（白話：如果把士兵調來城裡，害外面的堡壘被原住民突襲，這算誰的責任？）（《臺灣日記與稟啟》）

在營中地位僅次於臺灣鎮總兵的滕國春，大概看不起僅為「候補」直隸州知州的胡傳（如果是正任官，知州的官階是正五品，況且他還是候補的；而副將是從二品）。滕國春顯然有意為難這位並非軍旅出身，卻來「督導」他的小官員。

然而，胡傳一點也不畏懼，他對滕國春說：「此屯兵歸你管轄；如果堡壘被番人焚毀，就是你失職。你不負責任，要誰幫你負？」

滕國春說：「因為調兵而失去堡壘，情形似乎與平日不同。」

滕國春推卸責任的話讓胡傳非常生氣，胡傳說：

予本欲君調集於城，以便詳悉點閱。今君以堡恐失為言，予亦不問君調與不調！但予奉札點名閱操；有兵則點，能操則閱。君不調則余去矣。予不受君挾制，亦不為君任咎也！

在場的還有埔里社通判汪應泰與滕國春的下屬「管帶中路屯兵營守備」余步青，兩人被夾在中間，不知如何是好。

滕國春轉頭對余步青說：「聽子調與不調！」

胡傳反擊，對余步青說：「子受上臺節制；上臺無文札，子何敢調！」

余步青的長官就是滕國春，如果沒有得到滕國春的公文，余步青怎麼敢調兵呢？

滕國春不得已，希望汪應泰幫他講話。汪曰：「屯兵營一切事務，向由營官主持。君雖名為節制，實不與聞軍政。今日何故強為人出頭？既已冒昧出頭，只好速下札文，令調齊以待點閱耳。」

言下之意，也認為滕國春雖然位高權重，但介入下屬的日常工作是無理取鬧了。在汪應泰緩頰之下，雙方彼此退讓，約在廳城外的蜈蜙崙閱兵。結果竟然發現，雲林來的兵有嚴重的冒名頂替問題。當天晚上，滕國春就約了汪應泰和胡傳一起喝酒，胡傳也自覺前一天太不客氣，終究還是去赴宴了。

大概是這場文武衝突實在有點驚險，胡傳在日記中一反平日只寫行程、會見人物或收發電報之類的業務記事，特別把爭執的對話內容詳細記錄了下來，才能讓我們看到胡傳即使面對武將也不落下風的談判能力。他每到一處給長官寫的翔實報告，都展現正直且仔細的工作態度，透過他的眼睛，我們也能看到他對開山撫番的觀察。胡傳算是封禁派，認為原住民問題都是介於原、漢與官員之間的通事挑撥是非所致；他也對開山撫番去保護茶寮、腦丁*不以為然，還罵內山的隘勇其實都在鬼混，向長官建議最好全部裁掉隘勇撫局。

讀者或許會覺得奇怪，胡傳明明不是出身軍旅，要怎麼督導與查驗軍隊呢？方法就出現在胡

---

＊在山區製造樟腦維生的人。

傳的日記中。胡傳巡閱軍隊並不只是到處「看看」而已，除了詳細記錄各營的位置、路程與環境外，也確實掌握每個營隊的人數，按冊逐一點名，並以箕斗（指紋）驗明身分、測驗用槍能力。包括打靶全中的勇丁人數、賞銀金額，甚至中靶機率都詳細計算，據此對各屯軍、營哨、砲臺給予評價。這種巡閱軍隊的辦法其實不是什麼特別的發明，清初以來就由常駐臺灣的臺灣鎮總兵每年定期巡閱水陸各營官兵，此外也有巡臺御史、總督、巡撫或水陸提督輪流來臺巡查營伍的傳統。其督察的內容皆不出核實兵丁人數、點閱官兵操演技藝，並加以獎賞等項目。胡傳的難得之處，在於他得到臺灣巡撫與臺灣道的信任，被派委督察軍營，在毫無軍事背景、相當吃力不討好的情況下，以非常務實的態度完成了任務。其日記比起其他高級官員的奏摺，更詳盡的錄下巡閱全臺路線與查驗內容，讓我們對清代臺灣的軍營武備管理有更一步的了解，這也提醒我們，清代官員不分文武，自有一套「數字管理」辦法。這個辦法與近代政府建立於人口及土地普查基礎的數字管理不同，而是在朝廷訂定且歷代因循的固定額度內達成賦稅與行政管理的要求，因此官員的「計算」能力仍然要有一定水準。

結束巡閱軍隊及設施的任務後，胡傳接著被派往臺南，擔任「臺南鹽務總局提調兼辦安嘉總館」。光緒十八年九月十二日，胡傳從安平進臺南城時，尚須僱小船載運行李，於「鏡清橋」上岸，再由府城西門入城。

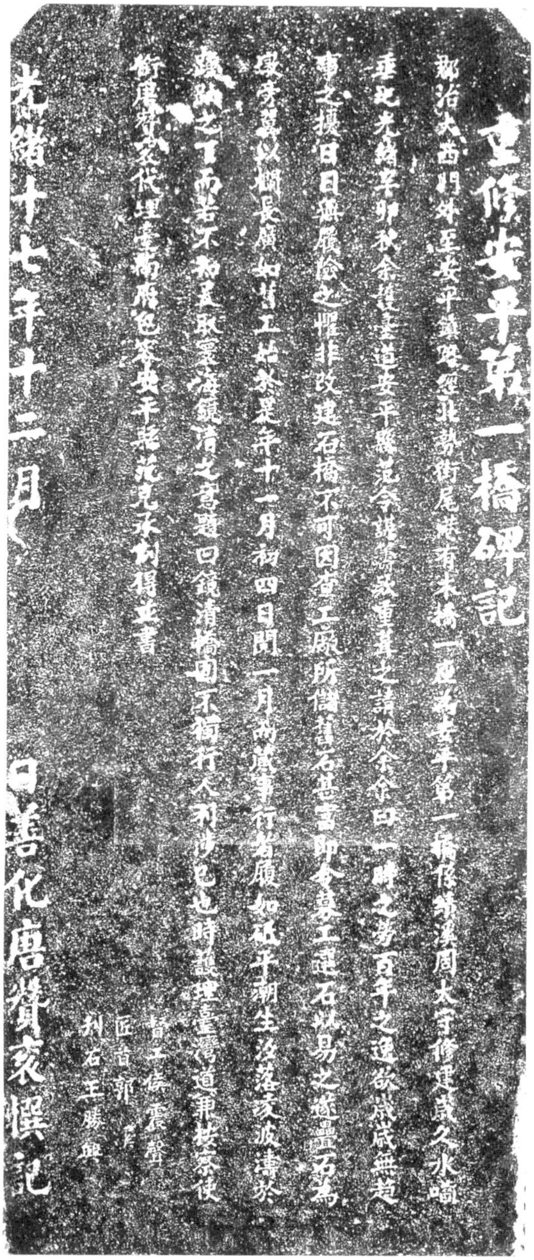

重修安平第一橋碑記：光緒十七年年底，護理臺灣道唐贊袞重修「安平第一橋」，易木為石，以求一勞永逸，又取寰海鏡清之意，題曰「鏡清橋」，並勒石撰記。此橋位於臺南市西區金華路與民生路之交，即協進國小附近，乃當時府城西門外通往安平的門戶。幾個月後，胡傳到了臺南，也走過這座剛修好的新橋。

## 臺南鹽務提調

臺南鹽務總局提調的直屬上司為臺灣道，其下分為鹿港總館、安嘉總館、鳳山總館等三館，與由布政使主持的臺北鹽務總局南北分工。南北分治是清法戰爭*後臺灣建省以來的行政特色，但無論是臺灣道或是布政使，南北各機構名義上仍是以臺灣巡撫統轄。胡傳此時的頂頭上司，仍然是臺灣道顧肇熙與巡撫邵友濂。

辦理鹽務一般被視為肥缺，「鹽」是生活必需品，不僅用來吃，也用來醃漬及保存食物，沒有人不需要鹽。因此這門專賣事業利益龐大，承辦者往往有上下其手的空間。但是對於想為政府興利除弊的官員來說，就是個黑帳很多，動輒得咎的麻煩差事。這次胡傳一收到新工作的消息，也向在臺北的布政使唐景崧請教了意見。雖然唐

臺南井仔腳瓦盤鹽田（2018 年攝）

景崧詳細告訴他許多鹽務積弊，但實際情況還得等到胡傳到臺南才能弄清楚。

想辦好鹽務，首要之務是清查帳冊，這自然是胡傳最擅長的。光緒十八年九月十九日，他第一次翻閱臺南鹽務全年收支款目。十一月初三，胡傳寫信給巡撫的幕友、也是他在上海龍門書院的同學范荔泉抱怨，臺南鹽局上上下下無論帳冊或是管理規則，全都亂成一團。不同地方的運費單價不一，且會計款項過多，欠款一堆，難尋頭緒，許多款項長年以來都沒有造冊明列條目。最糟糕的是，所有款項只有核冊司事張啟祥知道，除了張啟祥，沒人有能力弄清楚臺南鹽局的財政情況，而張啟祥就像鹽局供奉的「神明」，有事必三催四請，無事即故弄玄虛。

但有膽量在山裡與副將嗆聲的胡傳豈是省油的燈，胡傳告訴范荔泉，自己實在忍不住了，於是「見則厲聲厲色以臨之，一呼不至、一語不當則拍案斥責；且故於大庭廣眾折辱之，使知懼而不敢傲慢疲玩。」簡單來說，就是不待見張啟祥，對他又兇又大聲。

胡傳的強硬作風看來有了效果，張啟祥不僅怕得託人求情，也乖乖協助胡傳整理帳冊了解鹽務，加上陸續有信任的文案書辦到任，督辦臺南鹽局的工作愈來愈順利。到了隔年元月初三結算鹽局收支時，胡傳還驚喜的發現，從他接辦以來竟然有超過三萬六千元的盈餘。

---

＊發生於光緒九年至十一年（一八八三—一八八五年），法國想以武力解決越南問題，越南向清廷求援而啟動清法戰爭，戰事並延燒至臺澎。

## 談判專家

在臺南期間，胡傳不只辦理鹽局公務，光緒十八年十一月初十，再次受長官顧肇熙的委託，前往西門外鎮海營，發揮他精采的談判協調能力。

十一月初八，胡傳聽說鎮海中軍的勇丁把軍營大門鎖了起來，向長官索討延遲未發的軍餉。勇丁們甚至把前往調解的臺灣鎮總兵萬國本也關在軍營裡。

「今春我來閱操，以爾營為全臺第一，爾等已知之乎？」胡傳一踏進鎮海營，就說盡了好話：

我回臺北時，稟撫臺稱爾為第一好營者，非但謂操陣齊整打靶能中也，稱爾等人人守營規，從不滋事，可稱節制之師，所以謂之第一也。撫軍聞此，即擢爾營官劉君為銘軍統領；非爾營官之能，乃爾等平日勤於操練、安分守法之功也。爾營好名聲，全臺處處聞之；爾等能不自顧惜耶？（《臺灣日記與稟啟》）

胡傳前一年巡閱營伍的經歷，在軍隊裡看來相當受用，恩威並施好說歹說後，胡傳同時也向顧肇熙爭取發餉，並為自請退伍回鄉的兵丁派遣輪船免費送他們回內地。十一月初十中午，鎮海中軍就解封，文武長官皆全身而退，解除了危機。

## 官場冷暖，意興闌珊

胡傳蒞臺以來始終剛正不阿，但是在臺南期間，卻開始意識到自己可能在官場上得罪人了。他寫信給遠在湖南擔任巡撫的老師吳大澂，提到自己來臺灣，原以為有機會由候補知州「轉正」，而其長久以來的打算，自是以正式擔任「臺東直隸州」的正任官為人生最大心願。沒想到來臺沒多久，這個知州的位置就被別人補上了。同樣是候補官員，別人一到臺灣不是先代理而後補正，就是分配到優缺，唯獨他被派了個屎缺，「遍歷異常艱險之境」。既然沒有知州可當，又怕之後會在臺灣這個煙瘴之地賠上性命（前一年的營務處總巡路程已讓他折損了三名親信隨從），胡傳遂萌生去意，想告病還鄉。

胡傳心態的轉變，倒不見得如信中所言，於抵臺之初就因無法擔任知州而不滿，而是等到了臺南述職一個月後的光緒十八年十月，情緒才爆發。十月四日以來，胡傳開始輪番向他的同學與師長透露「跋涉空勞，徒以多口府眾怨，於公私絲毫無補，夫復何言，決計求歸」、「自知無能為役，且煙瘴之鄉非可久處，究以及早生還為幸」等心情。

胡傳被派令臺南鹽務總局之際，邵友濂也開始請了病假。胡傳才突然緊張起來，莫非是自己「環島」回來大肆批評的事，讓長官不高興，所以才把他丟到臺南辦鹽？臺南鹽務的經濟規模遠不如自己過去在江南辦的釐金，實在難以鴻圖大展。范荔泉既是自己的同學，又同時在邵友濂的

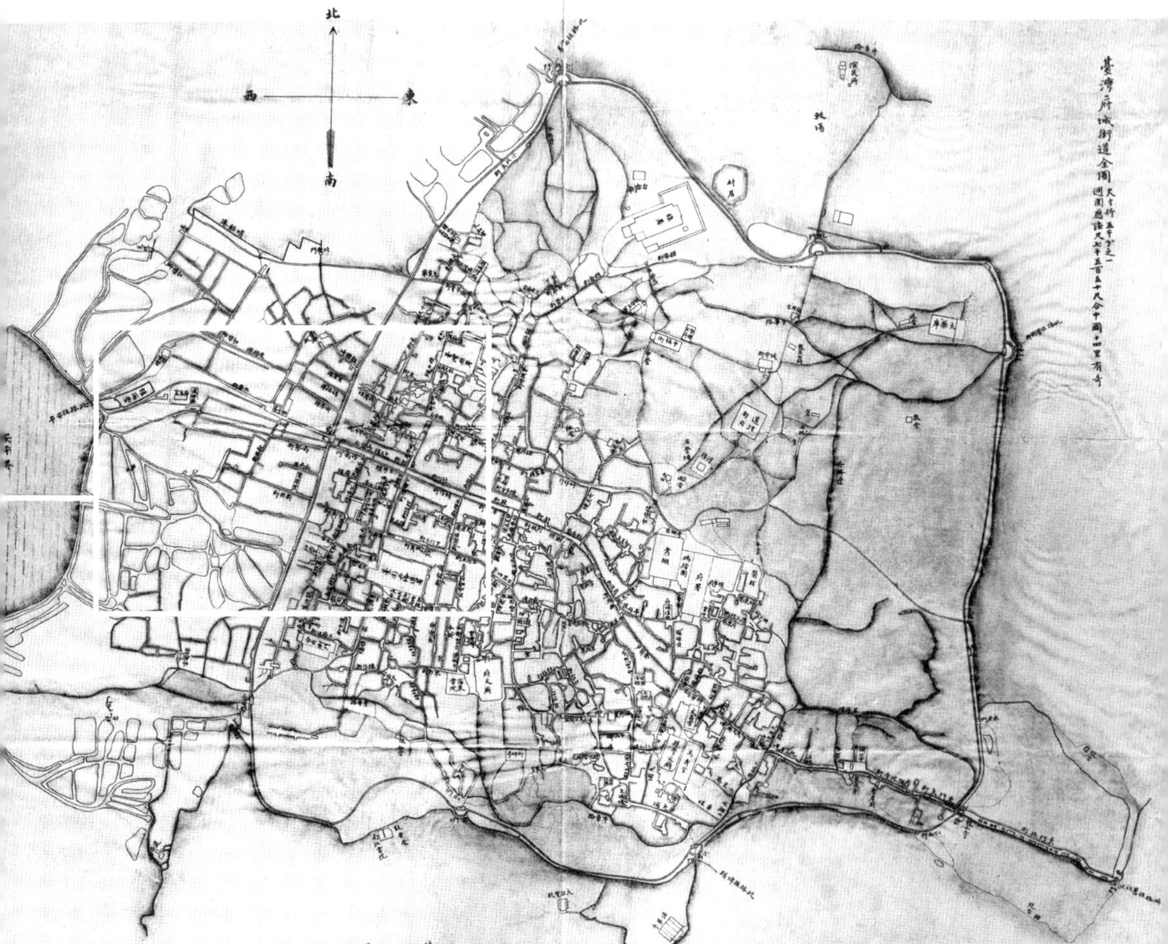


《臺灣府城街道全圖》
胡傳住在臺灣道署，出大西門，沿著北勢街，經過水仙宮、風神廟、海安宮，就會到鎮海營。這裡也是鏡清橋的附近。

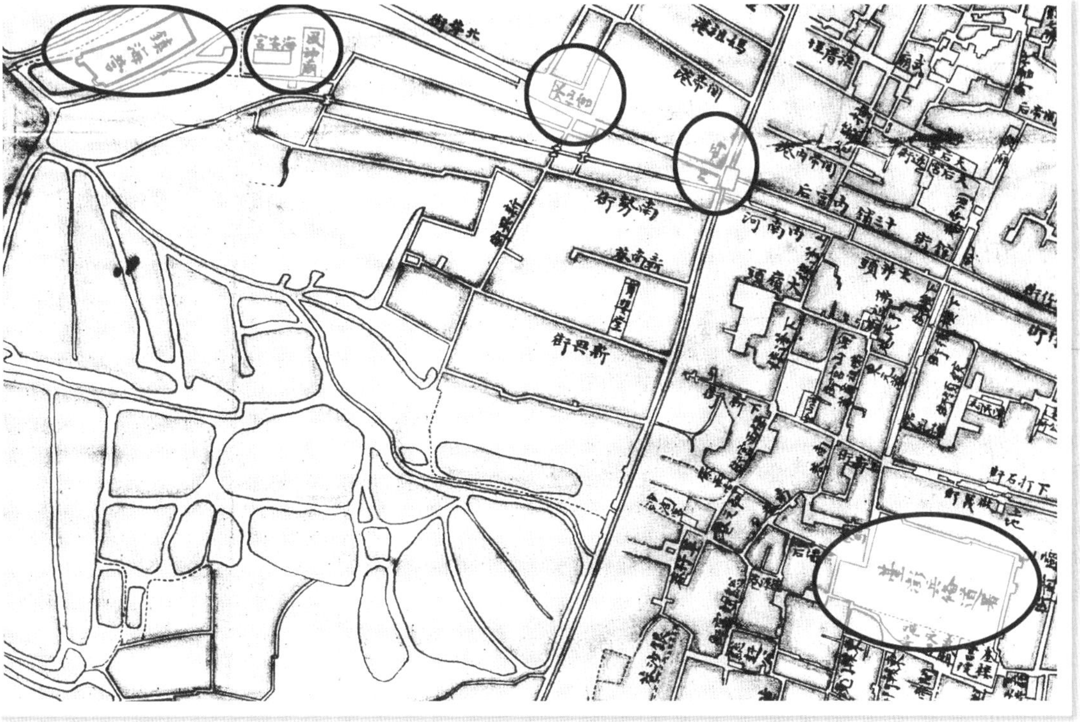

手下做事，看來只有找老同學幫忙說說好話了。

不知胡傳的怨念是否傳到了邵友濂耳中，在邵友濂請假休息期間，還兩度透過顧肇熙詢問胡傳是否願意被舉薦高升，其中一個機會甚至是擔任基隆營銘軍的統領。但是胡傳婉謝了邵友濂的好意，直到光緒十九年三月，他給友人的信件仍然不斷強調，自己推辭高升的機會並非因為長官沒派他去做臺東知州而不高興，而是不想讓人覺得他在以退為進，落人口實。這是否愈描愈黑，此地無銀三百兩呢？

無論如何，胡傳確實相當有能力，也非常有自信，他認為在臺仕途不如意，乃是因「全臺疆域，唯弟周歷已遍，略知其利弊，遂為眾所嫉妒」。光緒十九年五月初四，胡傳終於迎來了他夢寐以求的職位：代理臺東直隸州知州。

## 文官接管軍隊，成了後山統領

臺東直隸州北自加禮宛（今花蓮市區），南至阿塱壹溪（今旭海溪），是光緒十四年由埤南廳升格改制的行政區，而埤南廳則是早在光緒元年（一八七五年）因牡丹社事件的刺激，將南路理番同知改為撫民理番同知，駐埤南，因此簡稱埤南廳。與埤南廳同時改制的，還有宜蘭縣（原噶瑪蘭廳升格）。儘管後山的臺東、花蓮地區已「設官治理」十九個年頭，期間還為因應「開山撫番」與劉銘傳的田土清丈工作設了撫墾局，但清朝在此的勢力仍相當不穩固。胡傳上任時，臺東州原先的衙署已因光緒十四年「大庄事件」*遭到民眾焚燬，其後州署遷至安撫軍軍營內，行政才得以運作下去。胡傳評價清朝管轄下的臺東，是「州恃軍營以自立」，顯然已看清知州雖是後山地區的最高行政長官，但行政與治安的維持，相當依賴軍隊與武官的統帥。

胡傳於五月二十四日抵達臺東埤南街，六月初一接印，開始視事。沒想到第二天就傳來噩耗，統領東部軍隊的鎮海後軍副將後海吾病故。沒有武將，軍隊勢必群龍無首，加上後山軍隊才於幾日前被裁兵，後山居民如果重演大庄事件攻擊官兵，只是一介文官的知州如何統領軍隊、制服民番？

胡傳緊張極了，除了寫信給巡撫、布政使與臺灣道通知後山的緊急狀態，也請求長官們速速派遣有威望的將領過來。胡傳心中最理想的人選，莫過於在後山領軍十多年，且在大庄事件中擺平當地原住民與漢人移民的老將張月樓。只是等到六月二十五日，胡傳沒有等到新的武官同僚，而是接到「兼統鎮海後軍各營」的命令，成為集文武大權於一身的「後山統領」。

才於前年巡閱過全臺營伍的胡傳，對臺東的軍備情況其實並不陌生，也有一些自己的看法。雖然對這意想不到的狀況感到忐忑，但心情應該是頗為興奮、躍躍欲試。他在寄給弟弟胡介如的

---

*因為清丈官員處事不公、壓榨鄉民及欺凌婦女而引起民怨，導致大庄地區的漢人移民者及原住民殺害撫墾分局人員，並招集當地原住民對抗清廷。事件發生於光緒十四年六月底，於同年十月弭平。

信裡說：

余生平頗喜談兵，今雖精力大不如前，尚善飯，壯心不已。如果上臺不准所請，必令兼統，是亦書生難得之奇遇！

七月初一，他就從州署搬進了鎮海後軍中營，開始接管軍隊，擔負起養兵練兵的工作。

## 整頓軍營，全面戒除鴉片

胡傳發現臺東軍營中最可怕的問題，是大家都在吸鴉片。兵勇以為吸鴉片可以治病辟瘴氣，殊不知煙癮難戒，身陷煙霞窟中不知操防為何事；身體疲弱，即使日日訓練，也不能精強。胡傳有意整頓，一面禁煙，一面裁汰老弱，招募健壯者補上員缺。但改革談何容易，吸鴉片的不只低階兵勇，而是不分文武、從上到下都在吃煙。要裁汰老弱，但政府的軍餉，不像現代金融機構可以即時轉帳，往往次月才結算數目簽發公文，再憑公文派人押送銀兩；而且臺東的公款還得從前山的臺南運送過來，比值勤時間晚一兩月才領到餉銀已是後山常態，形同部隊欠餉。假如要人七月退伍出營，沒拿到五、六月軍餉的軍人，怎麼肯甘心離開。庫房無法及時發足軍餉遣散兵勇，即使讓人請假戒煙，請假者依然紛紛而來，以索討欠餉的藉口叫鬧不休，稍有不慎就可能造成兵變。

但是在這些困難的情況下，胡傳的改革仍是雷厲風行。他限時部隊一個月內戒煙，但是戒煙談何容易，最初沒一人成功，於是胡傳決意資遣所有「煙鬼」，行文長官請求借款，以備支付遣散軍員時的欠餉，以及當下軍隊生活飲食的必要支出，甚至請長官調派輪船至後山，準備分批遣送吸鴉片及體弱的士兵回鄉，也請同僚幫忙在前山募兵，物色優秀的將領駐防後山。

臺灣道顧肇熙則是一面批准臺南營務處支應後山借款，一面建議胡傳不要操之過急，並主動提供戒煙藥給胡傳發送各軍營，實在戒不了再嚴格淘汰。胡傳這才發現，士兵最怕的其實是被遣送回鄉，但是軍中環境不利戒煙，知道有藥可幫忙，大都願意配合。十一月底，由於整頓有方，胡傳奉令由代理改正式接掌後山部隊。

抽鴉片。

## 乙未留守，最後病逝返鄉途中

光緒二十年（一八九四年）甲午歲，胡傳在臺東職涯無論是文治或軍治都可算是順遂的一年。四月二十四日，胡傳終於由代理補正，成為正式的臺東知州。這年他採集了地方資訊，留下《臺東州采訪冊》，為正式出版《臺東志》或《清一統志》做準備。在軍事上，則發明新陣圖訓練軍隊操演；遷移軍營至扼要地點；在鰲魚山（今臺東市鯉魚山）新建臺東昭忠祠。知州胡傳同時也是地方父母官，在臺東所管轄的雖然有閩粵移民，但更多的是番社。此地番社曾經在「大庄事件」大規模抗拒清朝與漢人，此時胡傳透過定期發給各社社長、通事口糧銀的辦法，尚相安無事。

同時，日本的威脅也逐漸逼近臺灣，胡傳所率領的軍隊，工作目標由對內「通文報、護運道」，轉為對外的海防工作。他向長官極言，兵貴精練，不在數多，應該量入為出，全面裁汰不良士兵，將各營整併，而不是一味追求增兵，這將會對財政造成沉重負擔。

光緒二十年八月初十，胡傳在日記寫下：「是日將夜，有兵輪一艘，泊火燒嶼南面海中，至曉不去。」

火燒嶼即綠島，胡傳所看到的，當是日軍的船艦。後來他又見到三艘日本船在臺灣東部海面上活動，於蘭嶼和綠島之間停泊一陣才離去。光緒二十一年元月十三日，元宵都還沒過，胡傳就趕緊把家人送去了臺南，讓他們啟程內渡回老家。

光緒二十一年乙未歲三月二十九日，胡傳收到幕友來信，得知中日和議已成，臺灣將割讓給日本，官員紛紛內渡，五月二十五日臺灣民主國在臺灣官紳的支持下成立。日軍早在五月初六就登陸臺灣本島，由澳底、基隆一路往南推進，前山的官兵民團陷入混亂，後山卻平靜無事。胡傳在五月初就知道要成立民主國的消息，也希望趕緊撤兵、回鄉，只是發給前山長官的電報及書信幾無回音，消息只能透過同僚和幕友的網絡傳達。雖然知道時局大變，同事已紛紛啟程離臺，但沒有得到上司允准，胡傳始終不敢擅離職守，直到五月二十四日，即民主國成立的前一日，才確定可以內渡，此時胡傳仍掛念他為軍隊請領的四月餉銀是否還領得到。

在臺東這段時間，胡傳的健康急轉直下。光緒二十一年五月，他向巡撫唐景崧請求開缺回籍治病。事實上，早在他赴任臺東之初，身體狀況已經大不如前了。胡傳的最後一筆日記停在五月二十八日，那天他在軍營中寫了遺囑給他十九歲的次子胡嗣秬，雖將離開臺東，啟程返鄉，但胡傳也對自己的終日有所準備。

據說，胡傳在返鄉途中經過臺南時，在當地領導抗日的劉永福無視胡傳的病痛與推辭，還硬是請求他幫忙，直到六月二十五日胡傳已病得雙腳無法動彈，才讓他離開臺灣。只是，雖然順利上了船、渡了海，胡傳還是沒能活著撐到上海的老家，七月初三就在廈門病逝了。

# 胡傳日記【一八九二年年五月二十一日】

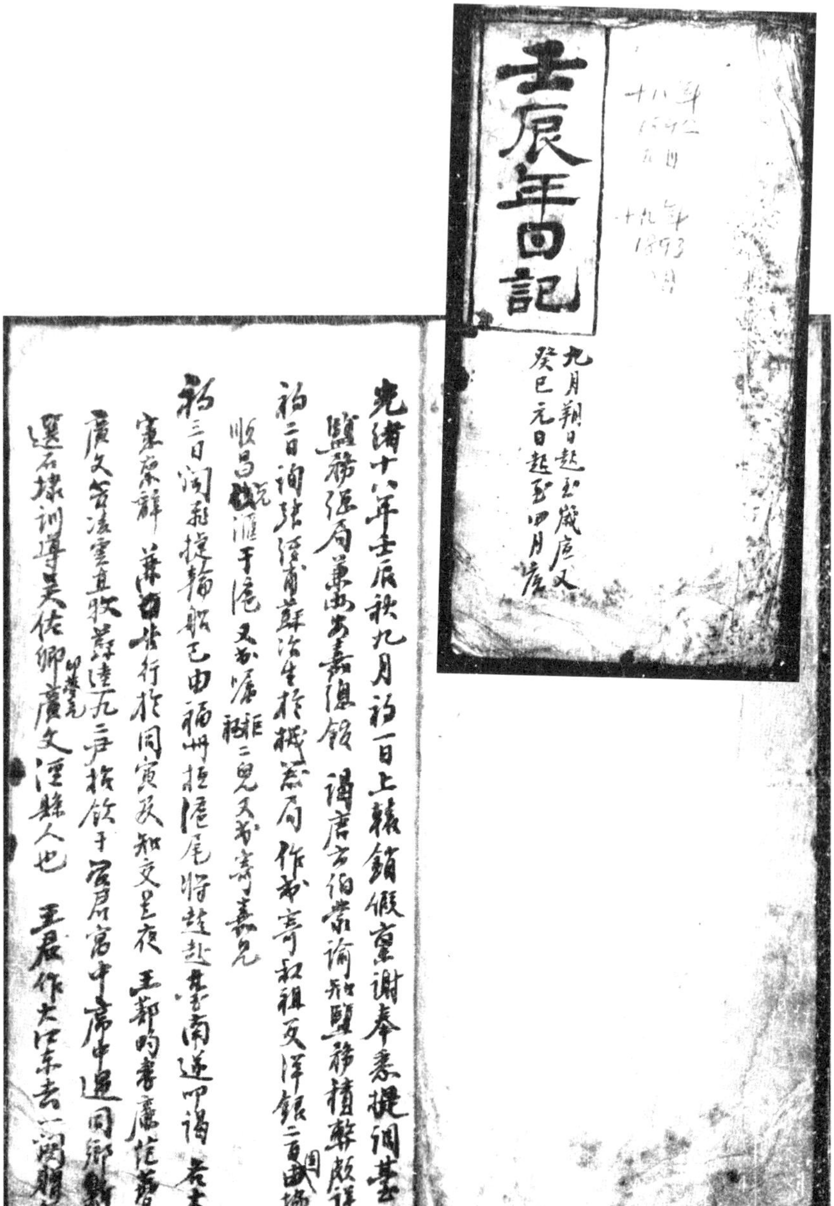

壬辰年日記

十八年 1892 日

十九年 1893 日

九月朔日起至歲底又
癸巳元日起至四月底

光緒十八年壬辰秋九月初一日上轅銷假稟謝奉委提調臺
營務處局兼[illegible]　謁唐方伯崇論營務積弊頗詳
初二日詢張經甫蘇治生於機器局　作書寄和祖[illegible]洋銀二百圓[illegible]
[illegible]匯于滬　又[illegible]二兒又[illegible]寄嘉兄
初三日閩[illegible]提輪船已由福州抵滬尾將趁赴臺南遂回謁　老夫
寒家辭　[illegible]行於同寅及知交是夜　王[illegible]書齋
廣文[illegible]直牧[illegible]于[illegible]宮中席中遇同鄉[illegible]
選石埭訓導吳佑卿廣文涇縣人也　王君作大江東去一闋贈行

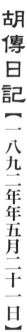

光緒十八年壬辰秋九月初一日，上轅銷假稟謝，奉悉提調臺（南）鹽務總局兼辦安嘉總館。謁唐方伯，蒙諭知鹽務積弊頗詳。

初二日，詢張經甫、蘇冶生於機器局。作書寄叔祖，及洋銀二百圓由協順昌兌匯于滬。又書囑秬、秠二兒。又書寄嘉兒。

初三日，聞飛捷輪船已由福州抵滬尾，將趁赴臺南，遂叩謁各大憲稟辭，兼告行於同寅及知交。是夜，王葤畇孝廉、范荔泉廣文、管凌雲直牧、蘇逵九二尹招飲于管君寓中。席中遇同鄉新選石埭訓導吳佐卿（即夢元）廣文，涇縣人也。王君作大江東去一闋贈行。

【白話】

光緒十八年九月初一，我結束休假，回衙門上班，向長官報告致謝，得知我的新職務是「提調臺南鹽務總局兼辦安嘉總館」。接著去拜謁布政使唐景崧大人，他相當詳細地告訴我接下來要辦理的鹽務有著長年弊病。

九月初二，到機器局拜訪張經甫、蘇冶生。寫信給叔公，並把洋銀二百圓的匯票讓叔公透過協順昌商號在上海兌換。再寫信給兒子嗣秬、嗣秠。再寫信給嘉兒。

九月初三，聽說飛捷輪已由福州抵達滬尾（淡水），我將搭乘這班輪船前往臺南，於是向諸位長官和同事、好友辭行。這天晚上，同事王葤畇、范荔泉、管凌雲、蘇逵九約我在管凌雲家中飲酒。酒席中遇到即將上任安徽石埭訓導的吳佐卿，他是涇縣人。王葤畇作了一闋詞「大江東去」為我餞行。

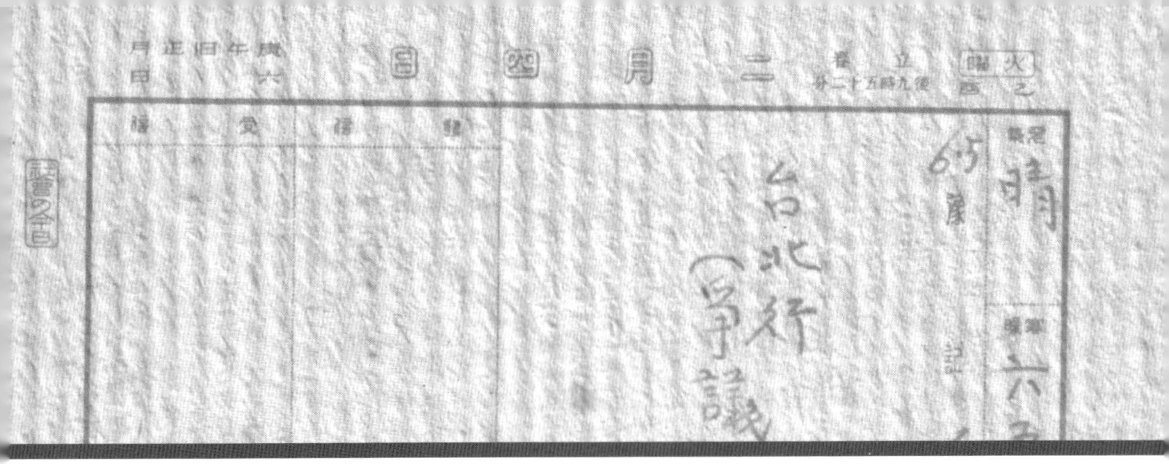

第六章

# 茶壺裡的風暴

## 當新、舊民報社的合併遇上臺灣民眾黨的分裂

莊勝全——著

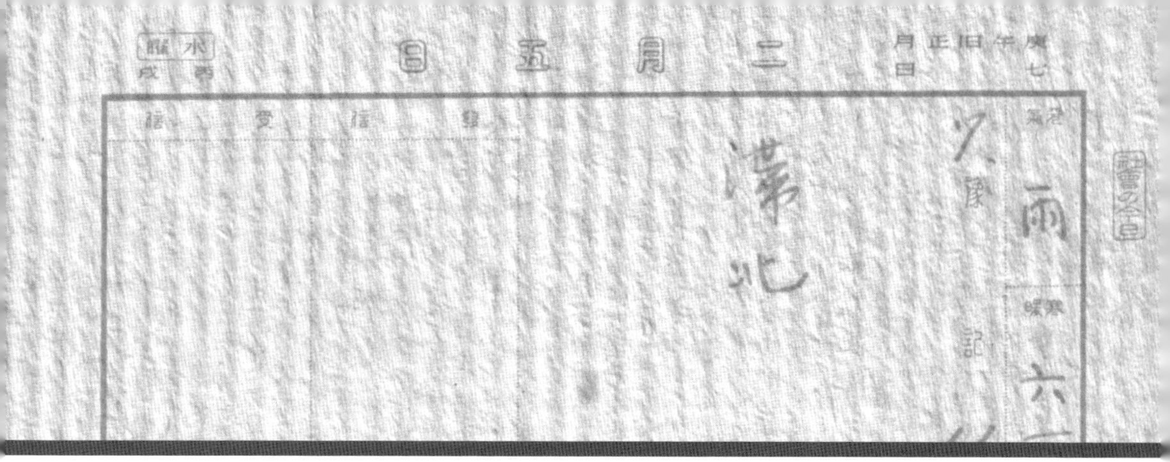

《臺灣民報》系列報刊原本只是日治時期，在推行改善臺灣人政治權利的反殖民運動中，新興知識青年與臺灣本地仕紳之間相互聯繫、宣揚理念的同仁刊物，日後卻在運動升溫與社會脈動的推波助瀾下，逐漸茁壯為「臺灣人唯一的言論機關」，成為反殖民運動的指標媒體。遺憾的是，隨著統一戰線的運動陣營因為理念不一而分裂，一方面讓《臺灣民報》的經營飽受挑戰，另一方面也因為它的「唯一」，而成為背後各種勢力的必爭之地。在此所要講述的，就是在新、舊民報社合併交接之際，又遭逢臺灣民眾黨的內部分裂，而讓這份殖民地近代報刊陷入危急存亡之秋的奪權風暴。以下，就讓我們從《臺灣民報》記者黃旺成的日記描述出發，探索這場風暴的來龍去脈……

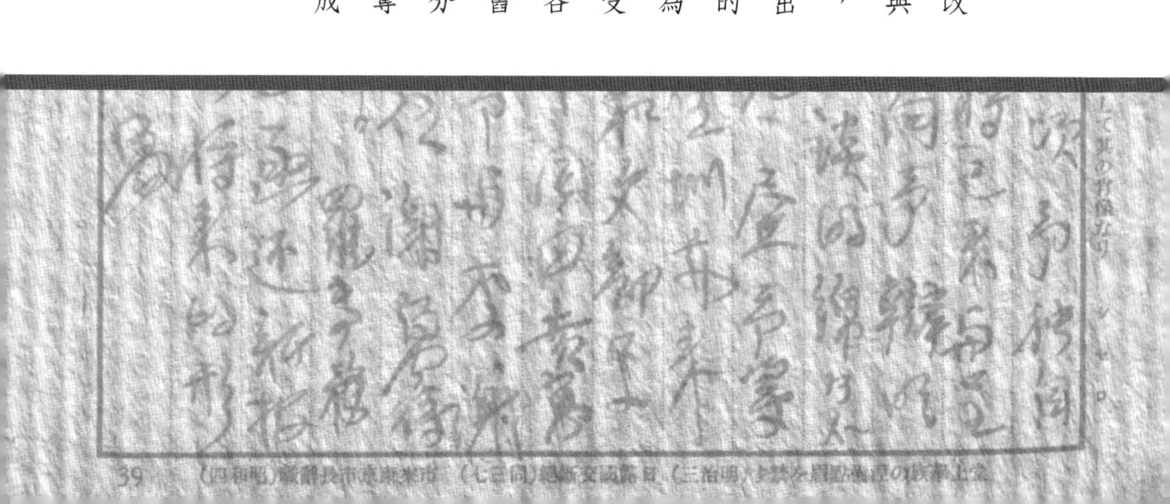

## 調薪風波

「旺成兄！大事不妙了，你怎麼還有這個閒情逸致對案寫稿啊？」

時間是一九三〇年二月四日上午十點，臺灣民報社新竹支局長黃旺成，在接獲即將於三月底接管報社營運的臺灣新民報社所發下的新聘書和加薪通知後，正心滿意足地準備撰寫他在《臺灣民報》上負責的〈冷語〉專欄及其他地方報導。

未料才剛提筆，就傳來急促呼喊他的聲音，抬頭一看，原來是臺中支局長李金鐘上氣不接下氣往家裡跑來。

「金鐘兄，二月八日第二九九號《臺灣民報》出刊在即，你不待在臺中採訪、趕稿，怎麼反倒跑到新竹來了？」黃旺成疑惑地發問。

「唉呀！現在有比寫稿子更要緊的事。你應該接到聘書和薪資通知了吧，薪水變成多少？」

李金鐘喘了一口氣後，帶點怒氣回應。

「調漲五圓，現在一個月可以領到六十五圓了。」黃旺成回答得有些得意。

「這就是問題啊！你才五圓，我和郭發、何景寮可是加薪十圓呢！但其他像謝春木、黃周又只有調漲兩圓。」

人比人氣死人，這下子換黃旺成發怒了。「大家同為記者同事，為什麼會有這種不公平的待遇？我要去向林社長（林獻堂）跟羅專務（羅萬俥）問個清楚。」

「我就是來找你一起上臺北，和諸位同仁商議後去和報社理論的。」

兩人在黃旺成家裡匆匆用過午餐，顧不得還沒有完成的稿務，就拿著新聘書趕搭一點半的火車前往臺北。就這樣，這場因調薪不一而引發的爭議，將在行將謝幕的民報社和後續接手的新民報社內部掀起一番波瀾。

然而，為何會在新、舊民報社交接之際，爆發這場茶壺

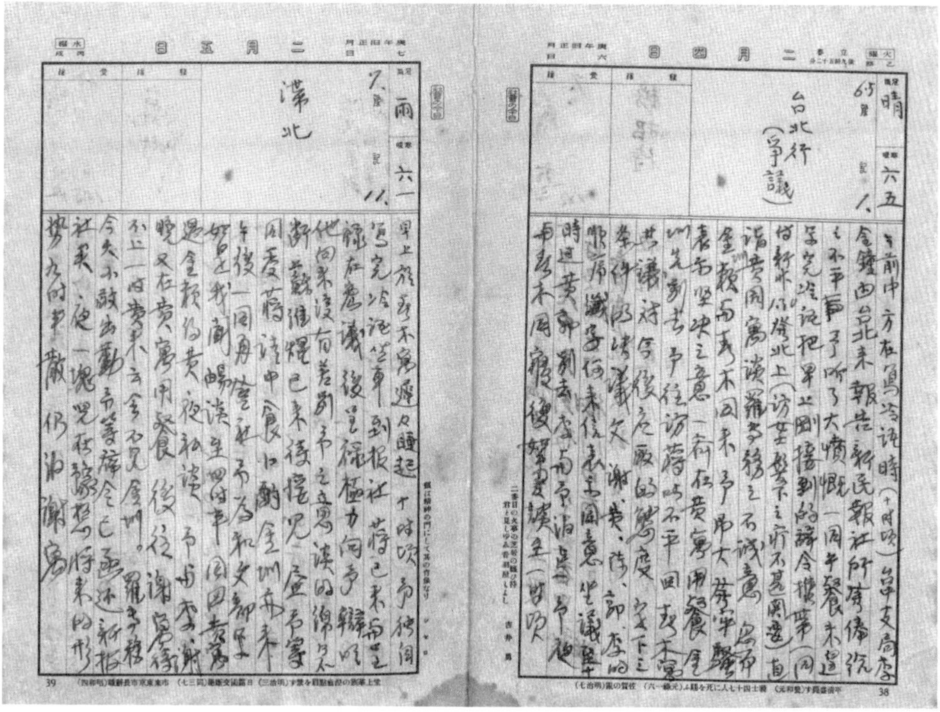


黃旺成在 1930 年 2 月 4 日的日記上，寫下「台北行（爭議）」以及對當日情景的描述，為臺灣新民報社因調薪爭議引起的風暴揭開了序幕。（文字詳見本文末）

內的風暴呢？這與一九二〇年代以來《臺灣民報》自身的發展，以及其與反殖民運動的浪潮之間錯綜複雜的關係有關，就讓我們從這份殖民地近代報刊的誕生談起，作為理解事件後續發展的背景。

## 青年倡起，先輩贊助

一九二〇年三月六日，許多臺灣留學生聚集在東京車站，送別即將動身前往北京的蔡惠如。這群留學生都是因為殖民地臺灣欠缺完備的教育體制與公平受教機會，才選擇前往日本留學；而蔡惠如則是出身臺中清水的知名臺灣本地仕紳，這些年頻繁往來於上海、北京、東京做生意，無奈卻虧損連連，家業祖產都快要消耗殆盡了。

未料在即將發車之時，財務狀況捉襟見肘的蔡惠如突然掏出一疊約莫一千五百圓的鈔票塞給林呈祿，並對他說：「把這筆錢拿去當作發行《臺灣青年》的費用，就算只出刊一號、兩號也不要緊，務必要讓雜誌問世，免得讓留學的臺灣子弟們失望。」

蔡惠如會有如此舉措，乃是因為當年年初一月十一日，他與林獻堂等臺灣在地仕紳，號召臺灣留學生聚集在他東京澀谷的寓所，共同成立「新民會」。會中達成「進行臺灣統治改革運動」、「發行機關雜誌」及「謀求與支那人同志取得聯絡」三項決議。其中第一項日後發展為一九二一年至一九三四年間持續推動十五次，深刻影響殖民地政治樣貌的「臺灣議會設置請願運動」；又蔡惠如此行之所以前往北京，就是要到中國找尋志同道合的運動夥伴。

第二項是由留學生倡議，欲在東京創辦《臺灣青年》雜誌，以引介啟蒙思想和發表言論，並作為知識青年與島內仕紳之間疏通意志、聯絡感情的媒介。

無奈辦雜誌的立意雖好，卻直接面臨了兩大難題：一是完全沒有相關經驗，二是缺乏發行雜誌的經費。當林呈祿以留學生代表身分前往東京的臺灣總督府出張所，向總務長官下村宏報告《臺灣青年》的主旨時，下村長官還出言諷刺：「你們知道日本內地有所謂『三號雜誌』的俗諺嗎？指的是只有發行三期便告終的短命雜誌。你們完全沒有經驗，得要慎重想一想才好。」

雖然林呈祿當場嘴硬地回應：「凡事總要試一試，我們如果可以發行三期，那就算是成功了！」但不只下村宏不看好，留學生自己對於雜誌的前景也沒有信心。當時不要說三期了，連出版一期的經費都沒有，能否創刊都還在未定之天。

因而蔡惠如在東京車站雪中送炭，無疑對這份殖民地近代報刊的誕生，起了推波助瀾的效果。在他的義舉感召之下，臺灣青年雜誌社陸續獲得辜顯榮（三千圓）、林獻堂（一千圓）、林熊徵（一千圓）、顏雲年（一千圓）、翁俊明（五百圓）、林子瑾（兩百圓）、李瑞雲（兩百圓）等臺灣富商殷戶的捐款。而這背後所反映的，是臺灣仕紳提供資金、知識青年提供論述，雙方憑藉著理念而結盟的合作模式已然成形。

籌得經費後，便由蔡培火擔任編輯兼發行人，負責對外交涉、編輯、校正、財政諸事，林呈祿掌管現金，彭華英管理庶務及辦理發送事宜。

會由這三個人主導雜誌的發行，一方面是相對其他在學的留學生，他們已經完成修業，處於畢業或即將畢業的階段；另一方面，他們各有不同面向的人際網絡，可以獲得具相當聲量的外部投稿，例如信奉基督教的蔡培火可以獲得來自教會與同屬教徒的殖民政策學者的支持；法律專業的林呈祿，與日本政界及言論界有所接觸；對社會主義認識頗深的彭華英，則與社會運動團體往來頻繁。

在資金到位與稿源無虞的情況下，月刊《臺灣青年》創刊號終於在一九二〇年七月十六日問世，並一舉突破「三號雜誌」的魔咒，成為《臺灣民報》最初的原型。

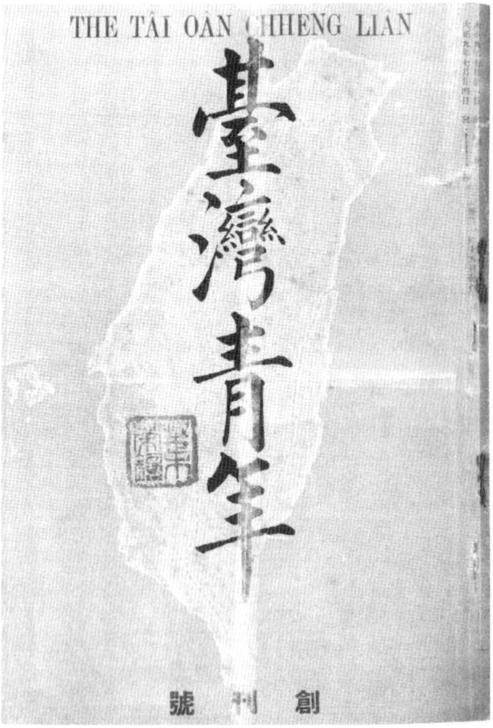

1920 年 7 月 16 日創刊的《臺灣青年》月刊，成為日後 1922 年 4 月 1 日創刊的《臺灣》、1923 年 4 月 15 日創刊的《臺灣民報》及 1930 年 3 月 29 日創刊的《臺灣新民報》之前身。

## 改名《臺灣》，增刊《民報》

隨著留學生編輯群陸續走出校門、踏入社會，並為了讓雜誌內容不局限於青年讀者，而更能符合臺灣社會的需求以擴大讀者群，一九二二年四月，《臺灣青年》改名為《臺灣》。同時，除了東京的臺灣雜誌社之外，另在臺北增設臺灣支局，地點選在蔣渭水於太平町開業的大安醫院，由蔡培火擔任支局主任，而東京本社由林呈祿負責。

縱使如此，《臺灣青年》與《臺灣》仍具有高度同質性，即它們的調性都偏向於由接受日語教育成長的臺灣知識青年，針對日本統治下的殖民地社會，進行批評與建議的政論雜誌。在內容設計上，雖然為了滿足不同讀者的需求區分為「和文之部」與「漢文之部」，但整體結構仍側重以留學生擅長書寫的日文為主，且許多漢文的文章內容都是直接翻譯自日文文章。結果導致《臺灣青年》、《臺灣》的內容與殖民地讀者之間，出現無法「言文一致」的隔閡，因此每期銷售量頂多只有兩、三千冊。

一九二三年二月，臺灣雜誌社主要成員為了慶祝社員鄭松筠通過律師考試，特地在東京神田的中華第一樓辦慶功宴，席間被譽為中國通的黃朝琴起身說：「去年夏天，我與呈聰兄到中國旅遊考察，親眼目睹了五四運動後白話文普及的情形，對於社會大眾的智識啟蒙有不得了的影響。」

黃呈聰聞言也說：「朝琴兄所言極是，我們應該也要在臺灣推行漢文改革與普及白話文的書寫和閱讀才對。」

趁著酒興，黃朝琴大膽提議：「乾脆這樣吧，我們直接創辦一個純漢文的刊物，在臺灣推廣白話漢文。雖然我們也還不擅長用漢文書寫，但一開始寫不習慣、不流暢沒有關係，寫久了總能上手吧！」

「好主意，用漢文來寫也會讓比較多的臺灣民眾能看得懂！」

「沒錯！這樣等於直接將《臺灣》的『漢文之部』獨立出來，以後《臺灣》用日文、新刊物用漢文，雙管齊下！」

「除了用漢文之外，也應該多用一些篇幅報導臺灣社會的現況與時事，更能引起臺灣讀者的共鳴！」

隨著社員們熱烈響應，日後成為日治時期第一位臺灣人官僚的劉明朝也說：「既然要用白話漢文來報導發生在臺灣民眾周邊的新聞，那麼這個新刊物就取名為《臺灣民報》好了！」

「好名字！」、「贊成！」、「我附議！」……在座林呈祿、王敏川、黃朝琴、黃呈聰、鄭松筠、黃周、謝星樓、林濟川及吳三連等人你一言我一語，隨即在當晚就議定具體辦法，由結束早稻田大學政治經濟科畢業考試的黃朝琴、黃呈聰主要負責發刊事宜，而「二黃」也被半開玩笑地封為《臺灣民報》的「生母」或「產婆」。

一九二三年四月十五日，純漢文內容並加強時事報導的半月刊《臺灣民報》就此創刊。

## 來自上天的決斷

將日文書寫的政論雜誌《臺灣》訴諸於日文讀者的同時，又要把兼具報導功能的漢文報刊《臺灣民報》推廣給島內民眾，能否維持穩定的出版經費無疑是關鍵。因此，之前依賴捐款來辦刊的經營模式根本上就行不通，恐怕很快就有斷炊之虞。

於是，臺灣雜誌社決定以招募股份、轉型為株式會社的經營方式來維持經費，並委請臺灣支局主任蔡培火向島內各界集資，同時也推舉出身霧峰林家的林幼春出任負責人。

在多方奔走下，資本額兩萬五千圓的株式會社臺灣雜誌社，於一九二三年六月下旬在東京的法院登記成立，由林幼春掛名社長，但實際社務則由駐留東京、擔任專務取締役的林呈祿負責。至於蔡培火則功成身退，轉任臺灣文化協會專務理事，全力推展文化啟蒙活動，而他空缺下來的臺灣支局主任一職，改由王敏川接任。

原以為此後雙聲道的發行策略會就此步上軌道，未料同年九月一日突如其來的關東大地震，打亂了原先的布局。震災不止讓合作的印刷所慘遭祝融之禍，導致出刊停擺，臺灣雜誌社也蒙受嚴重的財物損失，因此災後決定自一九二四年五月起停刊《臺灣》，專心經營《臺灣民報》。

會選擇讓雜誌社的招牌《臺灣》走入歷史，最主要原因是市場考量，即《臺灣民報》發行後，在島內受歡迎的程度瞬間凌駕《臺灣》之上，熱銷狀況出乎意料。當然，這背後與《臺灣民報》主打「專用平易的漢文，滿載民眾的智識」的語言文化戰略，打動了殖民地社會有關。

實際上，結束《臺灣》的發行，對於雜誌社並非全然無益。若要同時出版兩種刊物，編輯上必須同時處理日文與漢文兩邊的稿件，「一馬掛兩鞍」的負擔使得社內人力吃緊的問題逐漸浮現。關東大地震等於無形中替雜誌社做出決斷，得以專心致力於《臺灣民報》的經營。因此《臺灣民報》在災後復刊後，由半月刊加快為每十日發行一次的旬刊。

此外，株式會社的成立與運作，也對《臺灣民報》的發展帶來助益，特別是為《臺灣青年》創刊以來，臺灣仕紳與知識青年之間憑藉理念而結盟的合作關係，提供了一個制度化的基礎。原本出資襄贊的臺灣仕紳轉變為社內的經營階層或股東；而負責提供論述的知識青年則成為定期採訪、報導時事與編輯新聞的報刊記者，成為一份有穩定薪俸的職業，得以鬻文為生。

## 創立五週年，發行一萬部

一九二三年的下半年，無疑是天災人禍齊發的多事之秋。

好不容易挨過一場大地震，十二月十六日早晨，竟又發生臺灣總督府警務局以違反《治安警察法》為由，展開全臺「臺灣議會期成同盟會」成員大檢舉、家宅搜索與傳訊的「治警事件」。

這起事件是在警務局嚴密籌畫與極度保密下發動，因此事發後一切對外交通以及電話、電信等均被官方控制，並派遣大量特務監視公共場所與相關人士，一時之間全臺風聲鶴唳，但在報刊媒體卻無法讀到任何消息。其目的就是要讓殖民地社會人心惶惶，打擊臺灣議會設置請願運動的士氣。

一九二四年二月二十九日被搜捕的人士預審終結、轉列被告後假釋，而後在七月至八月間，共開了九次第一審公判庭。

被告之一的蔣渭水，就是在假釋後被延攬入社擔任記者，並幫忙報刊的編輯工作，這就是為什麼他後來會被稱為《臺灣民報》的「保母」。也因為這段機緣，往後的兩年成為蔣渭水文字創作的高峰期。

殖民政權雖然得以控制媒體對治警事件搜捕過程的曝光，卻無從限制對審判過程的報導，因此《臺灣民報》抓準時機，將公判庭上檢察官論告、律師辯護，以及諸被告陳述的過程完整刊出，推出第一部特別號。一經發行，竟引來印刷的八千冊全數售罄的購讀熱潮，立下創刊以來的最佳銷售成績。

在特別號創造議題、刺激買氣的帶動下，《臺灣民報》每期的銷售量逐步攀升，甚至出現破萬的紀錄。一九二五年八月，社方趁勢推出「創立五週年，發行一萬部」的特別號以資慶祝。蔣渭水在該慶祝特別號上所撰寫的〈五個年中的我〉回顧文中，憶及過往時不禁有感而發：「這並不是生母的好肚子，也不是褓母的好乳汁，其實是時勢使然的。」

此時可說是這份反殖民報刊的顛峰時期，在讀者的熱烈支持下，讓《臺灣民報》早已超越原初同仁刊物的設定，一躍而成反殖民運動的指標媒體。

因此，《臺灣民報》也積極推行三項變革。其一，自一九二五年七月十二日發行的第六十號起，由旬刊進展為每週日發行的週刊，以更頻繁跟讀者見面。

其二，同年八月股東大會議決，將社名改

在 1923 年 12 月 16 日發生的「治警事件」中被逮捕的相關涉案人，於 1924 年 2 月 18 日結束警方偵訊後出獄，與前來迎接者所拍攝的合照。照片中脫帽者為出獄人，戴帽者為出迎人，照片中間四位脫帽者自左起分別為鄭松筠、石煥長、蔣渭水、蔡培火。蔣渭水就是在此之後，加入《臺灣民報》的行列。

為「株式會社臺灣民報社」，表示社務已脫離雜誌社形態，正式往報社的經營邁進。

其三，為了進一步擴充地方報導的篇幅與讀者數量，好讓《臺灣民報》與殖民地社會的聯繫更加緊密，報社接連在臺南、臺中與新竹增設地方新聞據點，並尋覓合適的地方記者人選。其中在新竹方面，由出身彰化的營業部主任謝春木於一九二六年九月親自前往新竹，徵詢黃旺成入報社任職的意願。當時黃旺成正苦於需要一份得以維持家計的穩定收入，因此在十二月正式加入民報社，主掌新竹通信部。

## 左右分裂與移臺發行

沒想到黃旺成入社剛滿一個月，一九二七年一月三日臺灣文化協會就爆發左翼人士得勢，致使民族運動派出走而分裂的狀況。左翼人士不斷在社會上散布《臺灣民報》的負面言論，令報社的經營面臨嚴峻考驗。

二月上旬，民報社召開董事會議商討因應之道，決議原臺灣支局主任王敏川左傾離職後，其職缺由蔡培火回鍋頂替，並積極展開與總督府的交涉，設法將民報社自東京移回臺灣，以減輕跨海經營的負擔。蔡培火在日記裡曾生動描寫：

自三年以前大家就對當局要求移轉民報回來，但是一直沒辦法，不幸台灣文化協會亦自昭和二年正月分裂，民報社內且更早就已經因為王敏川、鄭明祿和謝春木不和，致使王敏川及鄭明祿出社，脫離關係，四處宣傳民報社的壞話，因此民報社也就受一部分人的嫌疑。約一年前報社每月欠損三、四百圓，致於受文化協會鄭明祿他們的惡宣傳以後，經濟是益發不好，到此民報社若倘不能移回來，是必定會倒下去的！大家想叫林呈祿專務回來，設法解救，他又不答應，不得已我才受重役會的委託，自昭和二年二月末起住在台北支局，整理社務及運動移轉的事情。

蔡培火主要的對口為總督府警務局保安課課長小林光政，兩人除了公務上的談判之外，當時小林的妻子因肺病入院臺灣總督府臺北醫院（今臺大醫院西址大樓）治療，蔡培火時常前往探視、聊天與禱告。由於兩人同為基督徒的宗教情誼，使得她常在私底下幫忙勸說，從而影響了小林的態度。

蔡培火以《臺灣青年》創刊紀念的七月十六日為最後期限，自七月一日起便不再將報紙原稿送往東京印刷，改與島內印刷所簽訂契約，並直接向讀者預告回臺發行的消息，擺出背水一戰的姿態。

所幸最終於十六日上午九點半接到小林來電，通知移臺一事已獲得總督上山滿之進的首肯。

相對的，民報社也必須接受總督提出「不做臺灣議會的宣傳機關」、「部分版面將使用日文」、「仍須接受檢閱後才可以發行」三項條件。

《臺灣民報》移臺通過的時間點，距離文協分裂後民族運動派所成立的臺灣民眾黨獲准創設的時間不到一星期（七月十日，黃旺成為五位創黨委員之一）。總督府之所以會在短時間內密集許可這兩項申請，心下自有其政治考量的盤算：若過於防堵，唯恐好不容易分散力量的反殖民運動會再度合流。

1927 年 7 月《臺灣民報》移回臺灣發行後，報社成員在臺灣民報社前合影。前排左五起為林呈祿、黃旺成、謝春木、林煥清、何景寮。

「羅萬俥專務這種不公平的調薪，實在太缺乏誠意，完全不尊重我們這些自《臺灣民報》就一路共同打拚上來的記者。如果他不好好處理，我堅決不接下新聘書。」黃旺成對三人大發牢騷。

用過晚餐後，黃旺成又前往大安醫院，向蔣渭水吐了一頓苦水。接著，兩人再一同前往謝春木寓所，會同眾記者商議後續對策。

眾人一直討論到晚間十點多，共同擬出一份〈決議文〉，並按謝春木、黃周、黃旺成、郭發、李金鐘的順序簽名，而未出席的臺南支局長何景寮也來信表示同意聯合署名。

〈決議文〉的內容共計三條，前兩條為「記者的職位異動或要採用新記者，皆由編輯會議決定」、「記者一旦加入報社，除非有不端正的行為，否則在未經本人同意下，不得隨意解職」，第三條才是關於記者月薪及退職慰勞金的要求。可見，表面上因加薪問題而起的爭議，在蔣渭水介入下，反而成為社內人事主導權之爭。

當晚，黃旺成與李金鐘就在謝春木家留宿，同室的謝、黃二人，還絮絮叨叨地談論至一點才入睡。

二月五日上午十點，黃旺成補寫前一天未完篇的〈冷語〉後，搭車前往民報社。一到報社，發現蔣渭水已在裡面，正和林呈祿交頭接耳密議事情。

見黃旺成進門，林呈祿便熱絡地說：「旺成，事情怎麼會變成這樣？唉！你看我當專務的時候，對你從來都沒有過差別待遇啊。不要說對你，對大家也都一視同仁，沒想到……」一開口就講個沒完。

黃旺成親自跑到報社，一方面是要繳交報導的原稿好及時排版付印，一方面是希望能親自和羅萬俥談談，了解實際狀況。無奈羅專務似乎在躲避眾人，這天並沒有出勤。

中午在蔣渭水請吃午餐後，黃旺成下午又回報社等待，順便幫謝春木寫了日文〈如是我聞〉的專欄，但仍苦等不到羅萬俥現身。

晚上與李金鐘、謝春木在黃周寓所用餐，而後一同回到謝春木寓所，眾記者一起將聘書寄還給新民報社，正式向報社表明態度，然後共同討論和預測事情的走向。

在謝春木寓所再過一夜後，二月六日中午，黃旺成搭火車返回新竹。

## 社長駕到

黃旺成前腳剛離開，林獻堂後腳就帶著祕書溫成龍抵達臺北。

苦等社長林獻堂出面的羅萬俥，在臺北車站接到林獻堂後，就帶他直奔位於大正町（今中山北路一帶）的新家，述說因為調薪不一，導致謝春木、黃周、黃旺成不平，而拉攏郭發、李金鐘、何景寮發動記者聯合退回聘書一事的梗概。

| 天氣 | 摘要 | 發信 | 受信 |
| --- | --- | --- | --- |
| 雨 | 台北 | | |

九時攸何媚來謂子瑜將援助垂明告訴垂訓之親權者映雪而映雪又是子瑜之姊子瑜可以代之選擇辯護士然後黜中使其敗訴垂明就可以多得財產聞其有計畫云余謂必無此事乃五日會見他之時視其語意似決意此行為若將來中證言之反間以致感情大決裂則未可知也、

本早接東京地方裁判所之準備手續通知原告為岩本安吉井上喬司外六人弁護士片山光太郎其訴訟金額二千二百五十円此事是大正十三年閔直孝劝誘余為台灣証券会社發起人其後会社不成立負債八万餘余於大正十五年徑債主之訴訟而賠償（昭和二年）萬二千円以作和解此次之訴訟岩本等是當時之株主也株主計廿名募入總株數千三百八十株金萬七千二百五十円也

十一時成龍同余由霧峯出發到台中換乘急行車五時十五分抵台北萬俥渭淸出迎萬俥邀余到其大正町之新宅述民報社記者春木因發金鐘時成景薰不受辭令因卅月給問題之故春木因原九十三卅二円發金景原六十卅十円旺成原六十卅五円因春因旺之不平而發金景薰之一致行動余詳聽之然後乃判斷

羨我閣呈祿渭水金圳俱來述始末請余為之

雪解の川尻ひろし島の群　秋水

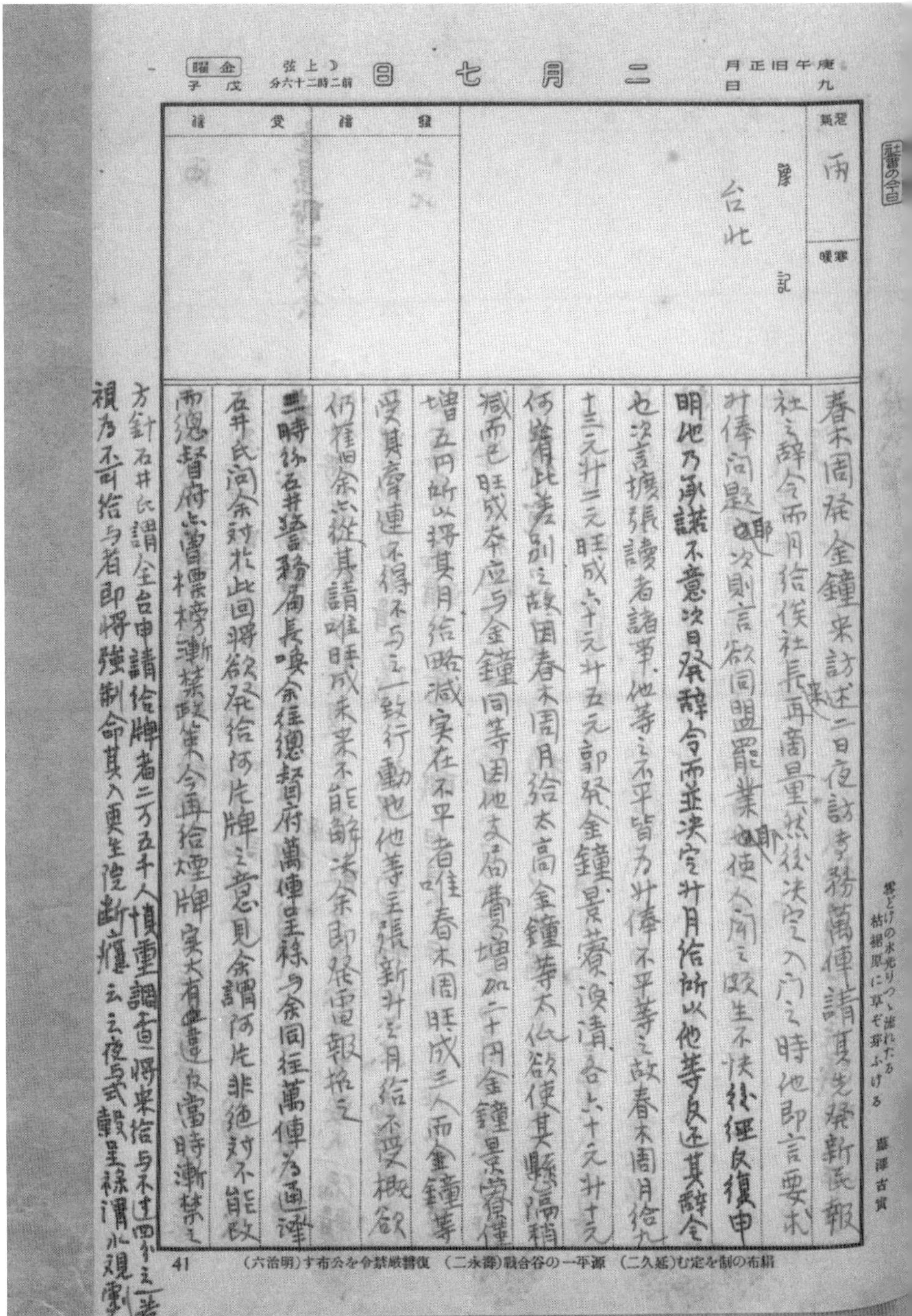
庚午旧正月九日　二月七日　上弦 前二時二十六分　金曜 戊子

丙　台北

春木固發金鐘來訪，述二日夜訪李務萬俥請其先發新民報
社之辭令，而月給從社長再商量，然後決定。入門之時，他即言要求
升俸問題也，次則言欲同盟罷業，如使入門之際生不快，彼經反復申
明，他乃承諾不意次日發辭令而並決定升月給，所以他等反還其辭令
也。次言擴張讀者諸事，他等之不平皆為升俸不平等之故。春木固月給九
十三元升二元，旺成六十元升五元，郭發、金鐘、景薰、溪清各六十元升十元
何獨此差別之故？因春木固月給太高，金鐘等不欲使其懸隔稍
減而已。旺成本應與金鐘同等，因他支局費增加二十円，金鐘、景薰僅
增五円，所以擇其月給略減，實在不平者唯春木固、旺成三人，而金鐘等
受其牽連，不得不與之一致行動也。他等主張新升之月給不受，概欲
仍復舊，余亦從其請，唯旺成未來，不能解決。余即發電報招之
七時訪石井警務局長，喚余往總督府，萬俥呈祿與余同往，萬俥為通譯
石井氏問余對於此回將欲發給阿片牌之意見，余謂阿片非絕對不能改
而總督府亦曾標榜漸禁政策，今再給煙牌，實大有害，違反當時漸禁之
方針。石井氏謂全台申請給牌者二万五千人，慎重調查，將來給與不過四分之一，若
視為不可給與者，即將強制命其入更生院斷癮云云。夜與式穀、呈祿、濱北觀劇

雪どけの水光りつゝ流れたる枯据原に草ぞ芽ふける　藤澤古實

41　綿布の制を定む（延久二）　源平一の谷合戰（壽永二）　復讐嚴禁令を公布す（明治六）

林獻堂於1930年2月6日抵達臺北後，在日記中詳細記錄與羅萬俥的商議，以及於旅館高義閣向臺灣民報社記者釋明調薪理由的經過。

後來林獻堂投宿於距民報社僅數步之遙的旅館高義閣時，也聽取了蔣渭水、林呈祿等人的說法。

二月七日，旅館外頭的雨勢連綿不停，來找林獻堂的訪客也未曾中斷。謝春木、黃周、郭發、李金鐘接連來訪，想要直接傳達記者們的意見。

「我們在二月二日晚上去拜訪羅萬俥專務，本來是請他先寄出新民報社的聘書就好，至於每位記者的月薪，要等社長您到了臺北以後，大家再一起商定。」

「對啊！怎麼知道加薪通知竟然連同聘書一起寄給大家，而且調幅還不公平，這是大家最不能接受的。」

「若今天社長不能給我們一個合理的解釋，我們記者不排除發起同盟罷業，暫時不採訪新聞了。」

原本只是靜靜聽著眾聲喧譁的林獻堂，聽到了「發起同盟罷業」，先皺了一下眉頭，然後露出不愉快的表情回應。

「你們每個人的調薪，我和羅專務早在一月三十一日就商量好了。你們的不滿，我昨天也聽他說明了。」

「之所以加薪不一致，是因為你們每個人的基準都不一樣。春木、黃周，你們兩人原本的月薪是記者裡面最高的九十三圓，所以只調升兩圓；旺成原本的月薪六十圓，加薪五圓；郭發、金鐘你們兩人和景寮、煥清（林煥清，林呈祿之侄）原本月薪也是六十圓，幫你們都加薪十圓。正因為彼此之間的薪資差距過大，我和羅專務才想透過這種加薪方式，讓大家的薪資能夠接近一點。」

「至於旺成的調幅本來應該和金鐘一樣，但因為新竹通信部升格為新竹支局，所以增加二十圓的支局費給他；而金鐘的臺中支局、景寮的臺南支局，支局費只有調增五圓，所以才會只給旺成加薪五圓。」

經過一番說明，李金鐘和郭發似乎頗能認同這樣的做法，因而林獻堂推估這場爭議真正不平者是謝春木、黃周及黃旺成三人，李金鐘只是受到他們的牽連，而不得不一起行動。

最後，謝春木等人主張暫不接受調薪，眾人薪資先按照舊額發放。但由於黃旺成不在場而無法統整眾人意見，因此林獻堂便發電報給黃旺成，請他再來臺北一趟。

## 談判破裂

二月六日黃旺成返抵新竹後，晚間七點半就收到蔣渭水發給他「獻堂來了，你快點來。渭水」的電報。隔日下午，又再陸續接獲林獻堂、黃周、謝春木三封催促他儘速北上的電報。

二月八日清晨，黃旺成趕搭五點五十分的首班列車北上，先與黃周會合，再前往大安醫院與謝春木碰面，聽取他離開臺北的兩日發生了哪些事情。

隨後再步行至高義閣拜訪林獻堂，進門後，就看見臺灣共產黨幹部王萬得正向林獻堂抗議蔡闊嘴被免職的事情。因此，羅萬俥先將黃旺成帶到一旁，說明記者薪資調整並非出於差別待遇，在得到黃旺成諒解後，林獻堂再出面請他回頭調解謝春木與黃周的不滿。

為了讓事情早點落幕，黃旺成拒絕林獻堂在臺灣鐵道飯店的午餐邀約，火速返回大安醫院。但謝春木、黃周拒絕調停，將四日晚間所擬的〈決議文〉由三條加為六條，並推黃旺成為代表，帶著條文到高義閣請林、羅二人審閱。

至此，黃旺成倒成了夾在兩邊的中間人。而在他往返大安醫院這段期間，又陸續有黃白成枝、曾得志等民眾黨員，前往高義閣抗議蔡闊嘴遭解僱一事。

黃旺成遞交〈決議文〉後，先行返回大安醫院向其他記者及蔣渭水說明情況。當晚九點，林獻堂致電醫院請黃旺成再赴高義閣，回覆他們對〈決議文〉的看法。一到旅館，林獻堂便挑明說：「你們記者提出這樣的要求，無異是要我們讓出社長、專務的權限！」

「如果只是要求記者待遇要公平、無正當理由不得擅自免職、編輯方針要尊重記者群的意見等事項，這些我們兩人都可以遵守，不需要特別簽署什麼文件。」

「旺成，請你回去轉告春木他們，我和羅專務絕不會簽字答應〈決議文〉的內容！」林獻堂以堅定的語氣回答。

眼見雙方無法取得共識，黃旺成以調停人的身分致電記者們，但眾人堅持林、羅不簽名絕不罷休。最終談判破裂，在場的所有記者彼此約定自即日起，不再處理報社業務和跑新聞，眾人自由行動。

## 事件落幕

二月九日上午八點，事件發動者之一的林呈祿原本想看林、羅二人的好戲，但又怕操作過頭，反而危急《臺灣民報》的存亡，因此倉皇拜訪林獻堂。

「社長，今天凌晨一點謝春木和黃周來找我，說雙方談判破裂。我們十年來經營這份報刊的辛苦您不是不知道，絕不能因內部糾紛而毀於一旦。」

「所以我答應他們，社長您不需要簽名，只要讓萬俥單獨署名即可，您認為如何？」林呈祿如此獻策。

「就算是這樣，我也不簽名！」在林呈祿話一講完就走進林獻堂房間的羅萬俥，馬上提出反對意見。

「呈祿，你去勸勸春木他們，請他們無條件地像之前一樣回報社上班，我們既往不咎；如果仍像昨天一樣堅持要我或萬俥簽字，那大家往後就分道揚鑣吧。」林獻堂發出最後通牒。

林呈祿聞言，急忙到大安醫院和黃旺成、郭發、謝春木、黃周商議，最後決定放棄〈決議文〉的要求。十點半以黃旺成為記者代表，與林呈祿一起前往高義閣，在蔣渭水、林呈祿、賴金圳見證下雙方和解。「結果從前條件全部撤廢，一同仍舊信用社長、專務之宣誓，新民報是同志事業，沒有資本主義。」黃旺成在日記中，用這段文字描述事件的落幕。

當晚，林獻堂以社長身分，於蓬萊閣宴請蔣渭水、

同盟罷業的紛爭落幕後，1930 年 3 月臺灣民報社與臺灣新民報社正式合併，並改為發行《臺灣新民報》。這張照片是臺灣新民報社成員於報社前合影，紛爭的相關人物謝春木（前排左一）、專務羅萬俥（前排左四）、社長林獻堂（前排左五）、林呈祿（前排左七）、黃周（前排左八），黃旺成（中排左六）、林煥清（中排左七）、何景寮（中排左八）、郭發（後排左四），俱在其中。

林呈祿、謝春木、黄周、林焕清、賴金圳、郭發、李金鐘、黄旺成、羅萬俥等事件關係人，眾人不但暢飲兩大瓶紹興酒，心情大好的林獻堂還高歌了一曲〈滿江紅〉。

## 餘波蕩漾

茶壺裡的風暴雖然平安落幕，但民眾黨內部分裂與同盟罷業事件所引起的效應，仍持續在報社內部醞釀。

最明顯的，就是前後任專務林呈祿和羅萬俥之間的信任關係蒙上陰影。事件結束後十天，蔡培火就在日記裡生動描述羅萬俥向他哭訴事件始末的情形，以及林呈祿的卸責與為人：

對萬俥君頭一次聽見，因為民報社總會後，舊民報社與新民報社合併，將經營事務一盡交割給新民報社，萬俥君就照林呈祿君的獻策，對社員有裁員也有昇給，因此社員生起不平，將辭令撥還不收，反而提幾條要求叫社長及專務必須承諾，若不就要罷業。論這回啞巴的免職、及昇給不公平，此二點都是呈祿的意見做出來的。給人免職應該是他在做專務時整理完畢，然後移交新專務萬俥才是合適，究竟他奸巧卸責任，想做好人得漁夫的利益，當社員要求條件時，他最少必須幫助萬俥相制止才是應該，他沒有如此做，反而大部分贊成社員博人氣，結果因為萬俥強硬不答應，說甘願罷業也不要緊，社員對這樣才軟化，可是辭令社員乃是不收。萬俥流淚對我說遇到此回的事情，他才深知呈祿的做人，他有一句話講得真恰當：「人家將要砍我的頭，呈祿站在旁邊叫人得輕輕斬！」蔣渭水君也有暗中贊成社員的情形，萬俥君非常失望，欲辭專務的意思甚決啊！這樣傾向無怪台灣未得進步。策動社員的中心聽說是謝春木。

日記裡最後提到的謝春木，往後在新民報社內部的處境也日漸尷尬。臺灣地方自治聯盟仍處籌設階段的一九三〇年五月，報社股東兼顧問洪元煌便指稱謝春木在中部地區造謠，惡意宣傳自治聯盟是總督府為了實行內地延長主義而授意籌組，以作為《臺灣新民報》發行日刊的交換條件。自治聯盟正式成立後，洪元煌更不滿謝春木在《臺灣新民報》上撰寫反對自治聯盟的報導，而向林獻堂提議新民報社應進行改革。因此，羅萬俥曾一度想要將謝春木調離本社去主理東京支局。

漸失容身之地的謝春木則希望成為報社的上海特派員，一九三一年七月至九月間，他動身前往中國探訪、評估可行性，期間蔣渭水病逝。

返臺後，謝春木立刻向林獻堂表明欲前往上海組織一個宣揚臺灣的機關，希望新民報社支付數十圓月薪聘其為特派員或通信員。最後，謝春木於十二月舉家移居上海，成為報社每月補貼四十圓的客員。

至於與謝春木同樣具臺灣民眾黨色彩的黃旺成，也在一九三二年七月至八月間，對於《臺灣新民報》是否應即時刊登自治聯盟的報導問題，與報社董事楊肇嘉起了爭執，進而打起了筆戰。就黃旺成而言，號稱繼承「臺灣人唯一之言論機關」精神的日刊《臺灣新民報》，不應只以成為自治聯盟宣傳機關為已足。但就報社經營階層的角度來看，則認為黃旺成的批評大都出於反對自治聯盟主張的黨派之見與意氣之爭，不只暴露報社內部立場不一致，也影響社務的經營與報刊的銷售，必須予以懲處。

最後在一九三二年八月十八日，黃旺成接到免職令離開新民報社，結束六年的記者生涯。他的去職，成為了即便事過境遷，民眾黨與自治聯盟分裂的傷痕仍然無法弭平的見證。

# 黃旺成日記【一九三〇年二月四日、五日】

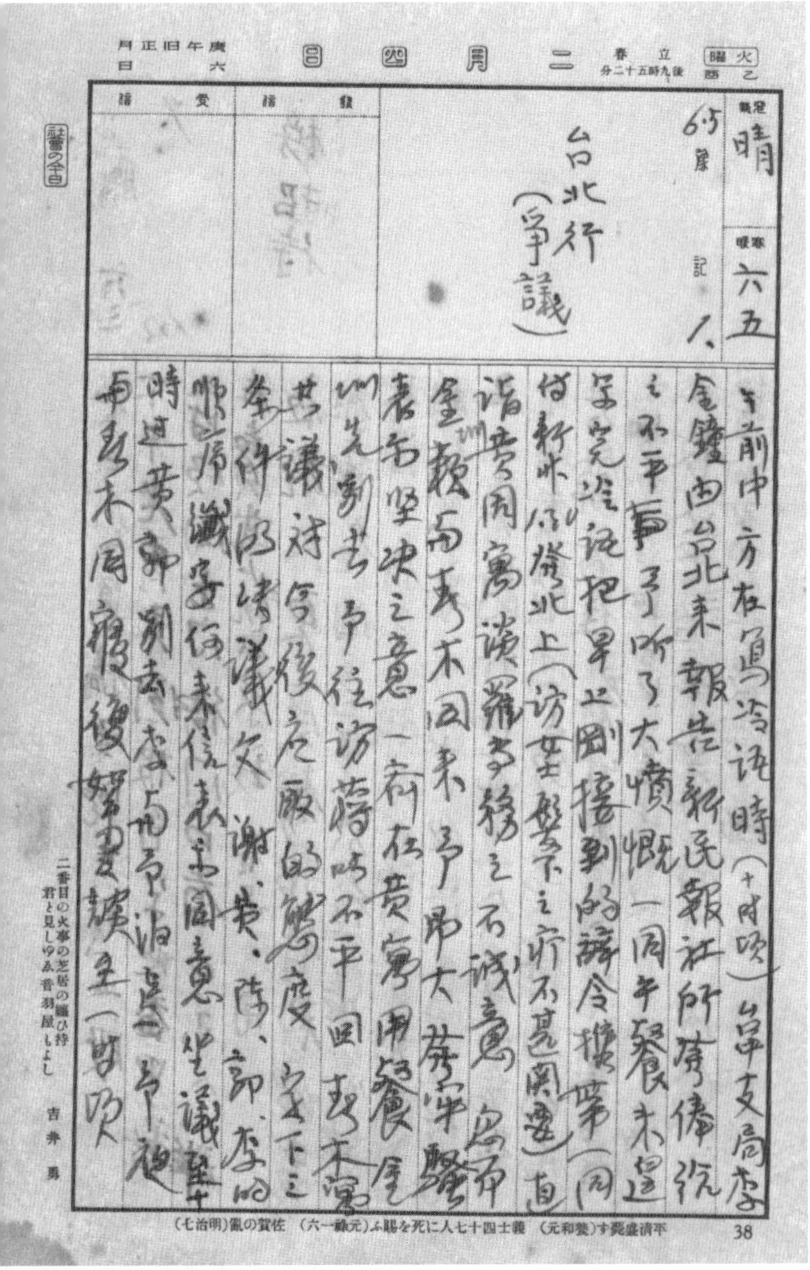

二月四日 火曜 乙酉 立春 後九時五十二分 庚午 旧正月六日

晴 六五

台北行（爭議）

38

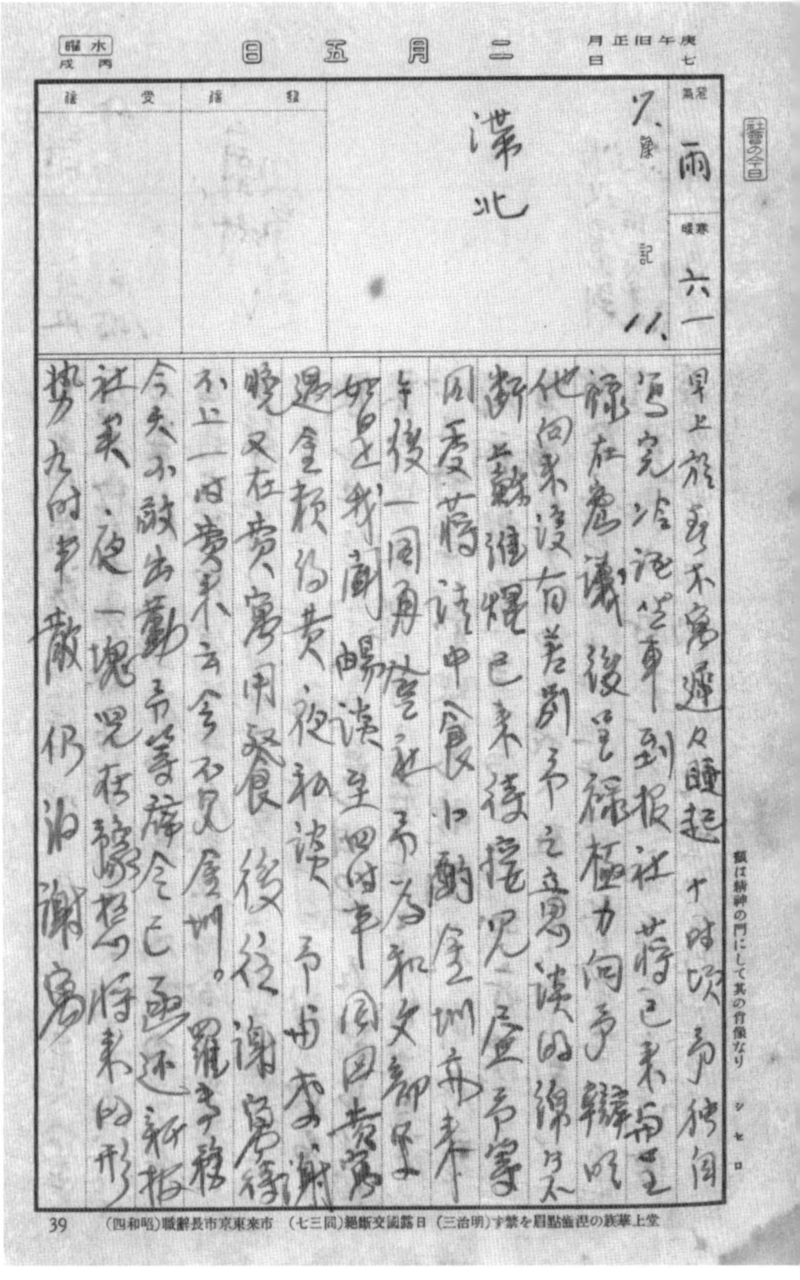
庚午 七
旧正月 日
二月五日
水曜 丙戌
氣候 雨
寒暖 六一
臺北
早上雖未寫遲々睡起，十時頃予往向
寫完後，乘車到報社，蔣已來，而呈
祿在座，議後呈祿極力向予辯明
他向來沒有差別予之意思，讓的綿小人
斷蘇維煌已來，後接見金予等
同受蔣請中食，小酌，金圳亦來
午後一同再會社，予為和文部呈
姑呈我蘭陽讀至四時半，同四黃萬
得金頓詢黃、徐和讀，予甫李獻
晚又在黃寓用餐，後往謝寓待
不上一時，黃來云今不見金圳，羅事務
今天不敢出勤，予等辭令已通逐新報
社來，徐一塊兒在樣整，將來的形
勢，九時半散，仍泊謝寓
社會の今日
額は精神の門にして其の肖像なり　シセロ
39　堂上華族の涅齒點眉を禁す（明治三）日露國交斷絶（同三七）市來東京市長辭職（昭和四）

昭和五年（民國十九年，一九三〇年）

二月四日／火曜／乙酉／天氣：晴／寒暖：六五

## 台北行（爭議）

午前中方在寫「冷語」時（十時頃）　台中支局李金鐘由台北來報告新民報社所發俸給之不平　予聽了大憤慨　一同午餐　未遑寫完「冷語」　把早上剛接到的辭令攜帶　一同付新竹一點三十分發北上（訪女士　髮下之疔不甚關〔肝〕要）　直詣黃周寓　談羅專務之不誠意　忽而金圳與春木回來　予即大發牢騷　表示堅決之意　一齊在黃寓用餐　金圳先別去　予往訪蔣吐不平　回春木寓共議對今後應取的態度　定下三條件的決議文　謝、黃、陳、郭、李的順序纖〔簽〕字　何來信表示同意　坐議至十時過　黃、郭別去　李與予泊焉　予夜與春木同寢　復絮々談至一時頃

昭和五年（民國十九年，一九三〇年）

二月五日／水曜／丙戌／天氣：雨／寒暖：六一

## 滯北

早上於春木寓遲々睡起　十時頃予獨自寫完「冷語」　坐車到報社　蔣已來　與呈祿在密議　後

呈祿極力向予辯明他向來沒有差別予之意　談的綿々不斷　蘇維〔惟〕焜已來待接見　晝予等同
受蔣請中食、小酌　金圳亦來　午後一同再登社　予為和文部寫「如是我聞」　暢談至四時半
同回黃寓　遇金賴〔圳〕　約黃夜私談　予與李、謝晚又在黃寓用餐　後往謝寓待不上一時　黃
來云會不見金圳　羅專務今天不敢出勤　予等辭令已函還新報社矣　夜一塊兒在豫想將來的形勢
九時半散　仍泊謝寓

第七章

# 燈火闌珊處

## 楊水心的東京之旅

劉世溫——著

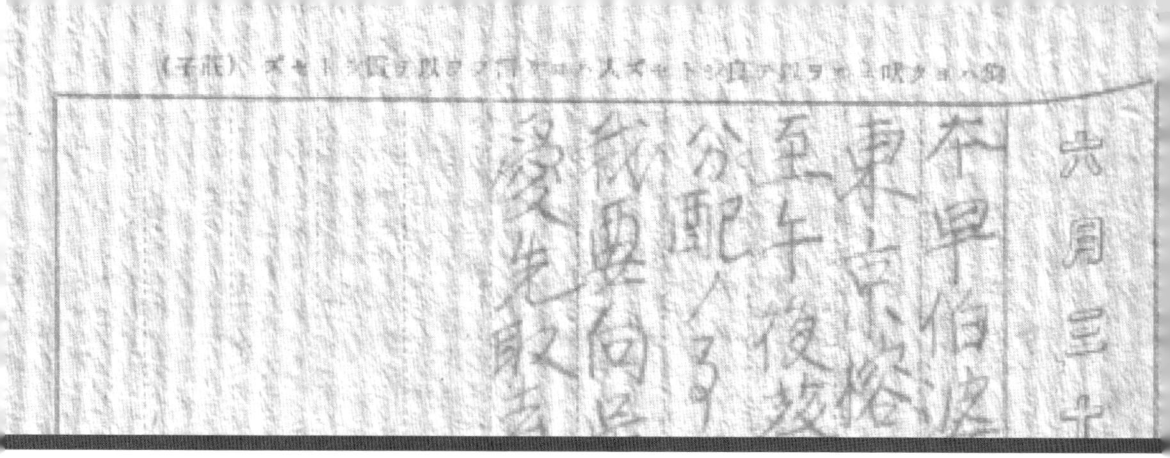

《楊水心女士日記》是少數日治時期，由仕紳之妻所寫的日記。透過這本日記有助於了解當時臺灣仕紳階級的生活樣貌，以及婦女在家中所扮演的角色、地位，甚至於日記主與親族、友人間的互動，這些都是研究家族史、婦女史重要的素材。本文主要是以《楊水心女士日記》為素材，再加以《林獻堂環球遊記》的部分內容，來建構楊水心的東京之旅。

## 東京行，探夫病

一九二八年八月一日上午九時，楊水心與女兒關關、佣人陳秋福一起從基隆搭乘瑞穗丸準備前往日本。三人從半夜一點二十五分起即搭乘夜行車從臺中出發，直到早上六點半才抵達臺北火車站，與送別的親友短暫會面後，在五弟媳陳榕紉和侄子林夔龍的陪同下，一起到了基隆碼頭，與兩人告別，互道珍重後，三人辦妥乘船手續，拖著一身的疲憊，終於登上航向日本的輪船。

看到這艘大輪船時，楊水心的心情是既興奮又有些許害怕的，因為這是她第一次搭乘輪船前往日本，對於船內的各項設施均感到新奇，但也擔心一旦海象狀況不佳，風高浪大會使船隻過於顛簸，自己無法適應而有暈船狀況。而最重要的是，此次前往日本，是為了探望在東京養病的丈夫，不知道現在丈夫的身體狀況究竟如何，實在令人憂心。

回想此次的東京之行，最早要從本年五月底某日下午接到林獻堂來自東京的電報說起，當時他表示自己已結束歐美之旅，安然抵達東京，一切平安。楊水心想

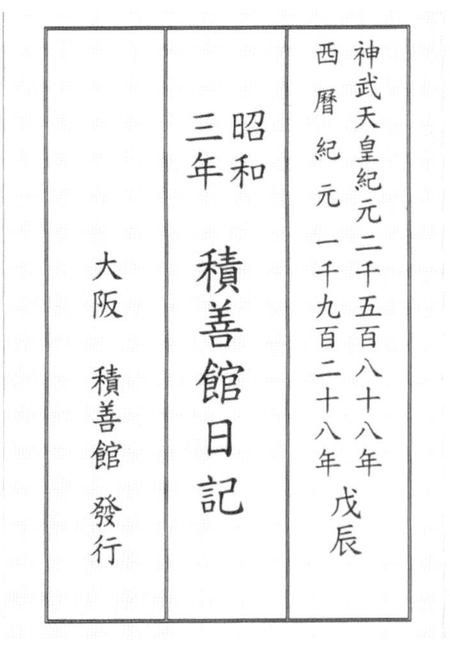
神武天皇紀元二千五百八十八年
西曆紀元一千九百二十八年 戊辰
昭和三年 積善館日記
大阪 積善館發行

1928 年楊水心所用日記本的首頁。

說丈夫終於結束一年多的歐美之旅，再過不久，就能夠從東京回到臺灣，夫妻團圓了。當日她還興奮地將電報拿到下厝給林獻堂的侄子林幼春看，還情不自禁地喜極而泣。可沒想才過了幾天，大嫂陳岑就聽說了林獻堂在日本生病的消息，為此感到憂慮不安，因此特地派人來向楊水心詢問實際狀況。但事實上，楊水心並未接獲任何有關丈夫在日本生病的消息，因此當天下午她便急匆匆地去到下厝，託人打電報給在日本的丈夫詢問病情。次日早上，又再次請家中的事務員林坤山打電報去東京。當天下午便接到丈夫打回來的電報說：「已經看到了，請放心，獻。」雖然如此，但是楊水心擔心這只是丈夫為了讓自己心安才這樣回覆，心中仍是煩躁難安，無法放心下來。

林獻堂、楊水心夫婦結婚四十年紀念照。

過了兩天，在清晨的恍惚間她看見丈夫回家了，驟然驚醒後，才發現原來是做夢。雖然當天中午正巧收到東京打來報平安的電報，但因為清晨的夢境，心下還是不安，對丈夫的掛念也愈來愈殷切了。次日一早，她再次請人打電報去東京給女兒，詢問丈夫的身體狀況，後來因為右眼皮一直跳，更令她心神不寧，惶恐之下便請人去向五叔林階堂說，自己想儘快前往東京探望丈夫一事。之後，林階堂與陳榕紉都來勸慰楊水心，不用太過擔憂，也不必心急，最好等到女兒回覆後，看實際的狀況如何，再決定是否動身前往東京。當晚夜深人靜時，楊水心輾轉反側，一想起丈夫的狀況，害怕到起雞皮疙瘩，真是又驚惶又煩惱。幾天後，楊水心便請林坤山去詢問購買船票的事情，為東京之行做準備。接著，她回了彰化娘家，去探望族兄楊吉臣時，也向他表示自己要到東京探望丈夫一事。楊吉臣勸告她說別著急，最好是得到丈夫許可後，才好動身前往東京。

到了六月下旬，次子猶龍夫婦回到了霧峰，連續幾日，猶龍都對母親講述他們父子三人在歐美旅遊的情景，也談到父親在東京生活的狀況。但因為對於丈夫現下在日本養病的情況，無法得到完整的訊息，內心實在感到焦躁不安，過幾天後便再次回彰化娘家，特地和好友甜姊到彰化天公壇去祈求玉皇上帝，所得到的指示是：「林獻堂現在的運勢走到五十一，需要拜謝。」因此捐了二百円救濟貧民，又為來年印善書捐贈十円、為放生捐款十円，全是為林獻堂做功德，希望丈夫一切平安順利。

六月底，楊水心再次請林坤山去臺中，詢問船票的事。三天後，接到女兒打回來的電報，說是請她不可前往東京。因為女兒不贊成她的東京之行，令她感到很憤慨，便立即打電報去向丈夫說，自己已經決定要去東京了，船票也已經決定了。七月初，再次接到丈夫的電報，仍是勸阻她不可去東京，希望楊水心能尊重自己的意見，取消東京之行。接著又接到丈夫來信，表示他要和三子雲龍前往溫泉區避暑，仍是勸她不要去東京。之後，林獻堂與楊水心之間有多次信件與電報往來，雖然林獻堂不希望楊水心去東京，但楊水心實在放心不下，執意要去。後來女兒從日本回到霧峰，希望母親可以取消東京之行。之後，林獻堂又託人帶話給楊水心，表示若她執意要去，最好等到九月初，使得楊水心再次心生躊躇。

幾經思量之後，到了七月下旬，楊水心還是決定要立即去東京探視丈夫，親眼見到人才能安心。她請人去訂船票，然後開始準備行李，將家中事務安排妥當後，便陸續向親友辭行，終於踏上東京旅程之途。一路上雖然有點忐忑不安，幸好海上風平浪靜，航行順利，除了女兒有些暈船外，自己並無太多不適。閒暇時，她會在甲板上散散步，觀覽海上風光，看到一望無際的大海，心胸、心情也開闊了不少。除了和女兒、佣人談天之外，也會和同船的婦人們閒聊，以慰旅程的寂寥。當船隻航抵門司港補給時，楊水心也隨著眾人一起上岸，並到市街走走逛逛。過了幾日，抵達神戶港，三子雲龍前來迎接，母子相見甚喜，先在神戶當地的旅館休息。次日，一同搭車前往東京，抵達東京驛與丈夫相見時，一時悲喜交集，因為兩夫婦已經一年多沒見面。看到丈夫健朗的模樣，楊水心終於放下心來，喜悅之情溢於言表。

## 夫遠遊，心所念

想起去年丈夫對自己提出要到歐美旅遊，當時心中真是千頭萬緒、五味雜陳，但繼而想到這是丈夫早在一九一〇年帶著長子攀龍（十歲）、次子猶龍（九歲）到東京留學時就已許下的心願（日後一旦兩個兒子都能從大學畢業，就要帶著他們到歐美旅遊），她又不好拒絕。如今兩個兒子都能循序漸進地學有所成，攀龍在一九二五年從東京帝國大學法學部政治科畢業，繼續前往英國牛津大學深造，而猶龍在一九二六年也從東京商科大學（今一橋大學）畢業。原本在猶龍畢業當時，就想實現環遊世界一周的願望，但後來因為公私諸事的羈絆，一直延至去年春，丈夫在將各事略微處理就緒後，便向當局申請護照及訂船票。結果丈夫的友人們一聽聞消息後，紛紛勸阻他進行這趟長期旅行，希望他能省下這筆錢，做為《臺灣民報》辦日刊之用。因此丈夫又猶疑了一段時日，後來丈夫想這次如果未能成行，這個願望恐怕再也沒有實現的一天了。再加上攀龍在倫敦，又時常來信希望丈夫儘速前往，於是他決定就按照原定計畫進行。再說丈夫為了這趟旅行，出發前做了不少功課，閱讀多人的旅遊記事，以便琢磨遊記的寫作技巧，還找尋前人走過的遊覽點，以便親自體驗；看到他如此投入，自己便也不忍加以阻止了。但沒想到三月時，丈夫和五叔去遊山，不小心從驢背上摔下來跌傷了手臂，以至延遲到去年五月十五日才出發前往歐美。

此行除了丈夫之外，還有攀龍、猶龍隨行，兩子除了陪伴也充當通譯，令人心中寬慰不少。旅途中，父子三人不時會寄信或打電報回家告知情況，讓楊水心的思念之情得到慰藉，而且從去年八月底開始，丈夫便在《臺灣民報》上登載〈環球遊記〉系列報導，楊水心也成了忠實讀者，透過遊記的報導，讓自己更了解丈夫旅遊的實況。

例如從報導中得知，原來世界各國的交通習慣是不全然相同的，丈夫剛抵達法國時，仍習慣性的靠左行走，不知道原來法國是靠右行走的，差點發生被汽車撞倒的意外，還好有驚無險。在倫敦時，某日父子三人在外吃過鰻魚飯後，因為兩個兒子要去剪頭髮，而丈夫因為疲倦打算先返回住所，就由攀龍先送父親去搭乘地下電車。上車後，丈夫因為沉浸在自己的思慮中，猛一驚覺，才發現已經坐過站了。他向車長詢問該如何換乘，卻未能聽明白對方的回答，只好試著往回程坐，來回一共坐了兩趟，才找到正確的車站，順利回到住所。丈夫寫道，這是他到英國後發生的第一次失誤。又有一次，三人抵達英國的工業大城曼徹斯特時，先到旅館休息，丈夫與猶龍同住一房，他出房門去上廁所時，忘了記住自己的房間號碼，於是不得其門而入。想要大聲呼喚猶龍，又怕惹人笑話，正在不知如何是好時，正好遇到旅館的服務人員，丈夫將姓名寫給他，服務人員立即打電話詢問櫃臺。不過在得到回覆前，丈夫就突然想起了自己走出房間時，沒有將房門關上，所以他開始逐一檢查各個房間門，找到有扇門並未關上，打開一看，正是自己入住的房間。這是丈夫在英國發生的第二次失誤。楊水心想，這些意外狀況發生時，丈夫一時之間應該也會不知所措吧。所幸丈夫總能急中生智，想辦法解決窘境，最終都能有驚無險地化險為夷，實屬萬幸。

一九二七年八月二十七日，丈夫開始出現牙痛狀況，最初尚能忍耐，仍然照常出外旅遊，但過了兩天，左邊太陽穴時常抽痛，也出現了畏寒症狀。再過兩天，身子忽冷忽熱，一天要發作好幾次，身體也十分困乏，整天臥床沉沉而睡。九月一日託友人請醫生來診察，但醫生不在，只好由醫師助手代為診治，對方表示這些病症都是牙痛引起的，必須接受牙醫治療。次日，在猶龍陪伴下，父子兩人一起去看牙醫。牙醫說要拔掉疼痛的牙齒才能痊癒，後來丈夫也同意拔牙了。牙醫先打麻醉針，再用鐵鉗挾住病牙，用力拔除後，僅叫丈夫用溫水漱口，沒有給予止血或消毒的藥品。

當天下午左邊太陽穴的抽痛稍緩，傍晚時丈夫還出門散步，但到了晚上左腦後的神經痛開始加劇，隔天情況更嚴重，左鼻孔還時常聞到臭味，下午還有少許的膿流出。至此，才知道頭痛的原因並不全是因為牙痛，丈夫頗為憂慮，急著想找醫生治療。但因為友人不在，又正巧遇上假日，只能暫時忍耐兩天。他這兩天都無法仰躺，怕鼻孔膿血流入喉中，只能坐著休息。次日下午在友人幫助下，找到了一位耳鼻專科醫生，又在攀龍陪同下，去接受醫生診察。醫生表示，病因是鼻腔發炎、積膿，如果洗鼻三次都無效的話，就得開刀動手術了。醫生為丈夫洗鼻，先抹以麻醉藥，接著用一支又尖又細的器具鑽入鼻孔，注入藥水後，流出的膿青白色如同牛奶，約有半杯，臭氣薰人。攀龍見此，才知道父親的病竟是嚴重至此。醫生勸丈夫要住院醫治，幾經思考後，決定當晚就辦理住院手續，等一切安排妥當後，攀龍才回住所，晚上再帶衣服及住院要用的物品到醫院來。之後，兄弟兩人每天一回或二回來探望父親，不讓父親在住院時感到寂寞無聊。

到了九月七日已經洗過三次鼻腔後，眼見流膿狀況並未減少，醫生便說次日下午要動手術。

八日，丈夫早餐僅吃了少許麵包，午餐禁食，下午六點護士為他打強心針，做好準備手續後，醫生再次為他清洗鼻腔，然後就躺在手術臺上。接著，把麻醉藥注入鼻孔中，僅呼吸十數下，就感到一陣天旋地轉，不省人事了。丈夫這時突然想道，人之將死、呼吸欲絕之時，那剎那間的苦痛想來跟現在這般情況無異吧。等丈夫再次醒來時已是晚上九點，恍如大夢初醒，又像暈船又像酒醉，繼則嘔吐。因為兩餐未吃，腹中已無物可吐，所吐皆是手術後鼻孔流入胃中的血，共吐了三、四次，都是色黑而味腥。九日終日臥床不能起來，晚上醫生來洗鼻，洗出之水已無膿，也沒有臭味，身體也不再忽冷忽熱。十日已可起床片刻，十一日喉中之痰咳出已不見帶血，十二日醫生囑咐不妨到戶外散步，預定十四日就可辦理出院手續。

沒想到十三日晚上，丈夫睡至半夜時，忽覺不能呼吸而由夢中驚醒。他感覺咽喉有異物，趕緊起床將異物吐出，一看都是血，而且源源不絕而來，才知道是由鼻子流出的。他急按電鈴叫來護士，護士用冰塊先冰敷著，他只能仰躺不敢動，所有流出的血也只能往肚子吞。從半夜兩點多，一直流到四點多才止血。原定十四日出院，不得不延期。十五日精神略好，但頭尚感眩暈。十六日精神已恢復，便與醫生商量何時可以出院，醫生說明日洗鼻如無出血便可出院，幸好十七日上午終於如願出院。

丈夫和兒子們的來信或電報，總是報平安，說一切安好，請勿掛念。楊水心從來不知道丈夫在歐美旅行途中，竟然還生了這麼一場大病，她還是看到丈夫的〈病中記事〉時才知道。鼻腔化膿竟然需要動手術才得以痊癒，期間痛苦實在難以想像。想到丈夫動手術時，所產生瀕臨死亡之境的苦痛，讓她感同身受，心就像針扎一樣地疼痛。兩人結縭已有三十多年，彼此情感深厚，丈夫生病時，自己卻毫無所知，更別說是隨侍在側，想到此處，楊水心不禁潸然淚下。當時陳榕紉正好來找楊水心，看到她傷心流淚的樣子，深表同情，並不斷開解安慰，過了許久，楊水心才想到這已經是過去的事了，丈夫早已痊癒，被牽動的情緒才得以平復。

也因此，當楊水心獲知丈夫生病在東京休養的消息，不管丈夫或兒女一再表示一切平安，不希望她遠渡重洋去東京，她還是堅持己意，覺得自己必須親眼見到丈夫安好，才能全然放心。

## 東京遊，增見聞

抵達東京住所之後，楊水心隨即請人代寫書信寄往臺灣，向親友報平安。接著數日，除了接待旅居東京的親友探訪外，她大都留在住所休息，和丈夫、兒女聊著彼此的近況與家中事務，閒暇便到住所附近散步。等到消解了旅途疲倦，恢復精神氣力後，而且丈夫的身體似乎並無大礙，她才將煩惱拋到九霄雲外，有閒情逸致在兒女的陪同下展開精采的東京之旅。

五年前東京發生了關東大地震，市區有近六成的房屋被燒毀，景況悽慘，災後進行了大規模的重建。雖然此時還有些建築工程仍在進行，但大部分建築都已經整修或重建完成，到處生氣勃勃、欣欣向榮，城市面貌煥然一新。一行人首先到銀座，這裡有櫛比鱗次的商店、寬廣的馬路、整潔的街道，都令人印象深刻。他們先到天賞堂換手錶，看到很多的進口手錶、留聲機、唱片以及各種貴重金屬品，樣式都是臺灣少見或未見的。所以旅居東京期間，楊水心曾多次來到天賞堂，觀賞這些新奇之物。接著去三越百貨購物，琦瓏滿目、種類繁多的物品令人目不暇給，還專門的導購人員介紹與服務，整體環境十分舒適；逛累了，可以到各式食堂歇歇腳，或吃個正餐，或享用各地特色點心。這樣的百貨商店是當時臺灣沒有的，楊水心非常喜歡這樣的購物環境，因此百貨商店也成了她最愛的去處之一。東京的各家百貨商店，如三越、松坂屋、丸善、白木屋、松屋等，在旅居東京時她全都逛遍了，甚至一去再去，充分享受逛街、購物及享用美食的樂趣。

期間她特地與兒女一起到東京大田區東部的大森，拜訪次媳愛子的父母藤井夫婦，受到殷勤招待。接著到神田神保町，去逛書店買書，後來又去新宿、日比谷公園、淺草、橫濱等地觀光，還有到帝國飯店飲茶、欣賞跳舞，去上野公園看博覽會，到國技館賞菊花等等，沐浴在自然風光中，看到現代化的西洋建築及傳統日式建築之美，深刻體會日本的風俗民情，領略日本傳統和現代文化的精神。另外，看電影一直是楊水心平時在臺灣就很喜歡的休閒活動，不管是日本電影或是西洋電影，她都非常喜歡，因為電影劇情時常呈現人生百態、各種悲歡離合的故事，也可以看到各種新奇有趣的事物，以及世界各地的風光。東京所上映的電影，比臺灣上映的更新、更快速，因此她在東京期間時常到電影院去看日本和西洋電影，也會到劇場去欣賞戲劇表演，這些都令她印象深刻。除了欣賞美的事物，美食是少不了的，不論是西洋料理、中式料理或日式料理，她都非常喜愛，每天都過得很滿足。九月初，丈夫到慶應義塾大學接受西野忠次郎博士的診察，結果沒有什麼嚴重疾病，只需服藥即可，也能去泡溫泉休養了。楊水心聽到後，就更加安心了。到十月八日，她才搭乘蓬萊丸離開神戶港，返回臺灣，結束她人生中的第一次東京之旅。

楊水心在臺灣時，日常生活範圍主要是以霧峰上、下厝為主，有時會與家人、朋友結伴或自行到臺中逛街購物、用餐、看電影、看畫展、拜訪親友，也會回彰化娘家探親。這次的東京之旅，楊水心的行程非常豐富，包括逛街購物、遊覽名勝、拜訪親友、參觀博覽會與美術展覽、看電影與戲劇表演，以及品嘗各式美食。俗語說：「行萬里路，勝讀萬卷書。」透過豐富、有深度的旅遊，使得楊水心對東京有了更深層的認識與感受，也隨著接觸新事物，擴大了視野，增長了見識，日後才有能力與信心參與「霧峰一新會」的社團及活動，並為日後的公開講演活動奠定良好基礎。

## 具學識，獻己力

楊水心一八八二年出生於彰化的仕紳家族，是楊晏然的長女。楊晏然不認為女子無才便是德，反而認為女子會讀書、寫字也是重要的才能，所以早年楊水心與弟妹們都接受過私塾教育，同時她也跟著母親學習如何持家。一八九八年，楊水心十七歲，與長自己一歲的霧峰望族林文欽長子林獻堂結婚，之後陸續生育攀龍、猶龍、關關及雲龍，膝下共有三子一女。

林獻堂自從一八九九年父親在香港病逝後，就接掌了家中事業，並在一九〇一年擔任霧峰區區長，一九一一年為臺中廳參事，一九二一年任臺灣總督府評議員，同年並與蔣渭水等人組織文化協會，被選為總理，因此公私事務非常繁忙。林獻堂交友廣闊，家中經常賓客盈門，留客用餐成了例行之事，楊水心平時要主持中饋，應付川流不息的客人，以及幫助丈夫招待各界友人，雖然辛勞，卻從來沒有怨言。如果有人來乞援告貸，適逢丈夫外出或在家卻未暇應接時，她都會一一妥為安排，不使失望而歸。甚至丈夫偶爾疏忽的人情世故，她也會在丈夫背後代為補正，真可謂是林獻堂的賢內助。於是，一九二一年在祖母羅太夫人過世後，楊水心即成為霧峰林家頂厝的中心人物。

楊水心雖然生長於舊式家庭，沒有接受過現代化西式教育，但個性相當積極進取，丈夫又是臺灣文化協會的領導人物，因此對於臺灣文化協會舉辦的各種活動，也是積極參與。例如，她曾參加臺灣文化協會在霧峰林家萊園舉辦的「夏季學校」，因為有積極推動白話字運動不遺餘力的蔡培火，在蔡培火的教導下，她開始學習用羅馬字母來書寫閩南語，達到「我手寫我口」的寫作方式，可以順暢地使用白話字來寫日記。另外，在日常或出外旅行時，也會利用閒暇時間透過

1932 年會員、幹部一起展示會旗的合照。一新會會旗為「藍地三角形中一赤心」第一排自左而右為林陸龍妻、林其華妻、林吳帖、楊水心、楊桂鶯（林春懷妻）、呂裕（林其賢妻）、吳綉花（李崑玉妻），中排立者左一為林其華、左四為林瑞騰、左五為林獻堂、左六為林攀龍、左十為林其賢，後立中央最高者為林猶龍，其前為莊太岳，左上角為林水來醫生（當日未到）。

《國語讀本》來學習日文。當然，平常讀書報、雜誌、聽演講、看電影及戲劇表演等也不可少，對於增進自己的學識及吸收新文化都很有裨益。

一九三二年三月十九日楊水心長子林攀龍創立了「霧峰一新會」，目的在於「促進霧峰庄內之文化而廣布清新之氣於外，使漸及自治之精神，以期許新臺灣文化之建設」，共設有八部，並有會歌、會旗及會印。一新會經手的活動形形色色，有文化活動，也有體育活動，其特色是所有開支都由林家負責，也以林家的人為主體，而其活動及會員則包括鄰近村庄的識字或不識字的男女村民，從活動中保存漢文化及吸收新知識，尤其訓

一新會義賣會紀念照。

練婦女演講，「日曜講座」的演講題有一半是女性議題，可謂走在全臺前鋒。

楊水心除擔任顧問一職，也積極參與一新會所辦的各項事務，例如委員會、定期總會、一新義塾的活動、歡迎會、義賣會、婦女親睦會、電影放映會、夏季講習會、運動會等。尤其是每週定期舉行的「日曜講座」，她不只當聽眾以獲取新知，也擔任過多次的主講者，發表自己的感想，她的旅行經驗也成為與眾人分享的講題，如「香港旅行談」、「南部旅行談」、「中國旅行談」等。其中的「南部旅行談」，談的是她到南部關子嶺浴溫泉、參觀警察療養所、參觀孤兒院、鵝鑾鼻、三地門等地的所見所聞及感想，演講時間長達五十五分鐘，是「日曜講座」婦女演講者中時間最長的。另外，她還發表了「婦人與文化」、「男女合作」、「婦人之責任」、「機會」、「最近的感想」、「感情與理智」、「中西所處的地位」、「事當慎始」等論說性的演題，也參加「霧峰一新會」的巡迴演講會，至吳厝、坑口等地發表演說。

因此可見楊水心不似一般閨閣女子，她的個性獨立堅忍，幼承家學，也利用閱讀、旅遊等方式充實自我，加上婚後受到丈夫的支持和鼓勵，逐漸步出私領域，積極參與社團及各種活動，在公共領域中展現風華。

上述內容所根據的材料以一九二八年的《楊水心女士日記》為主，再輔以一九三〇年、一九三四年及一九四二年《楊水心女士日記》，還有《林獻堂環球遊記》的部分記事。本文先是描寫楊水心執意前往東京探視丈夫林獻堂的前後經過，再敘述楊水心從《臺灣民報》的報導得知林獻堂旅歐期間曾經病倒，從而更加堅定前往東京的決心。透過楊水心女士的日記，不僅可以看出林獻堂夫妻之間的深刻感情，也在精采的東京之旅中，獲得那個時代的一些真實生活場景，更從楊水心身上看到一個婚前婚後都生活在仕紳家庭的臺灣女人，如何展現傳統婦女少見的行動力、積極性及獨立性，一旦給她機會，就能在家庭生活之外貢獻一己之力。由於篇幅所限，無法全面呈現日記內容，只能擇要概述，有興趣的讀者，可以自行閱讀日記全文，來體驗楊水心豐富精采的人生。

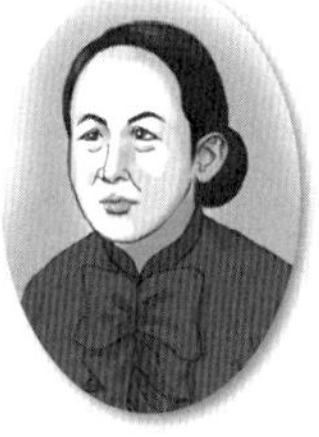

# 楊水心日記【一九二八年六月二十九日】

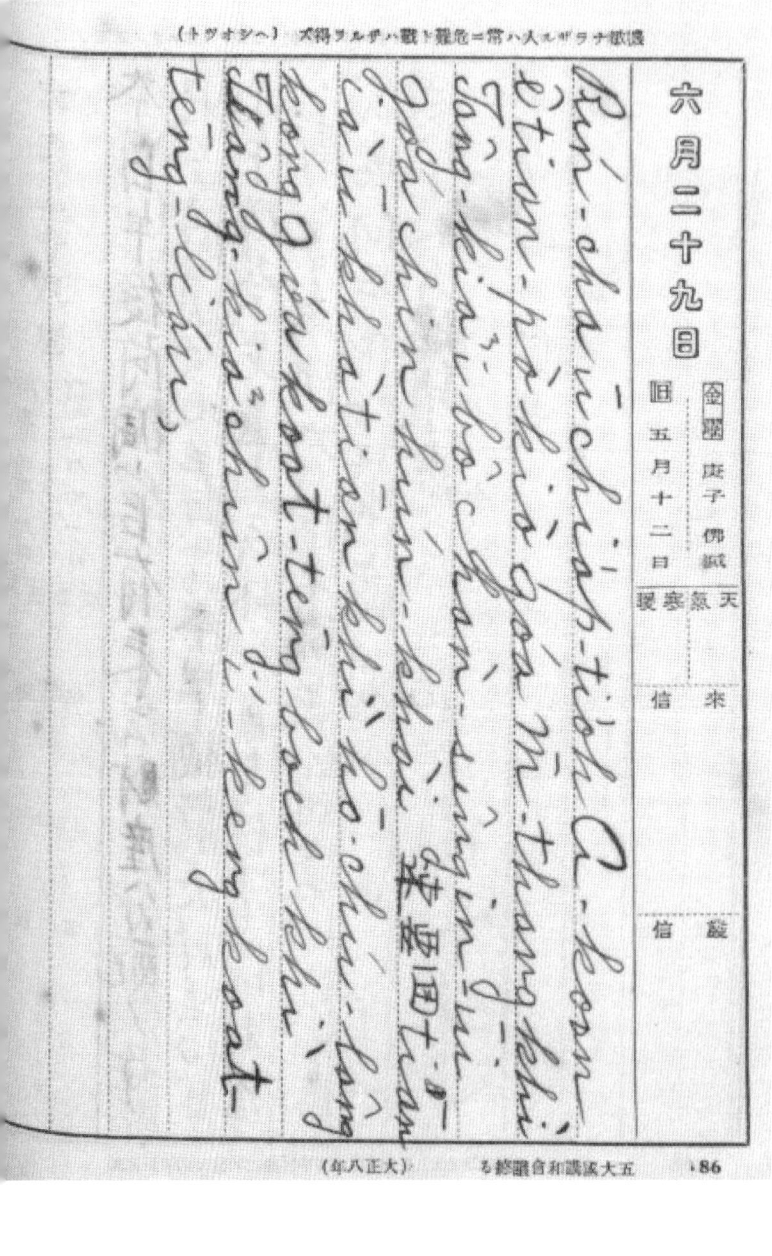

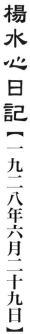

本早有接著阿關的電報叫我不可去東京，伊無贊成，因為我真憤慨速要回電，亦有打電去與主人講，我決定欲去東京，船已經決定了。（按：本篇日記以白話字〈以羅馬拼音寫閩南語〉記述內容）

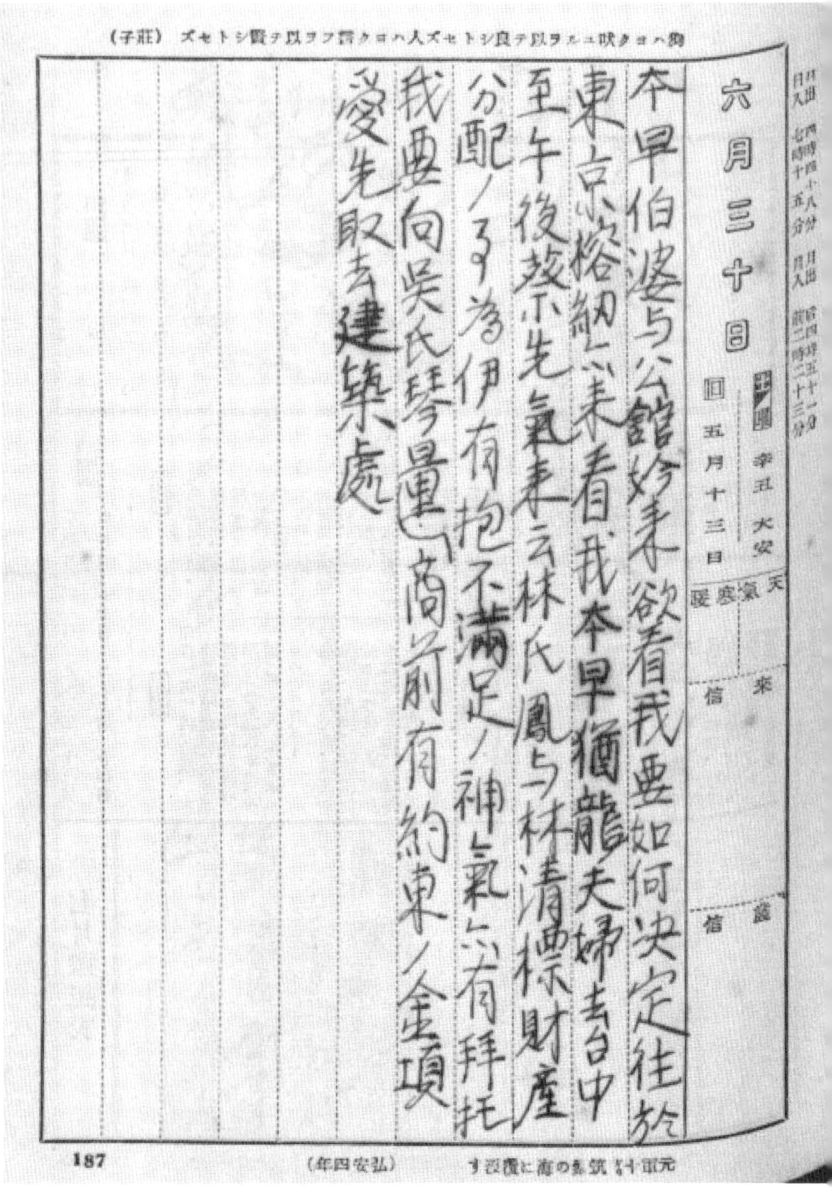

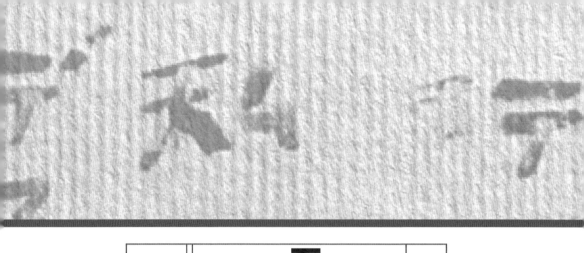

第八章

# 一位臺東卑南族人Kelasay的戰地見聞

陳柏綜——著

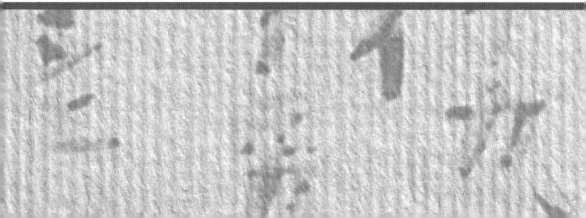

臺東卑南族人 Kelasay 和四百多名臺灣各族原住民青年，被捲入殖民者為遂擴張領土野心而發動的「聖戰」戰火之中，在昭和十九年七月遠赴南方戰場，深入摩洛泰島（Morotai Island）叢林，與登島反攻的美軍展開游擊戰，見證了二戰最激烈的時刻。最後他們或生或死，而倖存者餘生始終未能忘卻這場不屬於自己的戰爭。

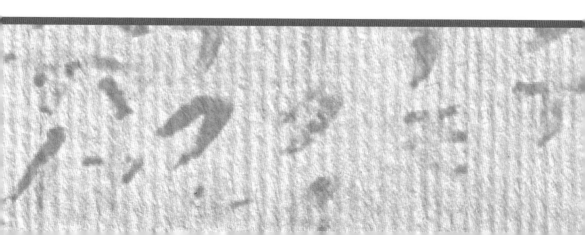

大正十年（一九二一年），卑南族人 Kelasay 出生在中央山脈東南山腳下，呂家溪北側的呂嘉社一〇八番地。呂嘉社之名，據說是在該社形成之初，族人以種植小芋頭維生，而芋頭葉子的形狀像頂帽子，用卑南族語來說就是 Likavung，因此成為日後的部落名。

卑南族為母系社會，以男性入贅女方家為原則，但在生活中，女性並未擔負什麼特別的責任，多半還是由男人來承當。當初 Kelasay 的 ama（父親，卑南族語）以拒絕承認 ina（母親，卑南族語）肚中胎兒非他所有為由，解除雙方婚姻關係後離家，其母於是另再招贅重組家庭。不過這麼做，並沒有讓他們的生活環境有任何改善。面對異常清苦的生活，少年 Kelasay 力爭上游，為自己創造出更多的可能性，這一點從他的學業成績就可充分看出來。

## 超脫殖民教育之框

日本領臺後，原住民的教育雖然與漢人同步展開，但在執行面上卻採取了不同方式，並反映在教育機構的差異上。從明治二十九年（一八九六年）到明治三十一年（一八九八年）間，臺灣總督府在全島設立了十六間國語傳習所和三十六間分教場，後者有四間位於恆春及 Kelasay 所在的臺東地區，是專為原住民學童而設。但在明治三十一年八月，總督府另行頒布〈臺灣公立公學校規則〉、〈臺灣公立公學校官制〉與〈公學校令〉等法令後，很快就將漢人的教育機構以公學校取代原本的國語傳習所及分教場，而原住民的教育單位則因未達設置公學校標準而維持原樣，僅將部分的分教場升格為國語傳習所。到該年為止，全島共設置了十三間原住民的傳習所和分教場。

明治三十八年（一九〇五年），總督府開始針對原住民的初等教育機關進行調整。以臺東、花蓮港廳等地區為中心設立了蕃人公學校，收容阿美、排灣族為主的原住民兒童；其他區域則有設於各警察官吏駐在所或派出所的蕃童教育所。然而，不管是蕃人公學校或蕃童教育所，原住民的教育機構仍和漢人區隔開來，實質內容也有差異。例如，原住民學校不是任用專業教師來教學，在

角板山蕃童教育所。

整個殖民統治期間，一直都是由警察任教；修業年限為四年制，跟漢人公學校的六年制不同，科目也比公學校少。此外，原住民學校更強調實用性教育，在蕃童教育所除了重視日常對話之外，教學內容絕大部分都是農耕、伐木等，其教育理念認為讓原住民學生日後能夠當個在地的好農夫或好工匠，就是教育成功了。

也就是說，統治者雖然一再強調原住民教育必須配合原住民的需求，而且實際進行了所謂的蕃地調查，也有心蒐集關於不同族群的習俗和生活方式的資料，卻看不出來這些資料被用來落實在教育規劃上。教育者和統治者都主張，原住民教育的重點，不是急於灌輸他們高度的文明智識，而是從生活出發，施行和實際生活有關的教育，讓他們成為順良的農民才是「生蕃化育」的真正意義。

昭和五年（一九三〇年）霧社事件後，原住民教育的內容、脈絡與目標再行更張。一個重要的趨勢是逐漸朝向昭和十一年（一九三六年）底開始，由統治當局提倡的國民精神總動員階段。這個階段政策的重點，在於「確立對時局的認識，強化國民意識」，欲藉由通過各種思想宣傳及精神動員，致力消弭臺灣人的祖國觀念，灌輸皇民思想；在原住民的策略方面，亦轉向強調精神上的轉化，同時加強國語（在此指的是日語）教育，並組織青年團進行集體訓練。殖民者此時對於原住民的期待已不僅是成為「順良的農民」，更要使他們成為「保國的戰士」，因而才有後來為配合戰事所需，陸續編組的高砂挺身報國隊、高砂義勇隊，以及高砂族陸軍特別志願兵等組織。

殖民當局對於原住民的形象與行動有一套塑造和支配的理念，目的就是讓他們被約束在殖民者設立的框架中，上升管道受到重重限制。即便如此，卑南族人 Kelasay 仍舊憑藉在校時的優秀表現脫穎而出。昭和十六年（一九四一年）三月，Kelasay 從臺東農林國民學校（今國立臺東專科學校前身）農林科畢業，由於在校成績優異，深受師長肯定，黑瀉美彥校長甚至推薦他參加教員檢定考試，替他開啟另一條人生道路。

當時臺灣教員檢定考試包括修身、教育、國語及漢文等考試科目，題型為四到六題的申論題。以問答申論方式出題，對於殖民地出身的應試者來說，除了既有的知識底蘊外，首先要克服語言方面的問題，更必須具備論述、比較及綜合概念的能力，因此能通過檢定考試者通常在智識程度上都具有一定水準。再加上有名額限定，從大正十一年（一九二二年）至昭和十五年（一九四〇年）間，公學校合格教師與代用教師的族群比例可以發現，日本人約占百分之四十五，漢人占百分之五十四點九，而原住民則不到百分之〇點〇三，原住民要在公學校任教只有極少數人可以做到。

面對先天環境不良，欠缺贏在起跑點的競爭條件，呂嘉社的卑南族少年 Kelasay 卻能在機會來臨時充分把握，突破加諸在自己身上的內外在限制。不但從農林學校順利畢業，現在更進一步通過教員檢定，以原住民身分取得教師資格，可見他確實下足了工夫。

怒為紅顏

通過教員檢定考試的 Kelasay，隨後前往臺南師範學校（現在的國立臺南大學）進行教學實習，踏出成為正式教員的第一步。但就在這一年，昭和十六年十二月八日，日本政府未經宣戰，即出動艦隊、航空隊突襲珍珠港的美國海軍太平洋艦隊總部，發動所謂的「大東亞聖戰」，將戰火擴張到廣大的太平洋地帶。但在此之前，從昭和十二年（一九三七年）七月七日日本陸軍在中國河北省宛平縣製造盧溝橋事變，對中國發起全面性戰爭開始，臺灣人陸續以軍夫、軍農夫、通譯等身分，被殖民當局與軍方動員前往中國的華中、華南戰地支援戰事。殖民地臺灣，正一步步被日本帶向通往世界大戰的路上。

十二月八日清晨，Kelasay 從收音機上聽到日本大本營發表：「日本帝國海軍在本月八日黎明，於西太平洋對英美之戰鬥狀態，決定日本命運的大東亞戰爭開始了。」類似的訊息不斷重播，原本的生活自此發生劇變。由於時局動盪，Kelasay 在南師的實習課程被迫終止，他回到故鄉臺東的利家國民學校，展開為期三年的教學生涯。

回到家鄉任教期間，Kelasay 和同校的日籍女教師相戀，進而動了結婚的念頭。不過在那個時代，異族之間的戀情充滿了許多不確定性。

日本自明治二十八年（一八九五年）領有臺灣後，日臺之間就存在著支配與被支配的關係，隨著時間流逝，雙方漸漸有所交流，甚至出現了通婚情形。第一次大戰後，殖民統治當局為了順應世界潮流與臺灣社會的轉變，開始標榜一視同仁與「內臺融合」等新統治方針，自此，日本人與臺灣人的婚姻正式被承認。另外，在跟原住民通婚方面，日人則著眼於政治考量，配合「蕃地」的統馭策略，鼓勵低階官員或理蕃警察，與頭目家族的原住民女性通婚，進行所謂的「和蕃聯姻」。

不過異族通婚，除了像是臺灣的大家族、大商賈或留學生之外，因為族群、語言、生活方式及習慣的隔閡，鮮少日本女性願意嫁作臺灣媳婦，更何況是受到殖民者甚至漢人歧視為未開化的「生蕃」或「蕃人」的原住民。但是，Kelasay 仍然試著突破阻礙在他們之間的這道種族藩籬，提起勇氣向前跨越。

昭和十八年（一九四三年）暑假，Kelasay 在利家國校菅野太助校長的陪同下，來到女方家中提親。當菅野校長開口提及雙方婚事時，女教師的父親突然勃然大怒，對著坐在菅野校長身旁的 Kelasay 怒斥：「バカヤロ！（混帳東西）你這個蕃人，你想怎麼養活日本女人？休想娶我這個女兒！」遭到突如其來的辱罵，就連前來說媒的菅野校長都抬不起頭來，誰也沒料想到會碰上這麼難堪的場面，只好匆匆結束此趟拜訪。

雙方婚事在對方父親的強力反對下告吹，而女教師在同年八月底就嫁給了一個日本人，並且轉調他校。儘管從求學時期開始，Kelasay 便一心力爭上游，畢業後還難能可貴地取得教員身

日本人當然早就注意到了這個特點。臺灣總督府警察本署在大正七年（一九一八年）出版的《理蕃誌稿卷一》即記載了日本殖民統治之初，負責管理山區住民的撫墾署官員對原住民戰鬥模式的觀察：「（原住民）常在森林、草叢間潛伏，等到有人來到十到十二公尺的短距離時，出其不意狙擊，命中後，再以鈍刀斬首而去。」而身為前臺灣軍司令官的本間雅晴對於原住民的了解，則應來自和原住民交戰多年的臺灣軍累積的經驗。

過往臺灣軍征戰原住民的過程，除見證過他們在山林間攻守自如的能力，有時也會利用反抗部族的敵對者，也就是親日的原住民部落，日人稱作「味方蕃」（みかたばん），讓他們負責帶領平亂的部隊或進行補給任務，因此更有機會實際近距離觀察原住民的戰術和戰法。

在霧社事件的鎮壓行動中，臺灣軍同樣運用了霧社周邊的泰雅族及布農族部落來協助軍隊平亂。當時負責指揮、調度這些「味方蕃」的是臺灣軍參謀服部兵次郎，他給予這些原住民極高的評價，服部指出：「他們的戰鬥法確實是實際而且巧妙。各個戰鬥動作，能夠當作山地戰的一個參考。而且我相信，他們的警戒搜索之類的方法，就是在平地也同樣有可供參考之處。」臺灣軍參謀的見解，明顯表露對原住民優越的戰鬥技巧及戰術的讚賞，這種看法以臺灣軍為中心，開始在軍人間流傳，或許也傳進了在昭和十五年十二月來臺就任臺灣軍司令官的本間雅晴耳裡。

於是，深陷巴丹半島苦戰的本間雅晴司令官，透過臺灣軍向臺灣總督府要求徵調提供軍隊後勤之用的原住民。本間表示：「他們在密林中的旺盛勞動力，作為皇民的信賴性，深入人心，務必讓他們加入聖戰的一翼。」因此，在昭和十七年（一九四二年）三月，臺灣統治當局自全島原住民中選拔了五百人，組成高砂挺身報國隊，投入巴丹半島戰事。

高砂挺身報國隊抵達戰地後，特別重視這批原住民戰士的第十四軍司令官本間雅晴，為隊伍重新命名，改稱高砂義勇隊。名義上高砂義勇隊的任務雖說是負責砍伐森林、輸送物資等後勤作業，但從三月二十日，他們由呂宋島西北的仁牙因灣（Lingayan Gulf）登陸開始，立即接受步槍射擊要領與戰鬥特訓、搬運傷病患者與軍需品等等猛烈的訓練，旋即實際投入第一線戰場，參與巴丹作戰，特別是在馬尼拉灣入口處的

霧社事件中編入西川部隊投入戰鬥的「味方蕃」。

科雷希多島（Corregidor）的英勇樣態，以及在叢林與山間敏捷的活動力，敵前敵後的表現，在在令日軍激賞不已，也引起了日本海軍的注目。所以，臺灣總督府在支援陸軍的同時，同樣應海軍要求，於昭和十七年七月，很快又派遣了第二回高砂義勇隊五百人到前線，從事南方地域的山地戰鬥及設營作業。

就這樣高砂義勇隊前後共組成八回，陸續被送往南方戰地。從昭和十七年到昭和十九年（一九四四年）間，總計約有超過三千八百名高砂義勇隊隊員，被派往日軍在南方占領的廣闊地帶，包括菲律賓群島、新幾內亞東端的布干維爾島（Bougainville Island）、荷蘭地雅（Hollandia，即現今印尼的嘉雅浦拉〔Kota Jayapura〕）、韋瓦克（Wewak）、馬當（Madang）、新不列顛島（New Britain Island）的拉包爾（Rabaul）、婆羅洲、峇里巴板（Balikpapan）等地都留下了高砂義勇隊的戰時足跡。

## 原住民的從軍熱潮？

由於高砂義勇隊的表現大獲好評，接到軍方不斷要求提供原住民戰士的臺灣總督府，認為這是教化成果的絕佳展現機會，立刻回應軍方的期望。於是，在招募高砂義勇隊成員的作業上，開始按照原住民人口分配情況，由各部的理蕃警察召開部落責任會議，在會議中細分各州的分配名額。理蕃警察回到所屬的駐在所後傳達募集要項，物色適當人選，再從全島各蕃社選拔人員派遣出去。

臺灣總督府為配合軍方所需，展開招募高砂義勇隊的行動，除了派出警察來負責選任適合人員外，更提供優渥待遇作為吸引條件。為使原住民青年能積極響應，總督府大力美化宣傳，不斷向原住民傳頌高砂義勇隊在巴丹半島和科雷希多島擊退美軍的彪炳戰績，將他們塑造為戰爭英雄，還有各式的「美談」報導，愛國情操在激情地炒作下達到了高潮。受到統治當局接連不斷的計畫性宣傳，影響所及，在原住民青年之間掀起一股熱烈從軍的浪潮。

原住民青年競相從軍的現象，要歸功於殖民者在塑造戰爭英雄的宣傳策略上大獲成功，使部分青年相信順應國家號召參與作戰，就有機會和這些高砂義勇隊員一樣成為英雄。這樣的宣傳策略，的確抓住了原住民青年想在戰場上實踐傳統尚武精神的心態。

原住民社會普遍存在著尚武風氣，男性透過狩獵及戰鬥的

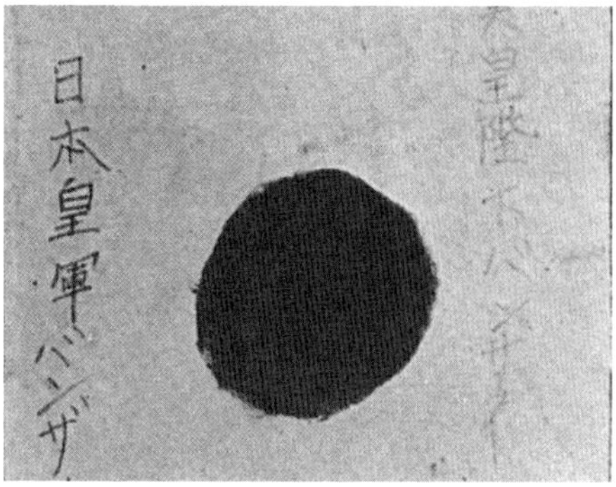


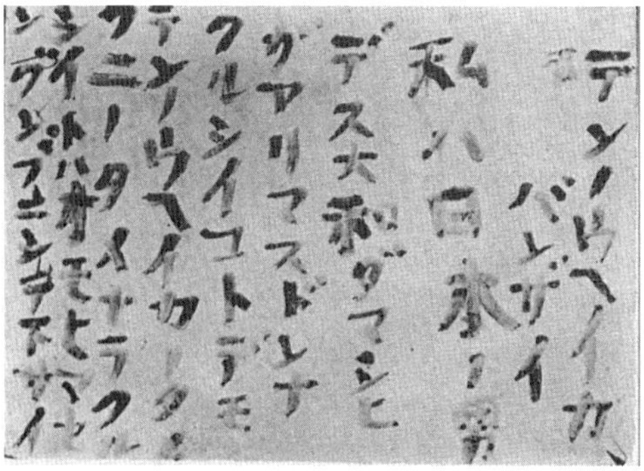

原住民以血染的「日之丸」（日本國旗）與「血書」報名軍夫甄選。

表現，決定是否有資格成為一名勇士，「出草」更是成年男子必須經歷的文化條件，獵取的人頭數也關係到社會地位高低。例如，在泰雅族中獵頭數的多寡，從服裝、紋面與胸上的刺青就能分辨，獵頭數多的人會被視為英雄；相反的，不曾獵首的男性不能紋面，也不被視為成人，在部落中受盡歧視。

到了日本統治時期，日人接連發動軍事行動「討伐」反抗的各原住民部落，並實施許多高壓政策，其中就包括祭出連坐法來遏制部落出草的行為，以及對槍械採取嚴格管控，同時強迫大量的山地原住民遷移至山腳地帶集中管理，令他們在固定的土地上以農耕為業。

殖民者藉著鎮壓及各項施政，將原住民集中管理，試圖壓抑與改變其原有的尚武風俗。後來，因應戰事需求，總督府為了鼓勵原住民加入軍隊，全力放送高砂義勇隊的英勇事蹟，對於原本就尚武的原住民來說，很容易產生共鳴，而參戰或許也是他們長期受壓抑的宣洩出口，更強化他們上戰場的意願。

這些去打仗的人，之所以會被原住民視為英雄，除了受到官方宣傳影響外，主要在於凸顯「勇敢」的特質。許多原住民認為打仗需要勇氣，這和進行狩獵、出草的勇氣相當，是另一種呈顯個人勇氣的途徑。參戰在一定程度上也取代了出草，可以名正言順地使用槍枝戰鬥，殺人獵首，表現個人勇敢、累積社會聲望，滿足自身傳統文化對勇敢特質的期許；此外，為了「國家」在戰場流血抗敵，還能洗刷過去被殖民者汙蔑、壓迫的形象，藉此展現原住民有不落人後的愛國心與實力。Kelasay 就是如此，他希望能趁此機會立下戰功，證明自己的能力不輸任何人，一吐被日籍女教師父親無情否定的不平之氣。

## 高砂族陸軍特別志願兵

日本軍方在戰爭期間對於臺灣原住民的動員，除了高砂義勇隊之外，也以游擊戰要員的正規軍人身分，募集高砂族陸軍特別志願兵。Kelasay 經歷了情傷後，選擇主動前往軍隊應募，成為陸軍特別志願兵的一員。

昭和十八年十月十五日，在「**在戰場要流的血，先在這實習場用汗水替代**」的口號下，包括 Kelasay 在內的五百名高砂族陸軍特別志願兵，集合在新竹湖口的陸軍演習場接受基礎的軍事訓練。全員經過初階的軍事操練後，再由陸軍中野學校出身的軍官接手後續的訓練工作。

陸軍中野學校是負責規劃特殊作戰的單位，包含進行情報工作、反滲透行動、宣

Kelasay 出征時的軍裝照。

（Maluku Islands）支援。Kelasay 隨部隊調動要離開馬尼拉前，來自卑南社的卑南族好友穗積對 Kelasay 說：「不要戰死，祝你武運長久，在臺東見！」大巴六九社的倉田也跟 Kelasay 話別，他說道：「別悲嘆！克服任何艱難，一定要活著回鄉！」彼此雙手緊握互相道別，當時所說的話，在馬尼拉碼頭相送的身影，都讓 Kelasay 久久難忘。萬萬沒料到厄運卻是朝向神田部隊襲來。

美軍在麥克阿瑟指揮下，十月二十二日登陸雷伊泰灣（Leyte Gulf），展開菲律賓戰役。有鑑於美軍逐漸掌握制空權，戰況轉趨劣勢，日軍遂策劃「義號作戰」，以游擊第一中隊神田部隊的部分成員編組為薰空挺隊，十一月底由中重夫中尉指揮四十名隊員，攜帶爆破裝備，在馬尼拉南方的利帕（Lipa）機場搭乘運輸機，飛往三百五十哩外由美軍占領的布拉文（Burauen）機場，打算運用空降奇襲方式破壞停放在機場的戰機與設施，這是一趟一去不回的決死任務。

然而，搭載薰空挺隊的四架運輸機，最後沒有任何一架準確抵達目標布拉文機場。兩架迫降在附近，遭遇少數美軍攻擊，部分人員在戰鬥中死亡，其餘則逃往內陸叢林；一架遭到高射砲擊落，機組員全數陣亡。最後一架因為迷航，未能抵達目標區，迫降後加入附近的日軍地面部隊，義號作戰以全然失敗收場。

Kelasay 後來獲悉神田部隊作戰失利的消息，穗積、倉田都沒有回到臺東，最終是被日本人帶到了東京九段下的靖國神社。

## 防衛摩洛泰島

和神田部隊揮別後，Kelasay 所屬的游擊第二中隊川島隊，在昭和十九年六月二十二日離開馬尼拉，前往摩鹿加群島的主島哈馬黑拉島（Halmahera Island）。

當運輸船行經西里貝斯海（Celebes Sea），來到摩鹿加群島北端的哈馬黑拉海時，船上有人大喊：「空襲！」Kelasay 馬上跟著其他人上到甲板，抬頭便看見蔚藍青空出現了十二架美軍野馬型戰鬥機、閃電型戰鬥機，正和日本海軍的零式戰機展開激烈空戰。為了避免遭到波及，運輸船也在此時航往附近的岩礁躲避，暫時停止航行。

這是 Kelasay 第一次親眼看到交戰場面，而且是日本軍機頻頻遭到擊落、冒著黑煙從高空急速墜入海裡的畫面。「啊！真可惜！真勇敢！」Kelasay 發自內心為那些殞命的飛行員感到痛惜，開始質疑日軍的戰力是否如宣稱的那樣「一對十，百發百中」？比起美軍飛行員優越的飛行技巧及精良裝備，美日雙方的戰力看起來就很懸殊。

七月五日，游擊第二中隊在哈馬黑拉島的加勒拉（Golea）登陸，加入南方軍第二軍的作戰陣容。然後，以原游擊第二中隊的四個小隊為基幹，改編成四個中隊，並任命原來的中隊長川島威伸少佐為隊長，編組成立輝第二游擊隊，全員一共有五百二十四人，其中四百三十四人是出身臺灣的原住民子弟。

才剛剛抵達哈馬黑拉島不久，輝第二游擊隊就接獲新任務，奉令前往摩洛泰島（Morotai Island），和在島上駐防的第三十二師團守田支隊換防。七月十二日，第二游擊隊再度開拔，從幾天前上岸的加勒拉，分乘五艘被稱為十四米特型貨運船的大型發動艇，經過大約十小時的航行後，在摩洛泰島南岸的哥達拉拉摩（Gotalalamo）上陸，日軍在摩洛泰島的守備任務也正式交由輝第二游擊隊負責。

摩洛泰島屬於摩鹿加群

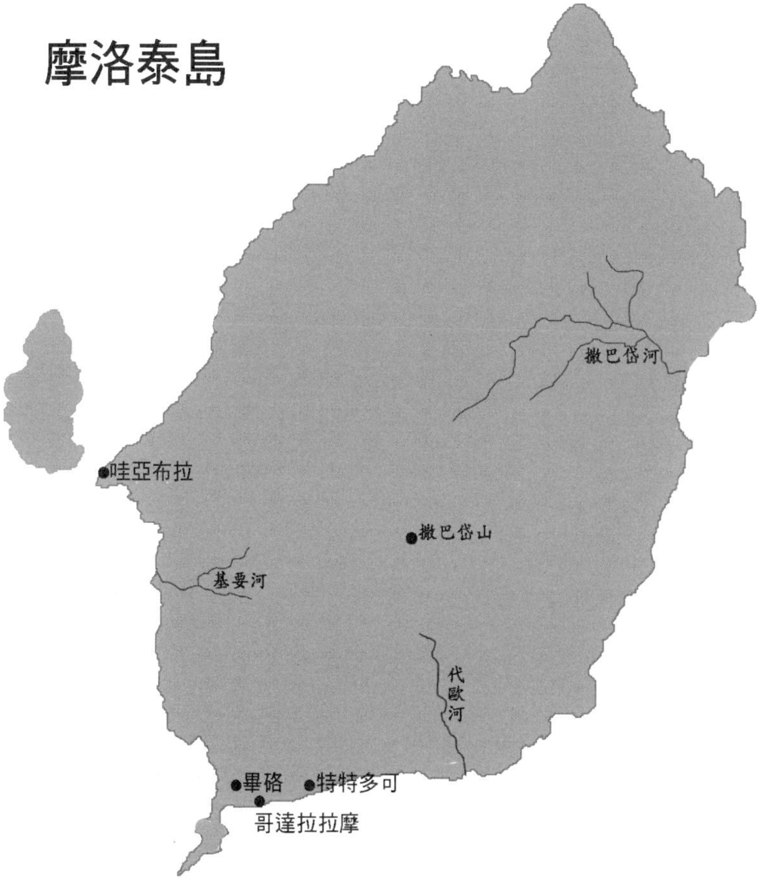

島的一部分，位於哈馬黑拉島以北，面積約一千八百平方公里，南北延伸八十公里，寬不超過四十二公里，是一座地形崎嶇且森林密布的島嶼，在昭和十七年初才被日軍占領。

在摩洛泰島上陸後，Kelasay 編屬的第二中隊立刻投入戰鬥前的準備工作。Kelasay 被指派偵察地形，和第二中隊隊長鳥羽勝典中尉、第一小隊小隊長穎川隆榮少尉、岩田叠軍曹、峰田永一伍長，到海拔六百公尺高的深山設置游擊據點，勘察能存放戰鬥資材的適當場所。

眼前的困難是，因為地勢崎嶇，軍用卡車無法行駛，只能運用人力將原本囤積在海岸椰子樹林裡的糧食、設備、貨物搬運到山區據點。一向被日本人蔑視的「高山蕃」泰雅族、布農族，這時候發揮了日人前所未見的驚人力量。他們利用攜行帳篷綑綁一百公斤的重裝，然後一個人扛起，從山下將物資搬往深山的據點存放，這些粗活對他們來說簡直易如反掌。為了行動方便，他們打著赤腳翻山越嶺、涉水過河，都讓生活在平地的卑南族人 Kelasay 自嘆不如。

## 美軍來攻

昭和十九年八月二十一日，美軍出動百架戰鬥機、轟炸機對設於哈馬黑拉島哇西蕾的第三十二師團司令部進行轟炸，參謀吉田榮治郎大佐等九人當場被炸死，司令部蒙受巨大損失。緊接著，九月十五日上午七點五十八分，在猛烈的艦砲射擊掩護下，美軍分批登陸摩洛泰島。兩天後，在哇亞布拉（Wajaboela）上岸的一個美軍中隊，與輝第二游擊隊第一中隊第一次正面交戰。十八日，第三中隊再向進入特特多可（Totodokoe）的美軍發動進攻，又在基要河（Tilai River）流域與美軍再度交火。為了確保擴張的戰線，美軍陸續占領畢硌（Pitoe）及撒巴岱河（Sabatai River）南岸的撒巴岱村（Sabatai-Toea）一帶。

隨著美軍登陸後雙方戰鬥頻率漸增，失蹤的士兵人數也愈來愈多，包括與 Kelasay 同屬第二中隊的一等兵 Suniuo（當時改日本姓名中村輝夫）。Suniuo 是來自臺東的阿美族人，九月十四日當天，他負責上午四點至五點的站哨勤務，當交接的人前去換哨時卻未發現他的身影，從

向哇麻海岸登陸的美軍。

此人間蒸發。Suniuo 再度被人發現行跡，已是三十一年後的事了。

九月二十一日早晨七點，Kelasay 和加井孝德上等兵（昭和二十年五月二十日戰死）從中隊所在據點走往海岸的小徑上，碰見慌慌張張迎面走來的田中國夫一等兵（昭和十九年十二月二十八日戰死），田中連忙開口對兩人說：「北方出現船隻五艘，其中一艘在海岸靠岸，有二十三名美國兵登陸！」Kelasay 腦海中想起受訓時游擊隊教官的訓示，面對突發事件，即使沒有上級指揮也要能隨時隨地以適當方法進行「處置」。他信心滿滿地對田中表示：「喂，田中，二十三名是沒問題的，我們是以一擋百的強手，我們這幾個就綽綽有餘，中隊不用去，跟我來！」

當三人走到海岸時，發現五艘船此時已經向南遠航，上岸的美軍三三兩兩正往南走，Kelasay 遂與加井、田中三人迂迴繞過美軍的行進路線，提前埋伏在他們必經的岔路口，果不其然，領頭的兩名美軍沒多久就出現在眼前。這兩名美國大兵停下了腳步，似乎在商量該走哪一條路，並等候其他人到來。等到後面的人到齊後，Kelasay 抓緊時間立即擲出手榴彈，接著再投擲第二枚，加井和田中也各丟出一枚手榴彈，以三人之力便把二十三名敵軍全部殲滅。

九月下旬接下來的幾天，輝第二游擊隊持續與敵軍交戰，但是戰況逐漸轉趨劣勢。Kelasay 所屬的第二中隊在九月三十日向美軍駐紮地發動攻勢，交戰過程中，他們發現美軍使用M1加蘭德（Garand）半自動步槍、卡賓槍等火力性能優越的自動化武器，反觀游擊隊的彈藥已用罄，中隊被迫只能往山區撤退。

## 激戰

昭和十九年九月結束前，美軍已收復了摩洛泰島南部的平原地帶，趁著優勢軍力，進一步追蹤日軍各部設於山間的據點。

為了因應美軍的進逼，Kelasay 所屬的第二中隊先將隊上的傷病患移往他處避難，通信隊也移動器材，中隊的每人則分到四枚手榴彈應戰。不久，擔當步哨衛兵的若原一等兵發現美軍蹤跡，趕回中隊本部報告：「敵軍由小徑爬上來了！」此時，由指揮班長塔本一幸准尉率先將手榴彈擲向從小徑來犯的敵軍，當第一枚手榴彈爆炸後，Kelasay 跟著其他游擊隊員也從四面八方擲出手榴彈，將試圖攻入陣地

向二〇高地前進的美軍部隊。

的三十一名美軍悉數消滅。在戰鬥過程中，中隊也出現了兩名犧牲者，當時在貨物集積所擔任警備任務的和田實、深谷登不幸罹難。

這時候，來自哈馬黑拉島的援軍步兵二一一聯隊、二〇〇聯隊，在十月八、九日反登陸摩洛泰島，讓遭受美軍圍困的輝第二游擊隊士氣大振。游擊第四中隊在十五日向在畢硲的美軍發動新一波攻勢，又於二十一日在基要河口交戰；第三中隊則進攻侵入撒巴岱河上游的美軍。

進入十一月後，兩軍戰鬥愈趨激烈。由於美軍計劃把摩洛泰島建設為航空要塞，先後在島嶼上興建了六座機場，不過絕大部分已被輝第二游擊隊組成的突擊隊所破壞，只剩下畢硲和哇麻兩座機場仍可使用。十一月八日，第三十二師團司令部下達全力進攻、奪回哇麻機場的命令，當天Kelasay 發現川島威伸隊長一反常態，神情嚴肅凜然，他身著正裝軍裝、佩帶軍刀，親自站上陣前指揮本部攻擊隊進攻哇麻機場。第三中隊也一起攻向哇麻機場，並分出部分游擊隊成員攻擊進出代歐河（Daeo River）上游的美軍，同時進擊設於二〇高地附近的美軍宿營地。

十一月結束時，形勢更加惡化。在美軍強力猛攻之下，由哈馬黑拉島反登陸增援的日軍步兵二一一聯隊守田義輝支隊長在激戰中陣亡，聯隊被徹底擊潰，脫離戰線撤往山區。

Kelasay 所屬的輝第二游擊隊第二中隊，負責守備島嶼的東部地帶，中隊據點轉移到馬幹，這裡全是沼泥地帶。此階段的主要任務是確保糧食無虞，這段期間游擊隊裡的原住民戰士赤腳跑遍山野，全力收集物資，不管是從西谷椰子樹刮下澱粉、採集野菜或捕獵動物，全仰賴成長於山嶺間的原住民子弟，也幸虧有他們，中隊裡的幹部們才免於餓死，得以維持精神與生命到戰爭結束。

## 終戰

昭和十九年十二月底，美軍增派五百人登島馳援，摩洛泰島的日軍則因為缺乏彈藥和糧食，戰力急速下降，在昭和二十年（一九四五年）一月六日後已經停止與美軍正面交戰。到了一月底時，在哈馬黑拉島的第三十二師團司令部與摩洛泰島之間的無線電通信宣告斷絕；在此時，美軍已經在利用摩洛泰島作為反攻菲律賓及婆羅洲的中繼站了。

輝第二游擊隊在這場戰爭中的最後一波攻勢，是第三中隊在八月二十三日對二〇高地上的美軍發動攻擊行動，自此在摩洛泰島的日軍多遁入山區，多數部隊仍不知道天皇已在八月十五日宣布投降。

到了八月三十日，輝第二游擊隊本部向第二中隊傳達停止作戰的命令，但一直要等到日本軍方派出的搜索隊支隊在九月二日到訪中隊後，Kelasay 才知道原來日本已經戰敗投降的消息。

「啊！原來如此，萬事休矣……」一顆高懸的心終於放下了，但 Kelasay 卻不覺任何喜悅。回想當初自己是怎麼發下豪語的？「當日本兵後一定要立功給你們看！」話言猶在耳，可惜壯志未酬，想要透過立下軍功來證明自己實力的意氣風發，也隨著日本戰敗而徹底消失了。他頓時感到心灰意冷，眼前一片漆黑。

## 都魯巴收容所

昭和二十年九月三日黃昏，輝第二游擊隊各中隊一起行軍至美軍指定的地點——都魯巴收容所前廣場集合。在這裡他們被解除武裝，從山上帶下來的物品，包括一直佩帶在身上的蕃刀也被沒收，每個人全身上下僅剩一條兜襠布。卸下來的東西堆積如山，接著美軍便點火燃燒。Kelasay 看著蕃刀在熊熊烈焰中被燒毀，口中喃喃低語：「蕃刀的守護神，請原諒我！幸虧有祢，我安然存活到現在，永別了，謝謝！再見！」

隨後，輝第二游擊隊成員在戰俘營前的廣場剃頭、刮鬍子、沐浴，洗淨很久沒有好好洗過的身體，再換上美軍提供的軍服，慢慢走入環著兩米高的圍牆，上面架設了通有高壓電鐵絲網的收容所裡，簡直就像當年日本人為了圍堵原住民所使用的高壓電流鐵絲網一樣。收容所的外圍，還有美軍黑人士兵巡邏站崗。

雖然受到嚴密的監控，但是 Kelasay 每餐都能吃到麵包、奶油、起司或咖哩飯，咖啡則裝在大水桶送來給他們，任人喝到高興。由於在收容所適時地補充營養，大部分的人很快就恢復了健康。

## 迢迢歸鄉路

昭和二十年九月，在都魯巴收容所的日軍接獲指示，準備移動到哈馬黑拉島集中，到那裡等候遣返。九月九日，Kelasay 等來自臺灣的原住民乘船離開摩洛泰島，再一次地回到了哈馬黑拉島。

回到哈馬黑拉島，生活用品由本部準備，派卡車運送過來，一一發給從摩洛泰島回來的部隊。當 Kelasay 一行人登島後，因先行抵達的其他部隊已占用比較好的據點，於是他們繼續行軍，約一小時左右走到了滋諾椰河附近的荒地。這裡雖然不適合耕作，但是河水清澈，生活環境還不錯，於是 Kelasay 和戰友們便選擇在河邊紮營安頓下來，留在此處開墾，栽種本部發給他們的地瓜葉苗。

雖然戰爭已經結束，所有人依舊維持著軍隊紀律，例如吃早餐前先整理環境，餐後再分配每個人今天負責的工作，平地原住民擅長漁撈，山地原住民長於狩獵，彼此分工合作。滋諾椰河一帶自然資源豐富，雖然他們仍以地瓜為主食，但偶爾也有野味相佐。晚餐過後，分別由各個原住民族群表演歌舞同歡，有時還舉辦摔角大賽，鼓舞大家的士氣，打發候船的漫長時間。

Kelasay 這群臺灣原住民子弟，在滋諾椰河畔度過了長達七個月自給自足的生活，至昭和二十一年（一九四六年）四月三十日，才被通知前往坎拉哈等候復員船。六月一日，眾人等待已久的復員船終於駛入坎拉哈港，是一艘八千噸的自由輪（Liberty ship）。自由輪是二戰期間在美國大量製造的輪船型號，美國海軍購買了大量的自由輪來替代被德軍潛艇擊沉的商船。而這艘自由輪上已經接運從新幾內亞西部復員的臺灣軍人、軍屬，Kelasay 這時跟著從戰爭倖存下來的輝第二游擊隊原住民戰士們一起登船，終於踏上歸途。

回顧這場戰爭，奉命派駐或支援摩洛泰島的二千四百八十二名日軍中，到戰事結束時，共有一千七百二十七人戰死，其中包括了輝第二游擊隊的一百八十八名原住民子弟。而賭上性命參戰的倖存者，也沒能為他們未來的命運帶來改變，歸鄉之後，面對的是另一個時代來臨。隨著殖民者戰敗離開，Kelasay 當初為了證明自己而從軍的意義已經不存在，他回到故鄉卑南，沉默地度過餘生。

# 摩洛泰島戰記*【一九四四年六月二十二日】

第四航空隊に配属となった遊撃第一中隊の神田部隊と別かれ、私たち遊撃第二中隊の川島部隊は六月二十二日マニラを出発、ハルマヘラのに向かった。神田部隊卑南出身穂積兵長の言葉……。

「散るな岡田兵長、共に武運長久祈って台東でまた逢おう。」

同じく神田部隊太巴六九（今の泰安村）倉田兵長の言葉……。

「嘆くな岡田兵長、如何なる苦難もたへしのび生きて帰ろう。」

しっかりと手に手をとって別かれた神田部隊の戦友たち、あの時あの言葉、マニラの波止場に立ってその影は、どうしたのだ神田部隊？あとでの情報が「神田部隊レイテ島で玉砕」一人も台湾へ帰って来ない、全員消えてしまった。神田部隊は日本靖国神社へ帰った。

【翻譯】

游擊第一中隊神田部隊被配屬第四航空隊，我們游擊第二中隊川島部分跟他們揮別後，於六月二十二日出發離開馬尼拉，前往哈馬黑拉島。神田部隊的穗積兵長（卑南人，現在的南王村）說：「岡田兵長，不要戰死，祝你武運長久，在臺東見！」

神田部隊的倉田兵長（大巴六九人，現在的泰安村）說：「岡田兵長，別悲嘆！克服任何艱難，一定要活著回鄉噢！」

彼此握緊雙手互相道別的神田部隊的戰友，他們當時所說的話，在馬尼拉的碼頭的相送身影後，久久都令人難忘。神田部隊，你們到底怎麼了？

後來有情報傳來，「神田部隊在蕾得島全體同歸一盡。」他們一個都沒回來臺東，全員消失，神田部隊回去靖國神社。

＊本日記文字由家屬提供後重製，非日記原稿影像。中文翻譯授權自：國立臺東大學南島文化中心出版《一位高砂志願兵的摩洛泰島戰記》。

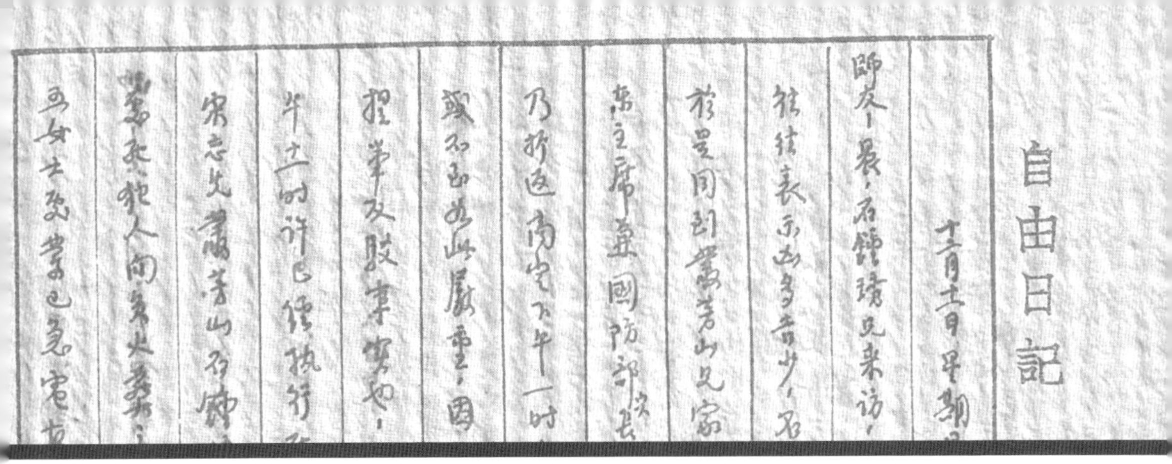


第九章

# 飄洋過海到臺灣

## 外省移民的流離歲月

曾獻緯——著

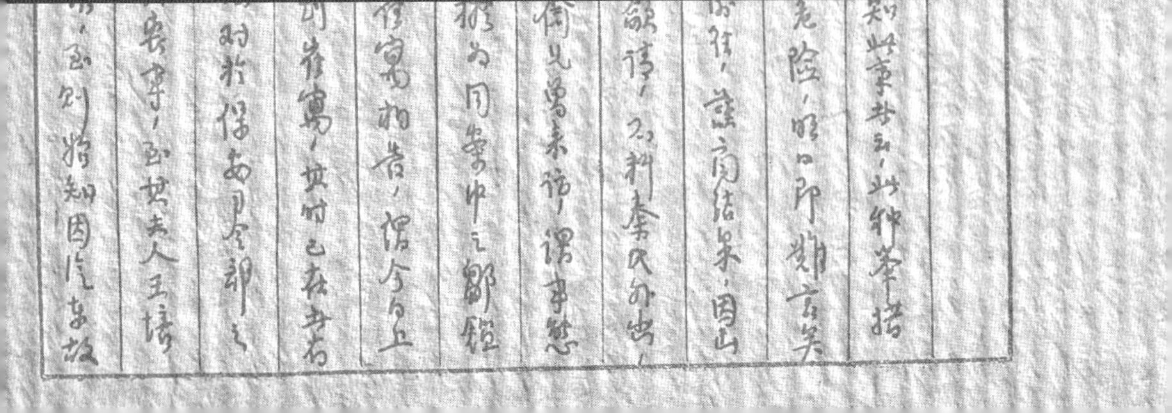

# 自由日記

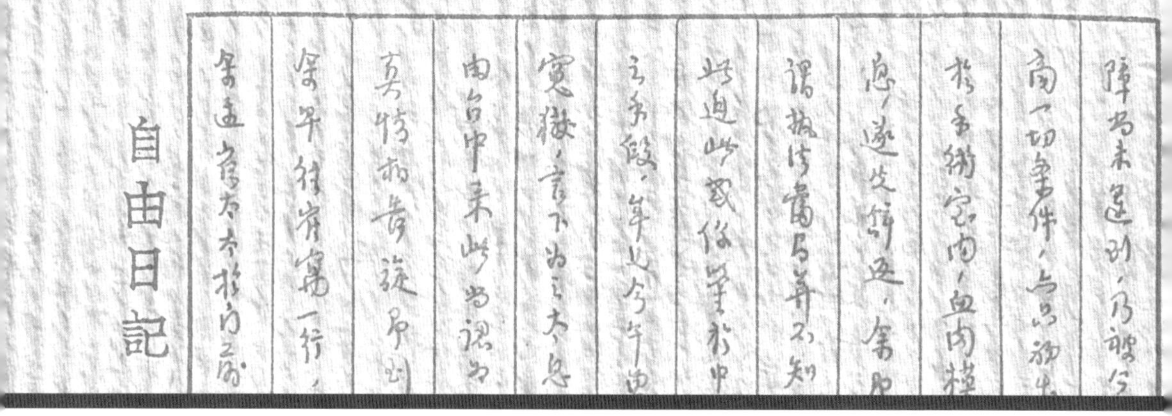

一九四九年，國軍在國共戰爭中節節敗退，大批來自中國各地域的軍民眷屬，為了躲避戰火輾轉遷徙，被迫抉擇去留，各憑本事逃命，最後來到「臺灣」這陌生的島嶼，開啟一段無法預知未來的生活。他們之中有部隊將領、政商名流、知識分子，或公教人員、軍警學生、市井小民。在異鄉生活，心中難免思念故鄉，想要早日回歸故里，殷切期盼有一天能夠反攻大陸，但遲遲未能實現，很多人終生抑鬱氣餒。身在異鄉，也難免遭遇各種困境，幸好「人是故鄉親」，得以仰賴同鄉之間的互助相依，才能在臺灣生活下來。本文透過將軍、國大代表所書寫的日記，得以一窺這些異鄉客的流離歲月。

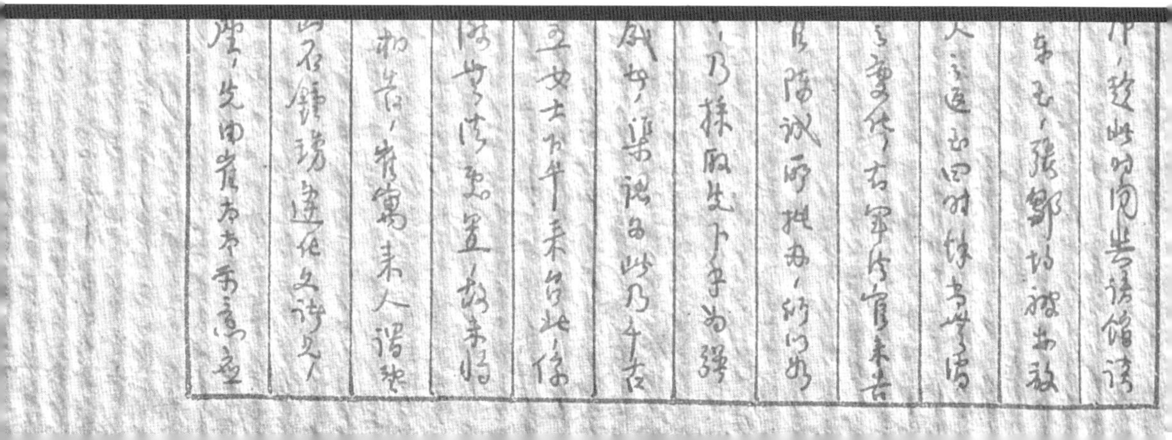

北方黨務工作，二十二年（一九三三年）中央政治學校財政系畢業，留校擔任助教三年。二十五年（一九三六年）前往安徽地方銀行工作，從基層分行副理做起，升遷到副總經理。三十四年（一九四五年）中日戰爭結束，山東省主席何思源有意重建轄內銀行，他前往投效，擔任山東省銀行常務董事兼總經理，找到山東省銀行這個舞臺，讓他一展長才。三十六年（一九四七年）受邀到齊魯公司擔任常務董事兼董事會祕書長，同時參選山東省棲霞區的國民大會代表，名列第二，而為國民大會列席代表。

三十八年（一九四九年）山東省淪陷後，吳墉祥先前往南京、上海等地處理齊魯公司業務，太太德芳與親人也隨後逃難到南方。四月二十八日他獨自搭機前往廣州，辦理公司業務，同時太太與親人逃難湖南。到了廣州後，因時局動盪不安，人事飄泊不定，他獨居於此，親友往來日疏，有時終日不外出，也無訪客。一個月以來，友人來信減少，上海、青島兩地也相繼淪陷，兩地的若干家人與摯友沒有任何消息，生死不明，令人擔憂。

五月時，湖南已進入戰時狀態，吳墉祥掛念仍在湖南的妻子與親人，五月十三日收到德芳來信，信中說她和小孩已到衡陽，正在候車與煙台聯合中學（以下簡稱煙台聯中）的師生一起去桂林。至此，心中大石終於可以放下。二十五日他得知煙台聯中的師生已動身來廣州，大約明日下午可以到達，於是他到廣東車站等了許久後，倒是見到了煙台聯中的學生，卻沒有看到德芳與小孩。與家人失去聯繫，讓吳墉祥憂心忡忡，一連數天，不是忙著向同鄉好友詢問消息，就是跑到車站探詢南下火車的消息，總是出門時滿懷期待，卻是回回失望而歸，讓他更是心急如焚。

直到六月一日，吳墉祥才接到大女兒紹南的信，稱她和母親二十二日到達了衡陽，但未提何日由衡陽動身，內心擔憂未減。十六日接到朋友尹合三發自桂林的電報，得知德芳和小孩經梧州到廣州，一週內就能到達廣州，心中的擔憂稍微減輕。二十二日德芳和子女終於到廣州，她們臉露疲憊地說起這趟路程：搭乘民船，途經梧州，行駛四天多，小輪船人多而雜，非常擁擠不適，而且這段水路照例是各輪船結隊而行，到一些地方要熄燈時，乘客必須躲在輪船底艙以避免岸上的土匪向船開槍射擊。雖然這個路段早已交付買路錢，但土匪有時會不講信用，最好還是謹慎點以防萬一。

全家終於在廣州團聚，吳墉祥夫妻眼看局勢愈來愈差，商量全家日後去處，究竟是要去香港或臺灣，還是回山東？到臺灣的不利因素，是房屋頂費太高，恐無力負擔，臺北沒有十餘兩黃金不行，而臺中、臺南或許費用較低，但如果舉家遷移臺灣，恐怕需要他先到臺灣一趟了解實情。至於赴香港避難，未必需要房屋頂費，月租及日用費用都

吳墉祥

太高，暫居一兩月尚可，時間一長就無力負擔了。然而，回山東青島也有問題，一來不知現在山東淪陷後的具體情況究竟如何，二來戰爭有曠日持久的趨勢，萬一封鎖的話反而更麻煩。於是夫妻兩人愈講愈神傷，舉棋不定，不知如何是好。

七月十日，吳墉祥到愛國酒店探訪同鄉殷君采，詢問他在臺灣的情形，結果得知臺灣各地生活水準不同：臺東生活費用最節省，但交通不便，並且常受到颱風侵擾；臺北生活費最貴，氣候較涼爽，淡水、草山一帶夏季最無暑氣；臺中則生活費用較低，而且氣候條件亦較佳，是最適於居住之地，加上西部城市沿線都有火車，交通極為便利。打聽之後，臺灣算是便利、進步，最合適他們一家人的去處，於是夫妻決定去臺灣。

雖然臺灣實施入境管制，但是對於中央民意代表，如國大代表、立法委員、監察委員等，只要憑出席證或監察證就可自由出入，不用辦理入境手續。吳墉祥請國民代表大會祕書處代為準備眷屬赴臺許可，但他和家人不能一起出發。七月十六日，他乘租汽車赴白雲機場，搭運輸機赴臺。飛機升空後，雲層疏朗，眼前的藍天碧海十分壯觀；一小時後飛越臺灣海峽東行，十二點後就看見臺灣陸地，半小時後降落在松山機場。下飛機後查驗入境證時，他以國大代表出席證代替，登記後通過，當晚夜宿在杭州南路的齊魯公司宿舍。他的妻子與小孩還在廣州，等候到臺灣的船班。

七月二十一日，吳墉祥接到齊魯公司廣東營業所來電，通知他德芳與小孩二十日將搭招商局秋瑾輪來臺。翌日他到基隆港卻撲了空，詢問招商局、櫃臺人員都沒有消息，只知道船昨日已經開出來了，但詳細時間不知道，大約明天可以到達。枯等數日，二十四日秋瑾輪才到達基隆，因為齊魯公司的司機不在，他只能搭公共汽車前往基隆。秋瑾輪停泊在十六號

1949 年大批軍民來到臺灣，一時間居所難覓，學校、醫院、廟宇都成為他們的居所。

1949 年各地部隊撤退抵臺，當時營舍不足，由部隊自行搭建帳篷作為臨時營舍。

碼頭，他僱用擺渡划向輪船，找到德芳和小孩後，由搬運工人搬行李到所僱的汽車上，直接載回臺北，暫時一起住在齊魯公司的單身宿舍。兩個大人加上三個小孩擠在一間單身宿舍裡，但是經歷過顛沛流離，一家人能夠平安團圓，這一點苦根本不算什麼。

吉星文、吳墉祥不同身分及階層的外省人，他們的日記寫下，在兵馬倥傯的時局裡，當他們逃難到臺灣時，除了面對臺灣實施入境管制的限制外，每個人都在找尋一個能夠繼續生存下去的方法。

## 思親懷鄉

外省移民雖然對臺灣的事物感到新奇，但是心裡仍然掛念著故土家園，心中總不時有身處異鄉的愁緒，也期望能早日回到家鄉。當時政府提出「一年準備，兩年反攻，三年掃蕩，五年成功」的口號，點燃了他們的希望。我們從吉星文的日記，看見他懷念故土、家鄉與親人的心情，總以為頂多在臺灣待個幾年，就能回到中國。然而時間一年年過去，眼見歸鄉路迢迢，內心從一開始的滿懷希望、悵然失落到徹底失望。

獨自一人初到異鄉，沒有什麼朋友的外省移民，更容易陷入「思鄉情緒」。民國三十八年（一九四九年）十二月一日，吉星文早上看報時，看到重慶保衛戰正在激烈進行，敵軍已到了江邊。當時他安排老母親及二嫂由香港飛重慶轉萬縣，寄居於胞妹吉貴賢住處，不料重慶淪陷，長江停航，家人是否安然抵達萬縣，完全沒有絲毫消息，讓他終日惴惴不安，也懊悔將老母親和二嫂送到淪陷的重慶，落得如今生死未卜，實在愧為人子！

吉星文身為軍事將領，反共意志高亢，相信總有一天能帶著國軍打回大陸。三十九年（一九五〇年）韓戰爆發，臺海情勢轉變，美國第七艦隊協防臺灣，遏止中共渡海攻臺的企圖。當時臺灣人天天見到噴氣機穿梭來去，又有美國水兵在街上遊蕩，甚至麥克阿瑟還在百忙中來臺討論防衛問題，因而感覺臺灣的安全有保障，沒有人擔心兩邊打起來。吉星文在日記擔憂的寫：「這種心理實在危險（且慢高興，萬勿鬆解）。要知道，臺灣是反侵略的最前線，敵人隨時就可來攻，大戰是終要發生的，希望全臺軍民各盡其力，一切為前線、為戰爭，不能存一點依靠外人的力量，全仗自己的血汗和努力。」

臺灣人未能表現出積極反攻的態度，於是吉星文批評臺灣人自以為有美國第七艦隊巡弋臺灣海峽，共軍就不敢攻臺，可以過著太平安樂的日子。春節

吉星文

時，吉星文到市場逛街，一路上鞭炮不絕於耳，人人穿新裝、油頭粉面地出來玩，一派歲月安好的昇平景象，讓他情不自禁地想起大陸人民還在地獄中生活，兩相對照，不禁為之黯然。

逢年過節倍思親，臺灣的外省家庭內心苦悶，連喜慶的春節都高興不起來。因為他們在老家還有親友，還有從小生長的家鄉。反觀臺灣人，無論多小的市鎮都有供人花天酒地的酒家，有歌舞昇平的戲院、電影院、舞場、茶館，尤其臺北市更是大小汽車滿街跑，一路上都是穿著奇裝異服的青年，哪裡有居安思危、反攻復國的樣子？這讓吉星文感到心寒，他沉痛地想：「大陸同胞何日得救，能不痛心嗎？」部隊下屬谷兆貴來向吉星文報告「情報受訓問題」時，也談到他在新北投所看到的跳舞及小包車的浮華景象。相反的，不少外省移民因為思鄉情切，不得排解，同時因為氣候水土不服、生活苦悶等問題，精神壓力非常大，甚至傳出自殺、精神錯亂等憾事，都讓他悲慟、無奈又氣憤。

但是換個立場來想，在中日戰爭爆發後，臺灣無辜地被捲入戰爭漩渦，已經犧牲了很多人。如果再為了實踐「反共復國」的國策，要求臺灣人再打一場不屬於自己的國共內戰，再次造成生靈塗炭的情況，對臺灣人也不盡公平。

## 同鄉互助

既然在臺灣安家落戶，最後還是要面對現實生活的生存問題。很多人初來乍到，一下子失去了原鄉的親緣網絡，在舉目無親的情況下，只能仰賴同鄉之間彼此照應及扶持。吳墉祥日記中記錄了一個這樣的例子：當摯友張敏之身陷澎湖七一三事件時，他為了營救張敏之四處奔走，也尋求同鄉故舊對張家施以援手。

三十八年（一九四九年）六月二十五日，煙台聯合中學校長張敏之帶領山東流亡學生從廣州來到澎湖；張敏之太太王培五與子女也一起同行。七月十三日，澎湖軍方強制將流亡學生編入部隊，引發師生反抗，導致了所謂的「七一三澎湖事件」。校長張敏之為了維護學生權益而出面交涉，後來有人密報軍方，張敏之被誣指為「匪諜」，身陷囹圄。

張敏之在澎湖遇害的消息傳出後，吳墉祥相當震驚。他和張敏之同為山東人，關係密切，既是先志中學的同學，又一同加入國民黨，抗戰與戰後復原期間多有聯絡。於是，吳墉祥趕緊向在臺的山東同鄉求援，積極拯救張敏之。九月二十二日，他與山東大老崔唯吾、叢芳山等人聚集商討如何營救，決定聯繫山東籍國大代表宋志先、立法委員楊寶琳、國大代表石鍾琇、立法委員王雋英等人，聯名保釋張敏之。

十月二十二日，崔唯吾與保安司令部督察處長陳仙洲商談，陳表示此案情內容複雜，不能立即交保。吳墉祥與同鄉友人仍不放棄，到處打聽羈押張敏之的確切地點，以及營救方法。與此同時，張敏之的太太王培五也從澎湖趕到臺北，但她在臺灣舉目無親，只能四處奔走拜訪先生的同鄉故舊，懇求幫忙救援。二十七日吳墉祥與叢芳山收到張敏之由獄中送出的求救信，拜託二人代為聯絡山東大老救他出去，還提到在馬公時被屈打成招，但到臺北已翻供，也告知羈押地點為保安司令部情報處看守所。

三十日，吳墉祥送鹹魚與鹹菜至保安司令部情報處看守所給張敏之，遭到吳姓衛兵攔阻，衛兵向內部清查冊子，卻查無自馬公來的張敏之。吳墉祥堅持有張敏之這個人，但衛兵態度強硬，表示只能做到如此，無法再查了。吳墉祥只好姿態放軟，低聲拜託衛兵他把食物放在這裡，請衛兵再查明後幫忙轉交，如果真的沒這個人，改天他再來取回。但是衛兵不肯照辦，只能無功而返。看到衛兵態度如此強硬，吳墉祥感到很納悶，難道案情太過嚴重，所以不能讓外界知道嗎？他直覺地認為情勢嚴峻，似乎超乎他原先的想像。

十二月十一日，同鄉石鍾琇急忙來通知一個壞消息，張敏之已轉移看押地點，可能兇多吉少了。那天是星期日，理應不會執行槍決，要擔心的是隔天，於是山東同鄉再次聚集商討營救張敏之的策略，得知山東省主席兼國防次長秦紹文昨天已經由四川來臺時，他們決定一同前往，盡到最後的努力。不料秦紹文外出不在，於是他們商定等到午後秦紹文午睡時間再前往。不幸的是，下午石鍾琇就告知他們噩耗，當天上午十一時張敏之已遭執行死刑，因而立即聯繫張敏之的太太

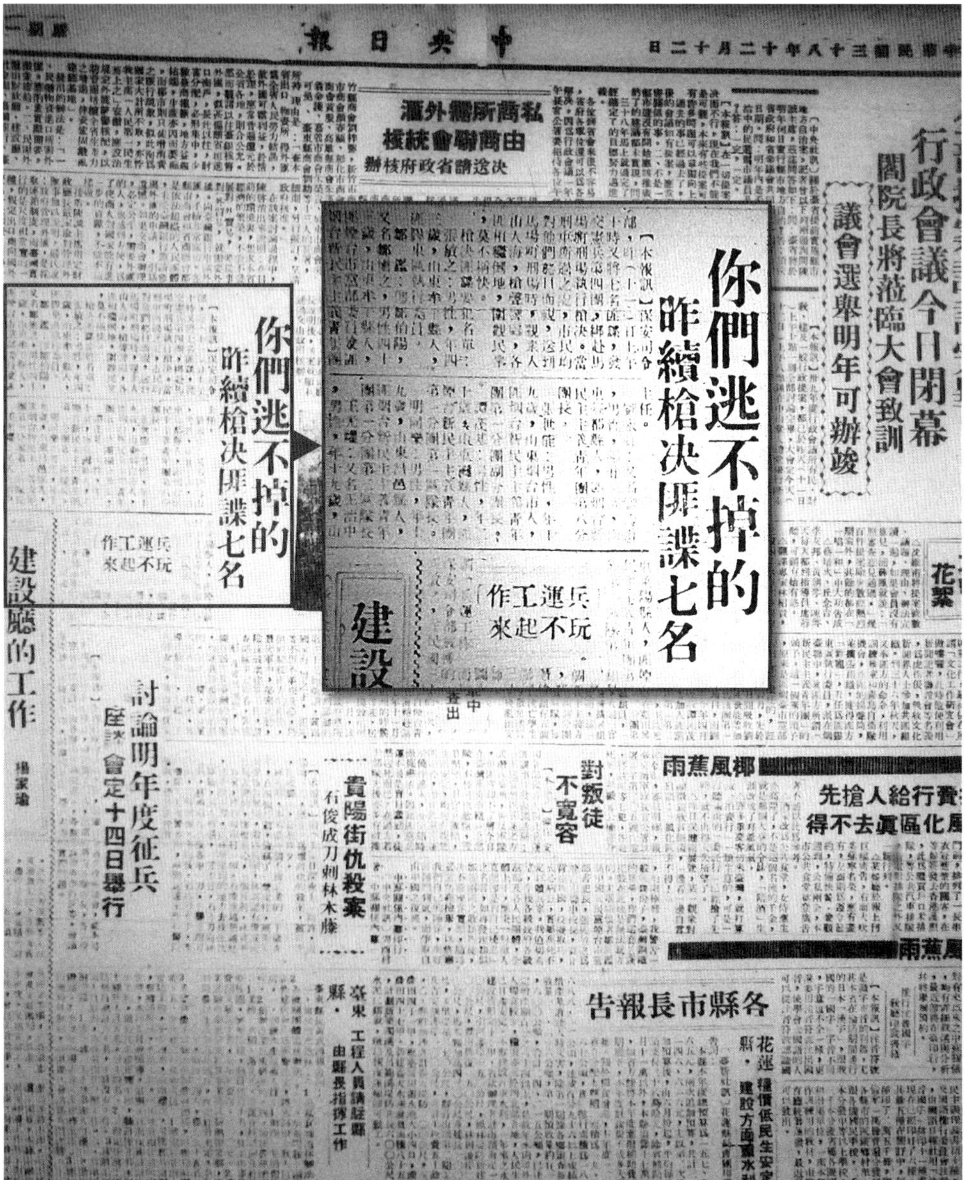

中央日報

行政會議今日閉幕

閻院長將蒞臨大會致訓

議會選舉明年可辦竣

私商所需外匯

你們逃不掉的

昨續槍決匪諜七名

兵運工作

玩不起來

建設廳的工作

討論明年度征兵

座談會定十四日舉行

貴陽街仇殺案

石俊成刀刺林木藤

對叛徒

不寬容

椰風蕉雨

各縣市長報告

《中央日報》刊登張敏之槍決消息。

五月十日，在山東籍立法委員崔唯吾、國大代表張志安的奔走及串聯下，立法院、監察院內山東籍委員及代表們隔天要到國民黨中央黨部提交請願書，向中常會出席委員陳情張敏之冤案的真相，希望能獲得平反。吳墉祥在請願書中就去年十二月十二日《台灣新生報》所刊登的槍決張敏之判決書，一一指出犯罪事實的錯誤之處，並修改請願書中的文字。與此同時，王培五也拜託吳墉祥擔任女兒張磊就讀臺北高級醫事職業學校的保證人，該校規定保證人必須親自到校填表，並當場查驗身分證。吳墉祥應允後，即前往學校填寫保證書。

山東同鄉如火如荼地為張敏之平反，十月五日，崔唯吾轉述日前行政院院長陳誠做施政報告時，曾提及肅清匪諜的工作實況，拘役者六萬人、處刑者三千人，死刑者三千人，其中的錯誤率為萬分之一乃至百分之一。於是，崔氏提出可以就此誤差，質詢政府當局並要求答覆，他還囑咐吳墉祥代為草擬約四五百字的質詢內容。下午崔氏再來時，吳墉祥出示草稿，斟酌修改後，認為言詞沒有太尖銳之處。崔氏回去後，又派人送來立法院信紙，囑咐吳墉祥重新謄寫。

十月二十六日，從崔唯吾那邊得知，擬由立法院提出質詢案的張敏之冤獄一案，經與其他立委討論後，認為此動作未必有正面效果，反而將不利於同案在押、尚未判刑的關係人，以至後來未能提出。

張敏之的平反受限於軍法體制、審判程序及承審人員的內部掣肘，可惜事與願違，一直要等到一九九九年才由「財團法人戒嚴時期不當叛亂暨匪諜審判案件補償基金會」予以補償，算是遲來的平反。

從吳墉祥為救援張敏之四處奔走，到透過同鄉會力量力圖平反張敏之所遭遇的冤屈，過程中可以看到張敏之一家倉皇流離到臺灣後，由於缺親少戚，倘若家中驟然發生巨變，只能依賴同鄉伸出溫暖的雙手，度過難關。

## 餘論

過去我們可能會輕易將外省移民約化為鐵板一塊，若回顧動盪時局下外省移民的生命處境，會發現外省移民是一個多元的群體，不同身分的人擁有不同的逃難經驗，以及不同的境遇。然而，他們有一個共同的問題：不知道要在臺灣待多久？一年、五年？獨在異鄉為異客的迷茫不安，觸發了思親懷鄉的情緒，也因此更對政府「反共復國」的大業充滿期許。然而，人生事難以預料，異鄉終究成了家鄉。在那段艱苦的歲月，還好有同鄉相互照顧，才能撐了下來。也因為不同的歷史經驗，本省與外省群體之間難免有隔閡或發生衝突，但隨著雙方互動與磨合，省籍矛盾情結能夠日漸緩和，彼此尊重不同的歷史經驗。

# 吳墉祥日記*【一九四九年十二月十一日】

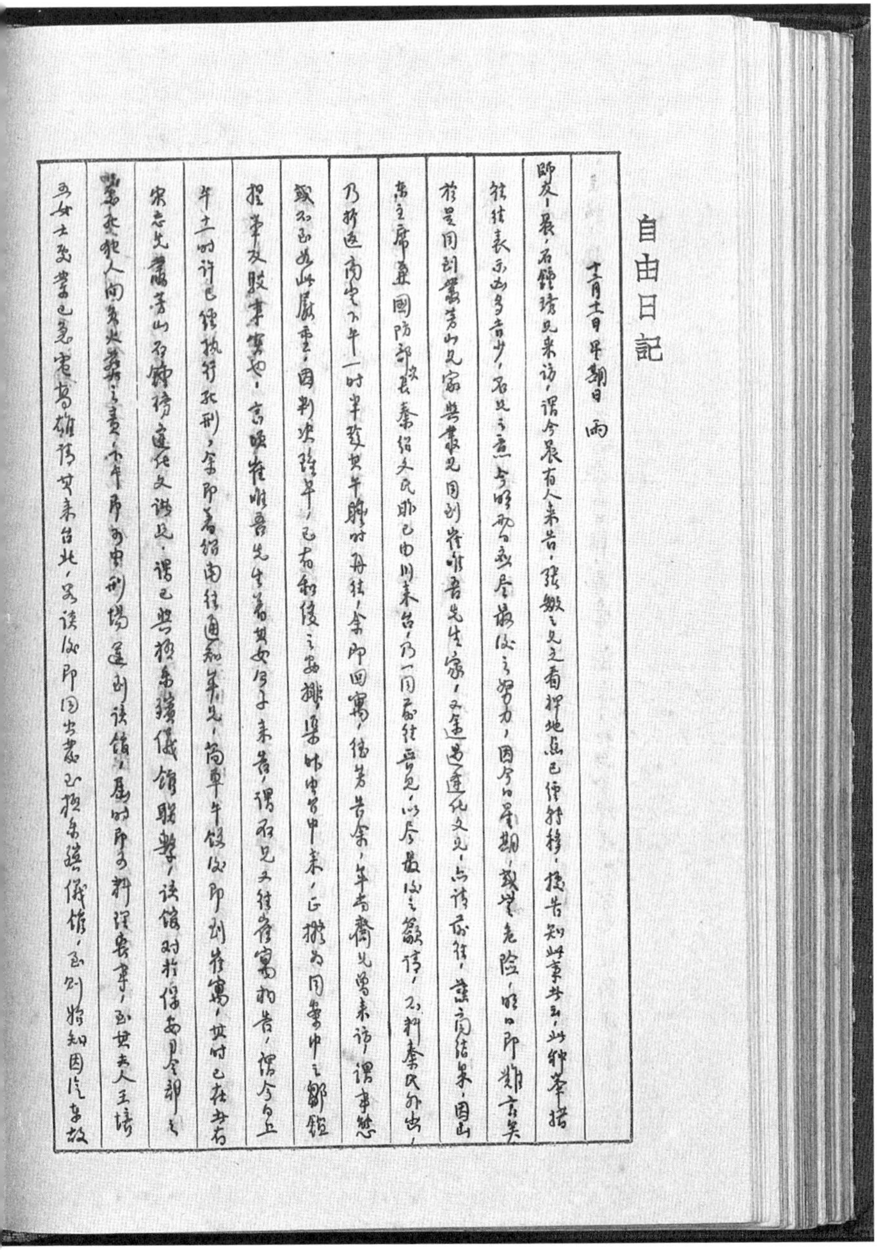

自由日記

十二月十一日 星期日 雨

師友：晨，石鍾琇兄來訪，謂今晨有人來告，張敏之兄之看押地點已經轉移，據告知此事者云，此種舉措往往表示凶多吉少，石兄之意，今晚或明晨應設法營救，因今日星期，難覓危險，明日即難言矣，於是同到叢芳山兄家，與叢兄同到崔唯吾先生家，又余邀逢化文兄，亦請前往，談商結果，因山東主席兼國防部次長秦紹文氏日前已由川來台，乃一同前往晉見，以作最後之籲請，不料秦氏外出，乃折返南寓，下午一時半趁其午膳時再往，余即回寓，俟另告余，午前崔先生曾來訪，謂事態致不至如此嚴重，因判決確早，已有私信之安排，渠將由中央中來，正擬為同案中之鄒鑑捏造反駁事實也，言畢崔唯吾先生偕其女公子來告，謂秦兄又往崔寓相告，謂今日上午十一時許已經執行死刑，余即偕紹南往通知宋兄，高卓午飯後即到崔寓，其時已在者有宋志先、叢芳山、石鍾琇、逢化文諸兄，謂已與殯儀館聯繫，該館對於保安司令部之處理他人向為此等之責，下午即可由刑場運到該館，屆時即可料理喪事，至其夫人王培五女士處則已急電高雄，請其來台北，余談後即回寓，已換衣赴殯儀館，至則將知因汽車故

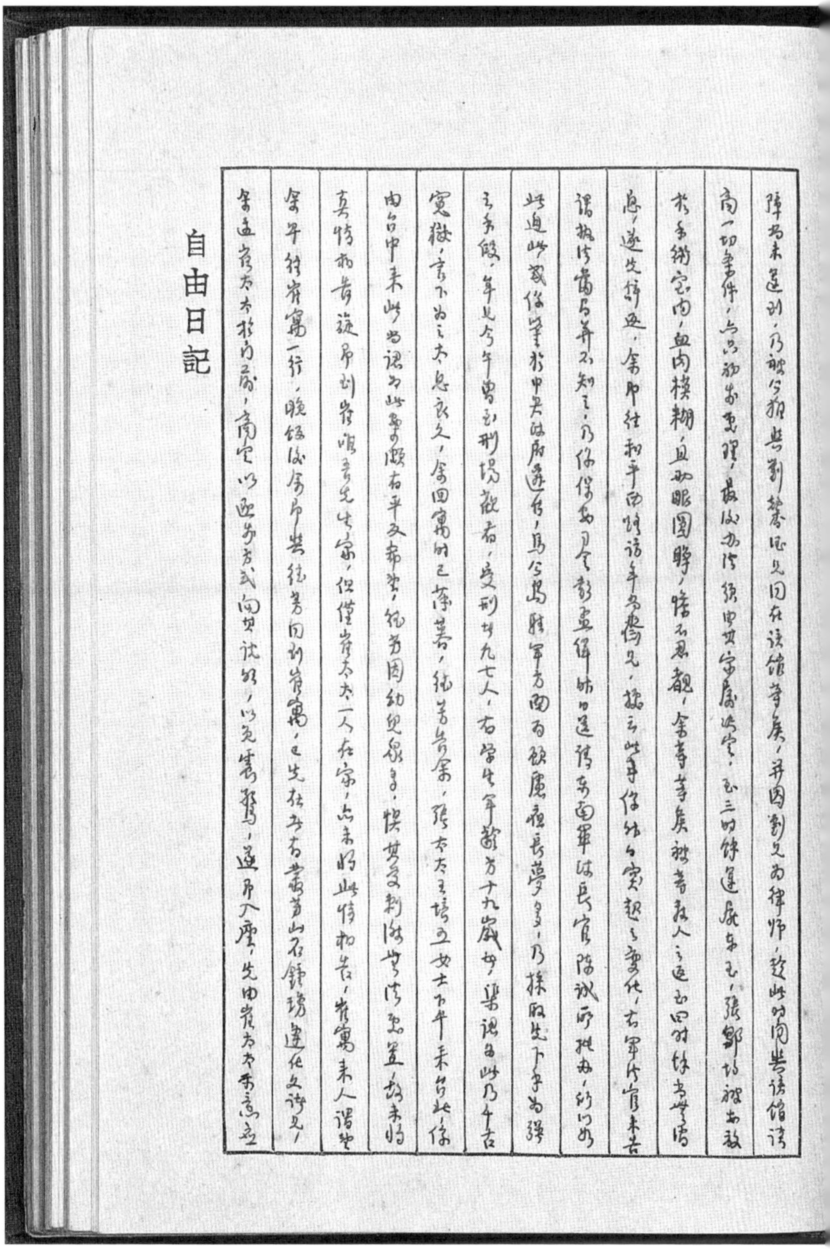


*本日記文字可參考吳墉祥原著、馬國安主編，《吳墉祥戰後日記（一九四九）》，頁三一四—三一六。

# 附錄

## 歷史寫作與史料解析

本書除了以書信史料作為行文切入點，也希望透過史料，帶領讀者看見歷史人物的內心世界。史料解讀是歷史研究的基本功，也是其核心，影響歷史論述的方向。此外，如何將歷史研究化諸文字，甚至流傳於世，則是歷史寫作的重點。附錄部分即是希望向讀者引介本書討論主題的相關史料，和說明使用這些史料完成歷史寫作之方法。

# 一、荷蘭史料中的雅各・巴爾比安探金日誌

簡宏逸

## 作為公文書的日誌、決議錄、書信

在臺灣史上，說到逐日記載的史料，應該很多人會第一個想到荷蘭東印度公司統治臺灣時期（一六二四－一六六二年）所留下的《熱蘭遮城日誌》。[1]不過，「日誌」和「日記」的性質略有不同。雖然都是每天留下的紀錄，個人留下的日記，所記的內容不一定有被其他人看到的意圖，是屬於較為私密的紀錄，所以我們也會有機會從中窺見日記主的內心世界。相較之下，「日誌」本身就是「要給人看的」，在下筆的那一刻就注定不是私密的紀錄，而是會被人閱讀、轉抄、評估的文件。像荷蘭東印度公司這樣的組織，日誌更是各層員工向上級報告業務狀況與蒐集海外情報的重要媒介。而這些逐日記錄下來的日誌，現在也成為我們理解十七世紀中葉臺灣社會與貿易的重要史料。

荷蘭東印度公司是一個以資訊和文書撐起來的巨大跨國組織，在它將近兩世紀的歷史中，留下了數量龐大、長達一公里多的檔案紀錄，目前大部分都收藏在荷蘭海牙的荷蘭國家檔案館。在

各式各樣的文件中，日誌、決議錄、書信，三者可說是荷蘭東印度公司最基礎的史料。日誌記錄每日發生的事態，雖然有時會有點像流水帳，卻是最貼近事件現場的紀錄。

除了每日寫下的日誌之外，決議錄也是相當重要的史料。荷蘭是一個廣泛採取合議制的民族，在日誌中所面對的事件，有必要時會提交到定時舉行的會議中討論，決定該如何應對，最後做成共同的決議。在決議錄中，我們會看到歷史人物做決定背後的想法，有時也會有事件的細節；在意見分歧時，我們也有機會看到與會者的異議。

如果說日誌、決議錄這些算是例行公事的流水帳，那麼由主管向上級彙報的書信，就是充滿敘事內容的史料了。在《熱蘭遮城日誌》尚未開始記錄的年代，荷蘭東印度公司駐臺官員向上級報告的資料，包括「長官書信」及決議錄抄本，在東北季風吹起時，順風送到荷蘭東印度公司在巴達維亞（今天印尼雅加達）的亞洲總部。[2]巴達維亞方面在收到各地彙報的日誌、決議錄及書信後，也會將每年度所發生的事態彙整起來，撰寫〈總督一般報告〉（Generale Missiven），向荷蘭海牙的決策中樞十七人理事會（Heren XVII）報告，並且放進「收到文件」（Overgekomen Brieven en Papieren）中存案。[3]

現在「收到文件」已經成為許多學者研究十七、十八世紀亞洲各國歷史的寶庫，當然臺灣史也不例外。一九九七年曹永和、包樂史、江樹生領導的團隊，整理出版《荷蘭東印度公司有關台灣檔案目錄》，可說給了臺灣史研究一把運用荷蘭檔案的鑰匙，讓研究者方便從中尋找所需的檔案。[4]

其實，對於早期臺灣史研究而言相當重要的《熱蘭遮城日誌》，並非荷蘭東印度公司在臺灣留下的最早日誌，也不是最晚的日誌。荷蘭東印度公司官員所留下的最早日誌是一六二二年至一六二四年間，率領艦隊占領澎湖的雷爾松（Cornelis Reyersen）所記錄的〈司令官日誌〉。[5]最後的日誌，則是商務官約安・德・邁爾（Joan de Meijer）在雞籠（今基隆）所留下，記錄日期止於一六六六年十月二十一日。最有名的《熱蘭遮城日誌》則是一六二九年，根據東印度總督指示、仿照荷蘭東印度公司亞洲總部巴達維亞城的前例每天開始寫的紀錄。

## 荷蘭檔案的出版現況

目前《熱蘭遮城日誌》已經在各國學者從一九三〇年代以來的接力整理下，於一九八六年至二〇〇〇年間出版荷蘭文版，並在一九九九年至二〇一一年間由江樹生教授翻譯在臺灣出版，現在也已經收錄進《臺灣日記知識庫》，成為所有人都可以輕易接觸及使用的史料。在《熱蘭遮城日誌》之外，與臺灣原住民有關的書信、決議錄、日誌，也在順益基金會的贊助下，由荷蘭萊頓大學包樂史教授率領的團隊，編輯出版四冊《邂逅福爾摩沙》（*The Formosan Encounter*），與《熱蘭遮城日誌》成為研究臺灣早期歷史不可或缺的史料雙璧。[6]〈以鐵換金〉使用的主要史料〈助理雅各・巴爾比安在噶瑪蘭灣和哆囉滿的日誌〉，就是收錄在《邂逅福爾摩沙》的第四冊。[7]

除了上述這兩大部史料，其他在臺灣寫成的長官書信也在積極傳抄和翻譯。事實上，在《熱蘭遮城日誌》開始記錄以前，駐臺荷蘭官員是透過長官書信並附上決議錄的抄本，向巴達維亞的亞洲總部報告的。這段時期書信的傳抄和翻譯，是由江樹生教授領導的團隊執行。目前從最早的司令官雷爾松到第四任長官范得堡（Jan van der Burch）的書信，都已經傳抄出版，這兩人是從一六二二年至一六三八間荷蘭東印度公司在臺的最高主管。翻譯工作方面，一六二二到一六三六年間擔任第三任長官的普特曼斯（Hans Putmans）長官書信，也已經翻譯出版，相信後續長官書信的翻譯很快也會趕上原文傳抄的進度。[8]至於荷蘭東印度總督每年度隨著歸國艦隊送回十七人理事會的〈總督一般報告〉，在荷蘭學者長達四十多年的整理下，已經出版完成。在這之中，與臺灣有關的內容，也已由中國學者程紹剛博士整理翻譯出版。[9]可以說，荷蘭東印度公司留下的臺灣檔案，有相當數量已經出版，未來也會有更多史料，在學者的接力下，陸續與世人見面。

## 巴爾比安日誌的旅程

但在向整理出版史料的學者致敬之外，我們也要知道，並不是所有荷蘭東印度公司的資料都有機會留存到現在。像是〈以鐵換金〉主角雅各・巴爾比安這樣的基層人員，在荷蘭勢力所及的前線所留下的紀錄，必須透過層層抄錄、轉送、保存，才有機會留在荷蘭國家檔案館的「收到文件」中，再經由學者整理後與我們見面。特別是臺灣北部荷蘭駐地的日誌幾乎都已散佚不存，因此幸運留下的巴爾比安探金日誌，就更顯得珍貴。

讓我們回顧一下，這份文件從巴爾比安的原稿到檔案館之間的過程。日誌最早的原稿，當然是巴爾比安在一六五七年七月六日至八月十七日間巡視噶瑪蘭和哆囉滿旅程中寫的紀錄。當巴爾比安回到雞籠城堡後，他有可能會將原稿重新謄寫一遍，或是將原稿就直接提交給駐雞籠主管，然後雞籠的書記就將巴爾比安的日誌謄寫進〈雞籠日誌〉中。不過，〈雞籠日誌〉並沒有保留下來。雖然駐雞籠的官員理應定期將在雞籠城堡寫下的日誌定期抄寫，向上呈報給熱蘭遮城的臺灣商館，再逐層回報到荷蘭，成為「收到文件」的一部分。但目前〈雞籠日誌〉僅有巴爾比安前往噶瑪蘭和哆囉滿的日誌留下來，其他部分可能早已消失在歷史的長河中了。

幸運保存下來的巴爾比安日誌，應該是隨著雞籠主管彼得・彭實（Pieter Boons）簽署日期一六五七年十月二十八日的書信，一起在十一月三日送到臺灣商館。[10]經過近十年後，荷蘭人能夠再次從黃金產地哆囉滿直接交易到黃金，當然是值得向東印度總督報告的政績。所以在收到彭實的報告以及巴爾比安的日誌後，臺灣商館的書記隨即動手製作副本，然後當成臺灣長官揆一致東印度總督的書信附件，好趕上東北季風第一班前往巴達維亞的船。

這季往巴達維亞的第一班船在十一月二十日從臺灣出發，十二月十四日抵達巴達維亞。此時從臺灣抵達巴達維亞的訊息已經趕不上三天後出發的第一班歸國艦隊，所以巴爾比安造訪哆囉滿的訊息，被彙整進簽署日期一六五八年一月六日的〈總督一般報告〉，連同來自臺灣的各類書信和日誌抄本，隨著從巴達維亞出發的第二班歸國艦隊送達荷蘭。[11]之後〈總督一般報告〉會呈上十七人理事會，來自臺灣的書信和日誌則放進「收到文件」中存案。

## 荷蘭人在臺探金歷史的研究

雅各・巴爾比安的探金日誌，翔實描述了東海岸以鐵換金的砂金交易、鐵器對原住民的重要性以及馬賽人高超的航海技術，這是荷蘭統治臺灣晚期相當精采的一則史料。我們不知道二十世紀以前，有沒有人翻閱過巴爾比安的探金日誌。但到了二十世紀，一九一〇年生於臺灣恆春的中村孝志教授，在他長期投入的荷蘭臺灣探金事業研究中，巴爾比安的探金之行終於被注意到，並在一九九一年補進〈荷蘭人的臺灣探金事業再論〉，[12]補充一九四九年〈十七世紀荷蘭人在臺灣的探金事業〉中未提到的部分。[13]一九九二年，中村教授再為之前未能充分運用的漢文史料討論「哆囉滿」，發表〈荷蘭時代的探金事業補論：特別關於哆囉滿〉一文。[14]

中村孝志教授的研究，是〈以鐵換金〉一文主要的參考對象。在進入巴爾比安的日誌之前，筆者追隨中村教授的研究，簡單敘述了荷蘭人在臺灣平地地區逐步擴張，並且踏進最遙遠的哆囉滿地區的過程。但在進入巴爾比安日誌之後，就有了筆者自我發揮的空間。其中關於馬賽人大型艋舺的敘述，是筆者在巴爾比安日誌中最早注意到的地方。這樣的記述，往前可以和一五八四年西班牙船長所記，臺灣原住民攜帶砂金和鹿皮到中國沿海交易的記載呼應；往後可以和清代史料中，雞籠的艋舺尺寸冠於全臺，漢人通事也搭乘艋舺前往噶瑪蘭與原住民貿易等清代史料相印證。這樣的歷史連續性，最後引導出了筆者著手研究臺灣東北部海岸自十七世紀中葉以降的百年商業史，而巴爾比安的日誌就是這篇研究主要參考的史料之一。[15]

## 重要卻不起眼的鐵器

〈以鐵換金〉一文還參考了琉球王國在與中國進行朝貢貿易時，早期渴求鐵器的現象。在缺乏鐵器的琉球，掌握鐵器就掌握了深耕的農具，也掌握了先進的武器，所以鐵器在琉球可說是經濟、武力及統治的基礎。在臺灣東部的黃金產地哆囉滿，我們也看到類似的現象，哆囉滿原住民也用自己出產的黃金來交換作為農具和武器原料的鐵。當臺灣進入清朝統治後，雖然清政府極力限制中國對臺灣的鐵出口，以防止鐵器被改造為武器。但清政府完全沒有能力掌握輸入臺灣的鐵器數量，也無法控制鐵器流向需要鐵器的原住民。不論是打造農具、作為裝飾或武器，都顯示鐵器對原住民是相當重要的貿易商品。這點不管是在大琉球（沖繩）或在小琉球（臺灣），都是一樣的。

可惜相較於高貴的黃金，臺灣史上關於鐵的史料相當少，明明是每天身邊都會出現或使用的東西，我們卻連它在歷史上的價格都難以掌握。好在一六四二年，臺灣商館的書記為我們留下一筆從中國進口鐵的價格（或許是覺得很划算），我們才有評估十七世紀臺灣鐵價的基礎。[16] 如果還要更詳細的史料，即使不能說沒有，但在短期內恐怕還是個奢侈的願望。畢竟荷蘭東印度公司留下的龐大史料，都要經過多次抄寫、跨越重洋，才有機會被收進檔案館，然後經過時間的考驗，最後重現於現代學者的眼前。但即使檔案順利保存，對非專攻荷蘭檔案的研究者來說，仍然要克服文字和語言的門檻，才能夠運用這些史料。雖然從二十世紀初以降，就有學者投入消除文字語言門檻的工作，將荷蘭史料傳抄翻譯成當代研究者容易接觸及運用的史料，並且已經有了相當豐碩的成果，但相較於現存的檔案來說，目前已出版的史料仍然只是檔案的一小部分而已，未來還有待更多人繼續投入，挖掘荷蘭檔案中有關臺灣歷史的更多面向，接力完成這場現在還看不到盡頭的史料馬拉松。

## 注釋

1. 江樹生譯，《熱蘭遮城日誌》（臺南：臺南市政府，1999-2001）。
2. 江樹生譯，《熱蘭遮城日誌　第一冊》（臺南：臺南市政府，1999），頁 vii-viii。
3. B. J. Slot, M. C. J. C. van Hoof, and F. Lequin, "Notes on the Use of the Voc Archives," in *The Archives of the Dutch East India Company : (1602-1795)* ed. M. A. P. Roelofsz, Remco Raben, and H. Spijkerman ('s-Gravenhage: Sdu Uitgeverij, 1992), 52-55.
4. 曹永和、包樂史、江樹生編，《台灣史檔案・文書目錄（十）荷蘭東印度公司有關台灣檔案目錄》（臺北：國立臺灣大學，1997）。
5. 中譯本為林偉盛譯，〈雷理生〔Cornelis Reyersen〕司令官日誌（一六二二年）〉，《臺灣文獻》54 卷 3 期（2003）。林偉盛譯，〈雷理生〔Cornelis Reyersen〕司令官日誌（一六二三）〉，《臺灣文獻》54 卷 4 期（2003）。
6. Leonard Blussé, Natalie Everts, and Evelien Frech, eds., *The Formosan Encounter*, 4 vols., vol. 1-4 (Taipei: Shung Ye Museum of Formosan Aborigines, 1999-2010).
7. "Extract from the Quelang dagregister about the journey of Assistent Jacob Balbiaen in the Bight of Cavalangh and the Terraboang Gold River, 6 July-17 August 1657." Leonard Blusse and Natalie Everts, eds., *The Formosan Encounter: Notes on Formosa's Aboriginal Society*, vol. 4 (Taipei: Shung Ye Museum of Formosan Aborigines, 2010), 276-305.
8. 江樹生主譯，《荷蘭聯合東印度公司臺灣長官致巴達維亞總督書信集》（南投：國史館臺灣文獻館，2007-2015）。

9. 程紹剛編譯，《荷蘭人在福爾摩沙》（臺北：聯經，2000）。

10. 江樹生譯，《熱蘭遮城日誌　第四冊》（臺南：臺南市政府，2011），頁301。

11. 程紹剛編譯，《荷蘭人在福爾摩沙》，頁495。

12. 中村孝志，〈荷蘭人的臺灣探金事業再論〉，載於《荷蘭時代台灣史研究（上）》，吳密察、翁佳音、許賢瑤（編）（臺北縣：稻鄉出版社，1997），頁219-249。

13. 中村孝志，許粵華譯〈十七世紀荷蘭人在臺灣的探金事業〉，載於《荷蘭時代台灣史研究（上）》，吳密察、翁佳音、許賢瑤（編）（臺北縣：稻鄉出版社，1997），頁165-217。

14. 中村孝志，許粵華譯〈荷蘭時代的探金事業補論：特別關於哆囉滿〉，載於《荷蘭時代台灣史研究（上）》，吳密察、翁佳音、許賢瑤（編）（臺北縣：稻鄉出版社，1997），頁頁251-257。

15. 簡宏逸，〈社船與頭家：試論十七世紀後半以降百年間臺灣北海岸地區的商業運作〉（臺北：二〇一九中央研究院明清研究國際學術研討會，2019）。

16. 江樹生譯，《熱蘭遮城日誌　第二冊》（臺南：臺南市政府，2002），頁12。

# 二、清宮中的軍事活動「日記」——《欽定平定臺灣紀略》

楊朝傑

## 另一種形式的「日記」——方略或紀略

方略或稱紀略，可以說是清代重大軍事活動的「日記」。清代每遇大規模軍事行動結束後，朝廷就會開設方略館，按照年、月、日記錄，採一事一書方式，將戰爭經過以專題形式整理編纂成史籍。由編年體和紀事本末體的合璧的方略，可謂是另類的「日記」。

在方略的編纂上，主要取自當時軍機處所藏檔案，同時也包括皇帝諭旨、來自軍前及地方官員的奏摺、君臣之間相互唱和的慶賀詩文及載錄戰功的碑文等，所以方略可以說是官方原始文書的「精選集」。這些內容具體涉及了徵調兵馬、撥運錢糧、派遣軍隊、裝配軍械及恤賞諸事，在方略中皆有詳細記載。

在清宮中，編纂方略是由與軍機處關係密切的專門機構——方略館執行。由於軍機處檔案深涉朝廷機密，遂由通曉該處資料的人員進行方略的整編，方能得心應手。所以，在方略館主理其事的總裁一人，即由軍機大臣兼任。在他的率領下，編纂人員會先起草稿本、底本，將相關檔案逐一收錄，接著分卷抄錄副本進呈給皇帝，等皇帝修改認可後，再進行抄錄，最後送交武英殿正式付梓。[2]由此我們可以大概了解方略編輯到出版的流程。

清代編修方略始於康熙年間，歷朝相繼，共修纂二十五部，其中以乾隆朝編輯十一部最多，這些內容豐富的軍事戰爭史料，提供我們了解清代軍事行動、族群關係及社會動亂的歷史軌跡。尤其，在這些方略之中，有兩部與臺灣直接相關，分別是記載康熙初年清廷打敗鄭成功政權並收領臺灣的《平定海寇方略》，以及乾隆末年平定林爽文事件的《欽定平定臺灣紀略》，唯《平定海寇方略》僅為稿本，直到民國十九年才由中央研究院歷史語言研究所付梓出版。[3]

## 《欽定平定臺灣紀略》的纂修

《欽定平定臺灣紀略》是清宮中唯一出版與臺灣相關的方略書，該史籍記載乾隆末年爆發清代臺灣最大規模的動亂——林爽文事件。從乾隆五十一年十一月到五十三年二月間（一七八六－一七八八年），歷時一年四個月，殃及整個臺灣西部。這個撼動朝廷的動亂還被乾隆皇帝視為「十全武功」之一。[4]顯然，對清帝國而言，林爽文事件的結束，不僅是平定一樁動亂，更是解決邊疆治理問題的一個里程碑。

隨著動亂平定，乾隆皇帝也指示朝臣繪製圖像、勒碑立石並編纂方略，以銘其事，而有十二幅銅版畫——〈平定臺灣得勝圖〉、〈紫光閣十二功臣像〉、熱河文廟碑，以及《欽定平定臺灣紀略》的傳世。當時，朝中大臣遵照乾隆皇帝指示撰修《欽定平定臺灣紀略》，並依循平定伊犁、回部、金川這三大事件當時的方略編纂標準執行。[5]不過，有關該紀略的編修過程，卻沒有太多紀錄。乾隆五十三年十月二十日軍機處大臣和珅呈給乾隆皇帝的奏摺，應是目前最早的紀錄，如下所記：

> 竊臣等奉旨纂辦《南巡盛典》，業經派員將副本陸續纂出，所有進呈正本，例應謄錄繕寫，而萬壽盛典亦應接續纂辦。查方略館額設謄錄，於各書纂辦完竣後俱已裁汰，此次繕寫《南巡盛典》及《平定臺灣紀略》等書，應請於吏部考取謄錄內咨取二十八名到館繕寫，以便按期進呈。仍請照例支給桌飯銀兩，其一切應用紙張、黃綾等項，由方略館咨取辦理。至收發書籍、登記檔案，即令該館供事承值以專責成。理合恭摺具奏，伏祈皇上睿鑑。謹奏。[6]

由引文可知，和珅向乾隆皇帝呈奏了辦理謄錄《南巡盛典》及《平定臺灣紀略》等書的安排。由此可知，《平定臺灣紀略》是乾隆皇帝授意編纂，至遲在乾隆五十三年十月即由和珅開始籌辦，並依循往例由方略館招募人員，進行檔案整編、謄抄等事務。

至於《平定臺灣紀略》的成書時間，根據收錄在《文淵閣四庫全書》的《欽定平定臺灣紀略》提要中記載，由紀昀、陸錫熊、孫士毅擔任總纂官，陸費墀總校官，內閣中書臣沈颺覆勘，完成於乾隆五十四年（一七八九年）四月。[7]

關於《欽定平定臺灣紀略》的版本，目前以位於臺北外雙溪的國立故宮博物院典藏最為豐富，分別有文淵閣四庫全書本、內務府朱絲欄寫本、武英殿刊本等三種版本，各具特色。[8]文淵閣四庫全書本為成書於乾隆五十四年的寫本，原題名為《四庫史部欽定臺灣紀略》，為乾隆五十一年十二月二十七日至乾隆五十三年十二月初八日止的事件紀錄，計有六十五卷，卷首的御製贊、御製文、御製詩有五卷，合計七十卷，總冊數為二十四冊，以包背裝形式呈現，現已被文化部文化資產局指定為國寶。內務府朱絲欄寫本同樣完成於乾隆年間，具體時間不詳，原題《鈔本臺灣紀略》，採「四周雙欄，版心黑口，雙魚尾，中縫中記葉次」的版式呈現，行格為七行二十字的編排，以線裝裝訂，卷首有〈平定臺灣二十功臣像贊〉及序，書中批校以朱筆圈點及天頭處亦有小注，此外卷首有軍機處繙書房之題籤，書中有按語小籤等箚片，總冊數為七十冊。武英殿刊本成書於乾隆五十三年，原題為《殿刊本平定臺灣紀略》，採線裝，總冊數為三十六冊。

## 《欽定平定臺灣紀略》以外的林爽文事件紀錄

除了從北京乾隆皇帝立場所編纂的《欽定平定臺灣紀略》以外，其實關於記載林爽文事件的專書也不少。像《臺案彙錄庚集》一書五卷，就是以林爽文事件為核心，透過《明清史料》戊編以及朝廷寄給福康安的上諭，這兩種史料纂輯而成。此外，臺灣基督教會長老賴永祥收藏林爽文事件及清軍平亂經過的抄本，最後也經排版勘定為《平臺紀事本末》一書。[9]

再者，曾經親身經歷林爽文事件的官員，如福康安、楊廷理和趙翼三人，也留下相應的紀錄。首先是前已述及的福康安後人收集乾隆上諭、軍機處大臣和珅等承旨撰擬的廷寄檔案，為研究林爽文事件重要的史料之一。其二是曾經擔任臺灣海防同知，後於乾隆五十二年升任臺灣府知府的楊廷理，其以〈東瀛紀事〉一文敘述自己參與經驗林爽文事件的經過，亦為林案研究不可不讀的重要材料。[10]其三是曾任閩浙總督李侍堯幕僚的趙翼，當時協助籌劃平定動亂，其於《皇朝武功紀盛．平定臺灣述略》中，也對林案平定經過有一番描述。[11]其他像是中國人民大學清史研究所和中國第一歷史檔案館合編的《天地會》一書，其中也收錄了為數不少的林爽文事件史料。[12]還有劉如仲、苗學孟編的《臺灣林爽文起義資料選編》，集結了《清實錄》、《東華錄》、地方志、文物及林爽文軍隊發布的文告等資料，呈現了林爽文事件的另一面向。上述這些文獻，收錄了林爽文黨羽的供詞等舉事資料，同時也清楚記述福康安等官員領兵渡海抵臺的過程，以及匯報了鹿港等地義民籌募的大概經過，成為了筆者描述動亂時期彰化縣城與鹿港社會的重要參考。

相較於鮮明的官方形象，事件中奮勇獻身的臺灣義民卻顯得樣貌模糊。筆者為了追尋鹿港郊商在動亂中的因應之道，其實還參閱了成書於道光年間的《彰化縣志》卷八人物志，尤其日茂行林振嵩、林文湊、林文濬皆有立傳，同書中亦載錄了不少參與平定林爽文事件時的人物事蹟。此外，在地方社會中也留存不少關於林爽文事件的記載。本文取材的資料中，即運用了日茂行林家保存的林文濬墓誌銘，錄文如下：

歲丙午，姦民為亂，提帥任公謀諸殺圃公，殺圃公委諸公，公曰：「么麼小醜，不難平也。備糗糧，精器械，守險設伏，自是兵家常事，然土賊必攻以鄉兵」。遂傾貲五千金，助餉運糧艘，募鄉勇，克復鹿港、彰化。擒馘賊夥，解送軍門（以下缺）13

該墓誌具體說明林家協助跨海來臺的福建陸路提督任承恩的經過，是相當難得的民間文獻。

## 由林爽文事件觀察清帝國與臺灣社會

從上述的討論，我們知道林爽文事件可說是清領臺灣二百餘年間最受北京皇帝重視的事件。

當時乾隆皇帝欽命軍機大臣傅恆的三子、孝賢皇后內侄的福康安，委以平定臺灣動亂的重任。[14]具指標意義的是，福康安也是臺灣入清版圖一百餘年後，首位來臺的北京朝廷最高官員。福康安自福建泉州崇武渡海，在彰化平原的鹿港登岸後，便率領大批官員、軍隊及義民前往平亂，於是臺灣本島這些從沿海到山區、由南而北原本被「匪徒」所占據的村莊與道路，以及因動亂而停滯的商貿活動，皆隨著官府與義民的戰勝而陸續開通。[15]動亂平定的過程，也象徵著清帝國的軍事系統與民間的商貿系統一一打通，得以重新串連起清帝國與邊區臺灣的聯繫。事件結束之後，福康安最終提出相應的善後政策，對十九世紀及往後臺灣社會的發展影響深遠。換言之，動亂後地方秩序的重新整理，涵蓋面包括官民的關係、土地資源及族群關係等面向。這些改變帶來一個新的局勢，對於地方社會而言，動亂未必只會帶來負面衝擊，可能也是社會發展的新契機。

## 注釋

1. 姚繼榮，〈清代方略館與官修方略〉，《山西師大學報・社會科學版》，第29卷第2期（2002.4），頁79。
2. 屈春海，〈清代方略館利用檔案編纂方略〉，《檔案工作》，1991年12期（1991），頁37。
3. 姚繼榮，〈清代方略館與官修方略〉，頁76-78。《平定海寇方略》由中研院史語所出版後，另訂名為《清代官書記明臺灣鄭氏亡事》，合計四卷。

4. 請參閱莊吉發，《清高宗十全武功研究》（臺北：國立故宮博物院，1982）。
5.《欽定平定臺灣紀略》提要，收入《文淵閣四庫全書》，國立故宮博物院藏，故庫 008039-008062。
6. 中國第一歷史檔案館編，《乾隆朝上諭檔》，第 14 冊（北京：檔案社，1991），頁 643-644。
7.《欽定平定臺灣紀略》提要。
8. 國立故宮博物院編，《國立故宮博物院善本舊籍總目》，上（臺北：國立故宮博物院，1983），頁 215。
9. 臺灣銀行經濟研究室編，《平臺紀事本末》，臺灣文獻叢刊第 16 種（臺北：臺灣銀行經濟研究室，1958）。
10. 楊廷理，〈東瀛紀事〉，收入臺灣銀行經濟研究室編，《海濱大事記》，臺灣文獻叢刊第 213 種（臺北：臺灣銀行經濟研究室，1965），頁 45-72。
11. 趙翼，《清朝武功紀盛》（臺北：文海，1961）；趙翼，〈平定臺灣述略〉，收入臺灣銀行經濟研究室編，《海濱大事記》（臺北：臺灣銀行經濟研究室，1965），頁 73-80。
12. 中國人民大學清史研究所、中國第一歷史檔案館合編，《天地會》（北京：中國人民大學出版社，1980-1988）。
13.〈鹿港日茂行林文濬及其墓誌銘〉，收入陳仕賢，《人物鹿港：從墓誌銘看鹿港人物》（臺中：鹿水文史工作室，2015）頁 30-33。
14. 在民間盛傳福康安是乾隆的私生子，又廣為流傳的嘉慶君遊臺灣傳說，也有學者認為嘉慶君是影射福康安，此說就是衍生自乾隆私生子的傳言而來。請參閱賴玉玲，〈嘉慶君遊臺灣的傳說與溯源〉，收入《嘉慶君遊臺灣：清仁宗文物特展》（臺北：國立故宮博物院，2016），頁 416-414。

15. 福康安平亂的路線詳細討論，可參閱林加豐，〈圖史互證：院藏〈清軍圍捕林爽文圖〉與福康安剿捕林爽文之役〉，《故宮學術季刊》，第 26 卷 3 期（2009 春季），頁 105-132。

臺灣的紹興人馬莪士至福州勸誘商人林志通，來臺謀充水沙連番地開墾的業戶一職。

趙慎畛接獲報告後並未馬上同意，反而寫信徵詢臺灣知縣姚瑩的看法，得到「水、埔二社日後可開，但今日尚未可」的意見。因此，鄧傳安的呈請就被束之高閣了。

不過，隔年五月福建巡撫孫爾準在臺巡閱時，忽然有彰化、嘉義兩縣紳民及熟番屯弁跪求呈請，希望能開放水沙連番地。這些漢人紳民及熟番頭人，很可能都是已經入墾水沙連或是其他番地開發的投資者，所以才會如此殷切地希望水沙連番地能像噶瑪蘭一樣納入帝國版圖，設官治理。如此一來，他們原先的私墾地或占地就能就地合法。倘若循此脈絡來想，鄧傳安極力主張番地開放，恐怕也與這些移墾者的慫恿不脫關係。

孫爾準接受陳情後，與總督趙慎畛再次商議，得到出乎意料的答案。趙慎畛在考量噶瑪蘭番人納入帝國版圖的過程後，提出一套讓中央同意水沙連開放的辦法，也就是「番人歸化」的劇本：生番渴慕聖化，願意歸順成為帝國子民，因此帝國需擴張版圖並設官治理。[3]

在獲得上級不反對的回覆後，孫氏開始詢問臺灣知府方傳穟，討論循噶瑪蘭之例納入帝國版圖的可能性。沒想到，曾擔任知府幕僚的姚瑩卻以八要略向知府表達水沙連不宜開放的想法，並且起了關鍵作用。

因此，道光四年十一月二十一日總督趙慎畛、巡撫孫爾準聯名上奏，表示在考量越界者有可能危害界外秩序的情況下，應該在當季農事收割後，將所有越界者全部驅逐，並派兵丁守住南北二路的入山管道。

最後，道光皇帝對於開墾水沙連一事，寫下「不必開端，永當禁止」的硃批。表面上似乎關上了水沙連番地的開放之路，[4]但實際上，若從孫爾準等人的奏摺來看，這些地方官員並沒有放棄番地開放的可能性，在奏摺文末寫著「如將來該生番涵濡聖澤，向化輸誠，再行察看情形，奏請准予開墾」。[5]這也為日後水沙連番地開放問題再起，埋下了伏筆。不過，第一次水沙連番地的開放議論算是就此拍板定案了。

二十多年後，水沙連番地開放問題又再浮上檯面。道光二十六年，理番同知史密以水沙連「各社番地悉成曠土，伊等不解耕種，以致生計日蹙，無可謀食」為由，呈請朝廷同意生番歸化、開放番地。關於此事，劉韻珂在道光二十六年底曾詢問臺灣道熊一本，獲得應同意所請的回覆。因此，閩浙總督劉韻珂以「生番既已薙髮易服，似未便拒而不納」奏請朝廷，讓水沙連番地能夠劃入帝國版圖。

相較於地方官員的積極推動，道光皇帝顯得意興闌珊，他把奏摺交給軍機大臣們商議，同時詢問江南道監察御史江鴻升的意見。結果，朝廷告知劉韻珂，讓他自行前往勘查後再行定奪。本文主人翁曹士桂就是在此前情下，在道光二十七年初奉命先行來臺勘察。

讀者可能會發現，正文刻意描寫曹士桂及劉韻珂進入水沙連途中，總是皆二連三的有通事率領生番跪拜於路旁，表達「慕義歸化」的緣由；而且，曹士桂也總是不厭其煩地詢問番人歸化的記，實際上更偏重在隨行側記。此側記很可能在後來呈給劉韻珂當成奏疏的參考資料，因為內容與正式奏請皇帝「奏勘番地疏」有諸多相似，兩份資料可以相互參照。[9]

其次，《馥堂公宦海日記》其餘部分都是曹士桂所著述手稿，應是後人在整編過程中一同編入，而非原先抄錄於日記之中，這一點對照日記原稿即可看出。曹士桂的書寫是以日期先後排序，並在每日記錄內容旁增補詩句或抄錄典籍。這些增補，很可能是日後添加或重新抄錄日記時加進來的。

例如，在初十日庚申（三月二十六日）的日記內容寫登舟，但曹士桂在其後補上關於〈東渡〉事宜的篇章，描寫搭船橫渡黑水溝之情事，該記事末段亦寫有「詳記東渡之年月日時，而系以即事八章」字樣。但後面並沒有見到此文，反而是記錄於日記十二日，留有〈東渡即事八章〉與〈道上行〉七言絕句四首。因此可證明，東渡篇章是事後再行補入，因此未能與〈東渡即事八章〉與〈道上行〉一同書寫於同一處。換句話說，曹士桂應是於十二日先寫下〈東渡即事八章〉，然後又寫〈東渡〉一文增補於十日之處。[10]因此，閱讀此日記必須留意記錄時序先後等相關問題。

## 《馥堂公宦海日記》的價值

日記史料有其私密性或流水記事的特質，但曹士桂的宦海日記因僅留下來臺赴任與進入水沙連勘查的部分，反而所記諸事頗有集中性且多與公務相關，較少記錄個人情感或私事。其史料價值有三點：

其一，詳細描寫由福州來臺的經過，以及赴任前後官員往來的情況。這些資料對於理解官員渡臺赴任事宜，例如請領臺餉、轉交文書、官員之間的學緣或私誼，都頗有助益。此一理解，更能進一步洞悉官員之間對於治理政策的真正想法。例如，在曹士桂抵臺前，曾經兩次面見閩浙總督劉韻珂，並得知劉氏對於水沙連埔地勘查與處置的態度。[11]

其二，日記中詳細描寫進入水沙連番地的所見所聞，包括南北的入山道路與番社相對的位置、移墾者的村落，以及番社的服飾、飲食與部分風俗習慣等。在清代關於高山原住民文獻相對稀少的情況下，曹士桂的見聞紀錄有其珍貴性：一、可用以考察當時內山開發的歷史圖像，並指出漢人與熟番群體的開墾情況，這是過去官方文獻較少記載的。二、可知悉原住民部落的社群網絡與分布概況，甚至藉由服飾與使用器物，來了解原住民社會受到外來者物質文化的影響，藉此探討部落文化變遷等問題。三、關於水沙連番地的描述，可與一八二三年更早入埔勘查的官員鄧傳安所著〈水沙連紀程〉交互參照，並呈現道光年間水沙連番地族群分布等面貌的變化。[12]

其三，對於道光年間水沙連番地開放一事的官員議論，可以深化理解。過往在理解水沙連番地開放政策時，所用的史料都是以奏摺或收錄於官員文集中的稟文為主，但日記內容不僅可以相互參照，甚至能協助重新理解既有文獻的意義。以史密描繪他在雞胸嶺遇到生番跪迎，並寫下歸化原因「各社番地悉成曠土，伊等不解耕種，以致生計日蹙，無可謀食，情願薙髮易服」為例，字面上的意思是番人因生計困難所以願意歸化，[13]但若對照曹士桂的日記就可知道，在鹿港等待啟程入山時，史密就已設宴送禮，並自願陪同曹士桂入埔。等到抵達雞胸嶺時，還有番人頭目跪拜迎接。再者，在曹士桂詢問歸化緣由時，番人大都無法主動應對。[14]由這兩方史料對照，便可知道生番歸化與生計困難或慕義來歸的關係不大。顯然，這一切都是有心人刻意安排的結果。這也可以幫助我們進而深思，為何地方官員要汲汲營營地推動邊區開放。

總而言之，《宦海日記》的內容多與公務相關，是理解十九世紀中葉中臺灣多族群移墾與互動歷史的重要文獻之一。關於官員遊歷臺灣的日記類史料，還可參考胡傳《臺灣日記與稟啟》、蔣師轍《臺游日記》等文本。

## 注釋

1. 所謂的恩科副車，是指在每三年的鄉試、會試之外，朝廷額外舉行的考試，稱為恩科。而副車則是在正榜外額外錄取的副榜，又稱為副貢。曹士桂，《宦海日記校注》（雲南：雲南人民出版社，1988），頁 126-127。

2. 曹士桂，《宦海日記校注》（雲南：雲南人民出版社，1988），頁 113-115。

3. 趙慎畛回覆：「此界外番地有主，與南田曠土不同，儻番人慕化，如噶瑪蘭故事則可，否則為開邊者口實矣。」姚瑩，《中復堂選集》（臺北：臺灣銀行經濟研究室，文叢第 83 種，1960），頁 169。

4. 張本政主編，《清實錄臺灣史資料專輯》（福州：福建人民出版社，1993），頁 753。

5. 中國第一歷史檔案館，《明清宮藏臺灣檔案匯編第 142 冊》北京：九州出版社，2009），頁 37-42

6. 編按：陞科是指原本沒有納稅的荒地，開墾後陞為必須納稅的田地，並視面積和淝瘠來定科則，繳納稅額。

7. 鄭螢憶，〈清代台灣官員「番界」認識與番人分類的演變〉，《國史館館刊 》60（2019.6），頁 1-42。

8. 曹士桂，《宦海日記校注》，頁 115-117。

9. 丁日健，《治臺必告錄》（臺北：臺灣銀行，1959），頁 212-228。

10. 曹士桂，《宦海日記校注》，頁 45-52。

11. 曹士桂，《宦海日記校注》，頁 132-134。

12. 鄧傳安，《蠡測彙鈔》（臺北：臺灣銀行經濟研究室，1958），頁 5-7。

13. 丁日健，《治臺必告錄》（臺北：臺灣銀行經濟研究室，文叢第 17 種，1959），頁 207-208。

14. 曹士桂，《宦海日記校注》，頁 167-171。

# 四、《馬偕日記》的日常與非日常

林紋沛

## 開港之後「外人」留下的材料

一八六〇年代臺灣開港之後，西方人來到臺灣，留下許多資料。根據邵式柏（John Robert Shepherd）的推估，當時臺灣約有兩百多萬人。[1]相較於臺灣本地人口，西方人社群僅約百餘人，規模極小。[2]來臺西方人的人數雖少，留下的資料卻相當豐富，觀點和清代官方文獻不同，有許多可觀之處。

西方人留下的資料大部分是機構出版的報告，例如傳教報告、醫館報告、海關報告、領事報告，此外也有個人研究探勘的心得，包括期刊及報刊文章、書籍、各種地圖、照片、繪圖等。[3]日記的數量不多，當年陶德曾經在清法戰爭時記錄封鎖下的生活，集結出版為 *Journal of a blockaded resident in north Formosa during the Franco-Chinese war, 1884-5*（直譯為《一八八四至八五年清法戰爭期間北臺灣封鎖下的居民日記》）。[4]近年又有《北圻回憶錄：清法戰爭與福爾摩沙一八八四－一八八五》、《乙未之役隨軍見聞錄》、《馬偕日記》等書陸續出版。

《北圻回憶錄》是何內・科邦（René Coppin）在清法戰爭期間的書信及日記，科邦是法國海軍軍醫助理，隨軍來到淡水，海軍除沿岸巡弋外，也會上岸補給、探勘。[5]陶德的日記和《北圻回憶錄》正好都是清法戰爭期間的紀錄，陶德是遭到封鎖的一方，而科邦是封鎖的一方，視角或許可以互補。

《乙未之役隨軍見聞錄》收錄一八九五年日本領臺戰爭時的隨軍紀錄，包括日本隨軍攝影師遠藤誠的〈征臺記〉、美國記者達飛聲（James Wheeler Davidson）的隨軍採訪筆記、日本傳教士細川瀏的《渡臺日記》。[6]

除《馬偕日記》外，另三者皆以戰爭為主題。陶德在臺時間較長（一八六〇年；一八六四－一八九〇年），經營茶葉生意，常探訪北臺灣各地，除日記外也留下數篇關於臺灣的文章。科邦是海軍軍醫，來臺經歷較片段，停留時間亦短。乙未之役時遠藤誠、達飛聲、細川瀏等人都是初來乍到，對社會觀察有限。相較之下，《馬偕日記》橫跨近三十年，馬偕長年在臺傳教，對臺灣的人文、自然皆有深刻認識，從日記可以看到這些知識累積的過程，故本文選擇以《馬偕日記》為主要材料。

提到日記，不免直覺認為日記記錄的應該是日常，但巧的是除《馬偕日記》外，另外三者都是戰時紀錄，換言之，三者記錄的是非日常狀態下的日常生活。《馬偕日記》留下日常的紀錄，但非日常的部分或許更加躍然紙上。以下先介紹《馬偕日記》的出版歷程，再討論各種切入角度。

波，記下每次的旅途實況，對當時刻苦環境的描繪，讓我們得以窺見十九世紀在臺旅行的樣貌。旅行占去馬偕日常生活的一大部分，馬偕前往臺北各地傳教，也翻山越嶺到苗栗、宜蘭等地傳教。臺北的旅行更是頻繁，就像通勤一樣，而長達多日的遠途旅行也隨著教會建立而逐漸常態化。

相應於此，日記內容也漸漸改變：一八七五年以前較常描述旅行的細節，後期旅行一樣頻繁，但細節愈來愈少，只有偶爾到達新地點或發生特殊事件時才有較仔細的描述。例如一八八七年底，馬偕初次抵達月眉這個客家村落時，稍微描述了此地的景色及特殊的油田。整體而言，後期的旅行紀錄側重於長期接觸當地人群後更深入的認識。在旅行傳教的過程中，我們可以看到馬偕如何與傳道人、民眾（漢人、平埔族、原住民）、西方人互動，如何和官府打交道，也可以看到其中的族群關係。日記的形式或許瑣碎零散，但其中蘊藏的豐富資訊值得我們深入發掘。

## 日記中引人注目的「非日常」

閱讀《馬偕日記》，可以發現日記寫的雖然是日常生活，但是馬偕會花心思長篇記錄的，往往是非日常的行程。究其原因，可能就是習以為常自不會費心描述，因此愈是日常、愈是平淡的事情便寫得愈零碎、愈簡略，對讀者而言不容易吸收轉化成流暢的故事。旅行的紀錄正好相反，馬偕或許也趁記錄時整理行程見聞，因此旅行的日記讀來幾乎像遊記一樣完整。

《馬偕日記》中最引人注目的，就是馬偕的頻繁旅行。一方面是旅行的紀錄篇幅長，另一方面，旅行是馬偕重要的傳教方式，事實上仔細閱讀、計算馬偕的旅行日數後，可以發現旅行早已成為馬偕日常的一環。不過非日常的旅行一旦變成日常般的通勤之後，旅行占據的篇幅也逐漸減少了。

本文從馬偕二十九年來的無數旅行當中選出兩趟紀錄較完整者：一八七二年底的獅潭底之旅和一八九〇年的宜蘭、花蓮之旅，時間上跨越一八七二年到一八九〇年，空間上東西部兼有，以兩趟旅行為主幹，綴補細節，勾勒馬偕的足跡，和馬偕一起行走在十九世紀下半葉的臺灣。考慮到時空跨度之大、兩趟旅行之微，自然不可能詳盡呈現當時的臺灣面貌，因此主要還是以馬偕為主角，希望呈現馬偕從陌生到熟悉，漸漸能深入觀察臺灣文化的經過。

關於十九世紀的臺灣概況，已有許多制度、政策、族群關係等各方面的出色討論。例如前文提到的邵式柏主要關心清廷的邊疆治理策略，援引史料包括清代方志、公文書、日治時期的檔案等。[10]又例如柯志明的《番頭家》透過奏摺、地契、檔案等資料審視清廷如何利用族群政治統治臺灣，以〈臺灣番界圖〉畫出確實曾經存在於地理上的「番界」。[11]

治理策略、族群政治讀來或許略顯生硬抽象，相較之下，西方人留下的遊記似乎輕鬆易讀得多，能幫助我們神遊一番，身歷其境的理解百多年前的臺灣。近年有許多西方人遊記翻譯出版，

9. 中央研究院臺灣史研究所檔案館「臺灣日記知識庫」網站：http://taco.ith.sinica.edu.tw/tdk/
10. John Robert Shepherd, *Statecraft and Political Economy on the Taiwan Frontier, 1600-1800*.
11. 柯志明，《番頭家：清代臺灣族群政治與熟番地權》（臺北：中央研究院社會學研究所，2001）；柯志明、陳兆勇繪製，〈臺灣番界圖〉，收於柯志明，《番頭家：清代臺灣族群政治與熟番地權》附錄。
12. 例如費德廉、羅效德編譯，《看見十九世紀台灣：十四位西方旅行者的福爾摩沙故事》（臺北：如果，2006）。較詳細的西方人遊記編譯出版列表，參林希樺，〈回望福爾摩沙：十九世紀來臺西方人旅行書寫在臺灣的譯介〉（國立臺灣師範大學翻譯研究所碩士論文，2013），頁 60-61、86。
13. George Leslie Mackay, *From Far Formosa: The Island, its People and Missions* (New York: Fleming H. Revell, 1895), 288-289. 中譯本為林晚生譯，《福爾摩沙紀事：馬偕台灣回憶錄》（臺北：前衛出版，2007）。

## 延伸閱讀


1. 馬偕（George Leslie Mackay）著，林晚生譯，《福爾摩沙紀事：馬偕台灣回憶錄》（臺北：前衛，2007）。
2. 費德廉、羅效德編譯，《看見十九世紀台灣：十四位西方旅行者的福爾摩沙故事》（臺北：如果，2006）。
3. 史蒂瑞（Joseph Beal Steere）著，林弘宣譯，《福爾摩沙及其住民：十九世紀美國博物學家的臺灣調查筆記》（臺北：前衛，2009）。

4. 甘為霖（Rev. William Campbell）著，林弘宣、許雅琦、陳佩馨譯，《素描福爾摩沙：甘為霖台灣筆記》（臺北：前衛，2009）。
5. 蔡石山著，黃中憲譯，《海洋臺灣：歷史上與東西洋的交接》（臺北：聯經，2011）。
6. 黃智偉，《省道台一線的故事》（臺北：如果，2011）。
7. 林紋沛，《行旅致知：李仙得、達飛聲等西方人建構的臺灣知識（1860-1905）》（臺北：南天，2020）。

# 五、胡傳《臺灣日記》與清末日記史料

陳冠妃

## 胡傳日記長什麼樣子？

胡傳，字鐵花，號鈍夫，生於道光二十一年（一八四一年）二月十九日，卒於光緒二十一年（一八九五年），得年五十四歲。現存胡傳日記原稿始自光緒七年（一八八一年）八月的《行程日記》，終至光緒二十一年五月的《乙未年日記》，中央研究院近代史研究所胡適紀念館（以下簡稱胡適紀念館）收藏有原稿影本微捲，以及羅爾綱抄錄的手稿原件。後者是一九三〇年羅爾綱在胡適家工作期間將胡傳遺著全數抄錄、整理，交由胡適校訂的底稿。[1]胡適紀念館已完成相關檔案的數位化，編目為胡適檔案下的「胡傳專檔」。[2]除胡適紀念館典藏了羅爾綱的抄本之外，其日記、年譜與雜著之原件，現典藏於北京大學圖書館。[3]

胡傳的幼子胡適曾在兩、三歲時與母親一起到過臺灣，依附在臺為官的父親，後留學美國，畢業於哥倫比亞大學哲學系，擔任過北京大學校長，並多次代表中華民國進行外交工作，一九四九年後更在臺灣擔任中央研究院院長。因此，胡傳在光緒十八年至二十一年的日記與書信由於涉及胡傳父子在臺灣的經歷，曾兩度編輯出版，曝光度遠高於胡傳其他年份的資料。首先是在一九五一年，胡適將胡傳臺灣日記、在臺稟啟稿件與胡傳老友張經甫所撰之〈胡鐵花先生家傳〉，交給臺灣省文獻會黃純青先生合刊為《臺灣紀錄兩種》，以線裝書的形式出版，列為「臺灣叢書」第三種。[4]其後，胡適在方豪建議下，將稟啟按時間編在當日日記之後，一九六〇年由臺灣銀行經濟研究室重新打字出版，書名《臺灣日記與稟啟》，列為「臺灣文獻叢刊」第七十一種，此為胡傳日記流傳最廣的版本（簡稱臺銀本）。[5]一九六一年臺東縣文獻委員會從臺銀本節錄胡傳臺東時期的日記，出版《州官胡傳臺東日記》，

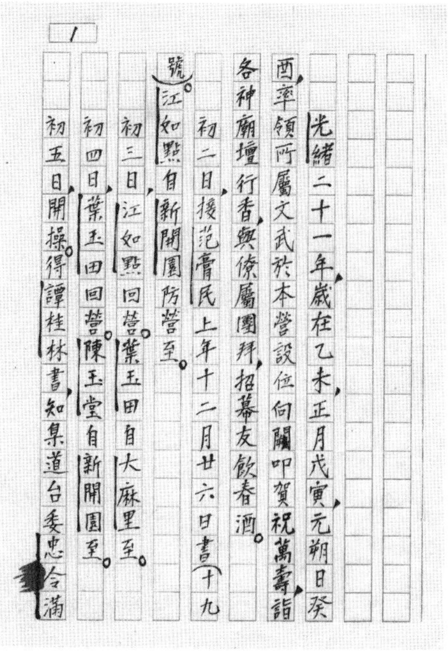
1
光緒二十一年歲在乙未正月戊寅元朔日癸
酉率領所屬文武於本營設位向闕叩賀祝萬壽詣
各神廟壇行香與僚屬團拜招募友飲春酒。
初二日接范膏民上年十二月廿六日書（十九
號）江如點自新開園防營至。
初三日江如點回營。葉玉田自大麻里至。
初四日葉玉田回營。陳玉堂自新開園至。
初五日開操。得譚桂林書知臬道台委忠令滿

羅爾綱校抄胡傳日記手稿。

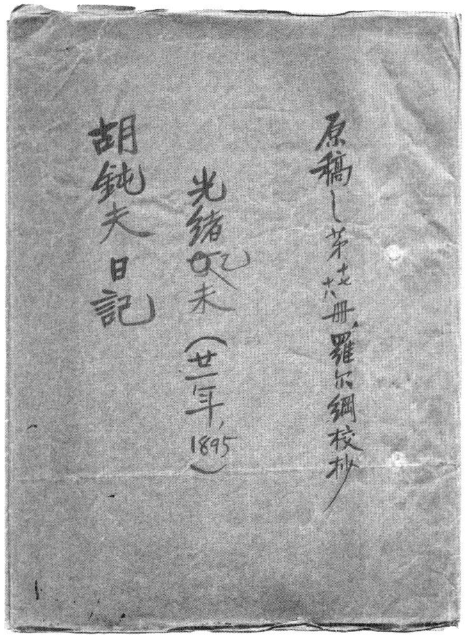


羅爾綱校抄胡傳日記，封面為胡適題字。

列為「寶桑叢書」第二種。[6]二〇一六年國立臺灣歷史博物館出版《乙未之役中文史料》曾選錄胡傳的部分著作，亦是以臺銀本為底本。[7]本文的寫作在前述基礎上，使用日記並參酌稟啟內容，建構出胡傳在臺的事業與心境。

## 清人寫日記的歷史與文化

古人從什麼時候開始寫日記已不可考，在中文世界至少可以追溯到唐宋時期，如清末外交官薛福成所言：

> 日記及紀程諸書，權輿於李習之《來南錄》、歐陽永叔《於役志》。厥體本極簡要，後世繫日記者，或繁或簡，尚無一定體例。[8]

李習之為唐朝進士，曾師從韓愈學習古文；歐陽永叔即歐陽修。日記並沒有一定體例，有人寫得既多且詳，也有人只是簡單幾筆流水帳。基本上都是逐日記事，寫下自己的所做、所見與所得。如果是出遊遠行時寫的日記，則與「紀程」、遊記的文體相類。

到了清代，很多學者、文人有長期寫日記的習慣與文化，流傳下來的數量汗牛充棟。除了留給家人子孫，作為傳家叮囑或留念之外，有些日記還因為個人獨特觀點及文采，在文人之間傳抄分享，甚至被刊刻出版，例如光緒年間李慈銘的《越縵堂日記》就是當時的暢銷書。這些作者生前沒有被特別銷毀的日記，也許不如我們認為得那麼私密，多半有預設以家人、友人、同行或甚至大眾為讀者的情況。

## 胡傳抵臺的時代背景

明清時期地方官由於本籍迴避制度，臺灣官員都來自中國內地省分。清代各衙門機關中還有活躍的外省師爺、幕僚，多半由官員自己延聘來佐理政府事務，其中很多來自江浙及徽州地區。

在整個清代，上述來臺工作的內地文人留下不少關於臺灣的紀錄，但在紀錄的形式上有所變化。除了文人普遍擅長的詩詞歌賦之外，十九世紀中葉以前的宦臺紀錄，大都以類似地方志的形式，主題式描述臺灣的風土人文，時間日期不是重點。但是在十九世紀，卻出現了更多按日記事的日記、遊記，內容更加多元且詳盡。這些作品不一定以「日記」為名，但多半以日為單位，先後有序的把遇到的事情、見到的人、收到的信件與電報記錄下來。記錄形式的變化，或許反映的是十九世紀中葉以來的臺灣與中國本土事情發生太多、變化太快，因此不得不每天記錄，才能追上時代前進的速度。

有關胡傳在臺東的工作，另可參照《臺東州采訪冊》，胡傳自己也參與過該采訪冊的修纂工作。此外，每逢職務變動，總會有上級對相關候選人事的考評，也可幫助我們了解胡傳宦途經歷及職場評價。胡傳的頂頭上司邵友濂在光緒十八年委派胡傳來臺、二十年為胡傳請補臺東直隸州知州時，就分別給予「志趣正大，樸實精能」、「該州胡傳，志趣遠大，守潔才長，在臺有年，於海疆風土民情，極為熟悉」等評價。[12]

除了文獻比對外，亦可按日記的行程回到歷史現場觀察環境，尋找作者留下的文物，觀察建築、寺廟、空間、地勢、距離，並且實際走過相關路程，都可對日記的記載有更多體會。如果能找到碑刻、匾額、牌位，則能進一步得到實物的證據驗證文獻。

胡傳在臺灣進行了多次的公務旅行，除了實地走過當年的足跡外，亦可善用地圖，紙上遊覽胡傳的行旅。包括晚清臺灣軍備的地理空間樣態，以及屏東至花東地區在晚清時期的交通動線，甚至是胡傳在臺南與臺東的例行活動，都值得以地圖展現，建立具體的時空感覺。

## 十九世紀末臺灣政情的第一手紀錄

日記通常是事情發生當日的記載，具有即時性。閱讀日記，也就是透過作者的眼睛看到那個時代與環境。與胡傳同時代的人，也在臺灣留下了下列幾部日記，作者都是為了清朝政府的工作來臺的官吏，他們所寫的日記往往兼有工作日誌的性質，也為當下的臺灣政情留下第一手資料。

透過胡傳等人的日記可以關注哪些時代現象？可以幫助我們了解其他史料所無法表現的歷史嗎？

| 作者 | 出身 | 來臺職位／工作 | 日記名 | 日記時間（農曆） |
|---|---|---|---|---|
| 曹士桂 | 雲南文山 | 鹿港／淡水同知 | 宦海日記<br>番情日記 | 1847/1/1-1847/2/29<br>1847/5（道光27年） |
| 羅大春 | 貴州施秉 | 駐紮蘇澳 | 臺灣海防並開山日記 | 1874/7-1875/8<br>（道光27～28年） |
| 胡傳 | 安徽績溪 | 營務處總巡<br>臺南鹽務提調<br>臺東州知州 | 臺灣日記 | 1882/1/1-1895/5/28<br>（光緒8～21年） |
| 蔣師轍 | 江蘇上元 | 巡撫邵友濂幕友 | 臺游日記 | 1892/2/6-1892/9/25<br>（光緒18年） |
| 陳昌基 | 不明 | 軍械局委員 | 臺島劫灰 | 1894/5-1895/5<br>（光緒20～21年） |
| 史久龍 | 浙江餘姚 | 臺南支應局職員 | 憶臺雜記 | 1892/9-/1895/5<br>（光緒18～21年） |
| 俞明震 | 浙江山陰<br>（寄籍順天宛平） | 唐景崧幕友 | 臺灣八日記 | 1895/5/5-15<br>（光緒21年） |
| 池志澂 | 浙江 | 游幕、胡傳幕友 | 全臺遊記<br>（遊幕臺灣刪改日記而作） | 1891/10-1894<br>（光緒17～21年） |

## 官員與其幕僚的工作情況、人際網絡

官吏日記多會詳細記錄下自己每天接觸及聯繫的長官、同僚，例如胡傳日記就能看到他抵臺後第一個月內，是在基隆、臺北等處拜訪臺灣的各級長官與同事。首先自然是層級最高的臺灣巡撫邵友濂及臺灣道顧肇熙，其次則是布政使唐景崧、臺南知府唐贊袞、臺北知府陳文駼、淡水知縣翁秉鈞、嘉義知縣鄧季垂、雲林知縣謝壽昌、埔里社通判潘文鳳等人。[13]建省之後的臺灣，由於新設許多非典型的行政機構辦理新興的官營事業，如釐金局、鹽務局、機器局、金砂局、撫墾局等等，一時之間，除了原來舊有體制的文武官員及其幕友外，新機構也帶來為數不少的內地官吏來臺辦事，負責這些機構的管理者稱為「委員」或「幫辦」，也是胡傳的同僚。

這些人事網絡與機關的紀錄，在十九世紀下半葉特別重要。因為十九世紀中葉以後的政府體制在劇烈改革的情況下，人事情況迅速變動，雖然有零星的采訪冊與日治初期地方仕紳編纂的方志提供基本架構，但官吏日記往往能反映更具體且即時的人事資料與機關業務內容。

## 官員節令與日常行事

在胡傳日記中，我們也能看到官員平日的例行活動。在臺南鹽務總局時期，胡傳除了每月初

臺東鯉魚山忠烈祠的「臺東直隸州州官胡鐵花先生紀念碑」，勒石者為臺東縣長吳金玉（1952-1957 年任）。胡適曾於 1952 年訪問臺東追尋父親史蹟，此碑落成於 1964 年 6 月 2 日，於 1973 年重修。（2019 年攝）

一、十五固定受委託代理臺灣道行香祭祀外，一年之中最要的日子莫過於元旦。光緒十九年正月初一，胡傳隨在臺文武官員一同在府城萬壽宮向代表皇帝的萬歲牌叩賀新年，接著到文廟、武廟行禮，自己又奉顧肇熙的命令前往龍王廟、延平王廟行香，然後至各衙署拜年賀喜。正月初八，文武官員團拜，隨後幾日是各處邀請飲春酒。[14]

比起提調、委員這類任務型的官職，府州縣官作為地方父母官，其年中行事相對穩定，且有規則可循。胡傳在做臺東直隸州知州時，同樣在每月初一、十五固定行香，此時行香就是他自己的職責，而非代替長官出面。所祭祀的天后宮、昭忠祠、觀音祠、土地祠則是當地的官廟。不同於臺南的是，由於臺東沒有萬壽宮，元旦及萬壽節臺東各官叩賀皇帝的地點，則是設在天后宮，這也顯示媽祖信仰在清代臺灣官方的重要性。清明日、七月十五、十月初一則要祭厲，以免邪魅作祟。十月初九至十二日，發放秋季各社通事社長口糧。十一月十四日冬至，則要率屬官詣天后宮行叩賀禮。[15]

如同現代政府一樣，清代官署也有固定的辦公日，從胡傳臺南時期的日記可看到，各級官員每年例行在十二月十九日「封印」，封藏官印也就無法發公文，代表官員這天開始不辦公了；一直休息到元月十九日才「開印」，代表衙門開工。但即使是不辦公的一個月，胡傳也與長官同僚書信往返，交流行政上的資訊與意見；前往各處辭歲、拜年，亦不可免。此外，還得捎給家人朋友書信，安排家中私事。[16]

## 甲午、乙未期間臺灣的戰爭體驗

胡傳在臺東任官期間，正值甲午（一八九四年）、乙未（一八九五年）這場改變臺灣命運的大變局。一八九四年七月，清、日兩國因朝鮮問題開戰，在戰爭末期的一八九五年三月日軍占領了澎湖，四月十七日以簽署《馬關條約》終結戰事，決議清朝割讓臺灣、澎湖給日本。五月日軍登陸臺灣本島，開始接收領土。同一時間，臺灣島內前山地區的守軍、官吏及義民則分別展開抗日行動。一八九四年，南澳鎮總兵劉永福、臺灣布政使唐景崧奉命幫辦臺灣防務，九月劉永福帶黑旗軍抵臺，移駐臺南與旗後。隨後臺灣巡撫邵友濂調署湖南巡撫，由唐景崧護理臺灣巡撫，臺南道顧肇熙代理臺灣布政使。隨著清、日和議底定，在臺官員陸續內渡；而在一八九五年五月臺灣紳民成立臺灣民主國，欲挾外國之力抵抗割讓臺、澎的命運，推舉唐景崧為大總統，升起黃虎旗。此時胡傳得知和議與民主國的消息，在日記與書信中透露了不安的情緒，儘管與前山各地部隊、義民與日軍短兵相接的激烈戰況相比，後山並沒有發生衝突事件，但面對清朝大勢已去，自身未來該何去何從，何時可以歸鄉，卻是一點都不確定。胡傳的紀錄正好可以讓我們看到在此「前所未有的大變局」之下，一介在臺官員的心境與處境。

## 注釋

1. 一九三〇年羅爾綱自中國公學畢業後，就到胡適家工作，主要工作是抄錄整理胡傳遺集，羅氏將文字抄錄到稿紙上，再交給胡適校訂，一九三一年三月抄錄完成。參見羅爾綱，《師門五年記　胡適鎖記》（北京：生活・讀書・新知三聯書店），頁 11-16、98-102。
2. 參見中央研究院近代史研究所胡適紀念館，胡適檔案檢索系統 http://www.mh.sinica.edu.tw/koteki/metadata.aspx（2020 年 7 月 10 日瀏覽）
3. 感謝胡適紀念館提供資訊。參見胡傳，〈鈍夫年譜〉，《北京大學圖書館館藏稿本叢書》第 9 冊（天津古籍出版社，1987）。
4. 胡傳著；羅爾綱、胡適校編，《臺灣紀錄兩種》（臺北：臺灣省文獻委員會，1951）。羅爾綱抄本另夾有黃純青以「台灣省通志館」稿紙寫給胡適的「胡鐵花日記誤正表」，說明其擬訂正之處。見胡傳撰、羅爾綱校鈔，《羅爾綱校鈔日記十八卷（二）》，胡適紀念館典藏號 HS-HC01-004-003。
5. 胡傳，《臺灣日記與稟啟》（臺北：臺灣銀行經濟研究室，1960）。
6. 胡傳原著，羅鼎主編，《州官胡傳臺東日記》，臺東：臺東縣文獻委員會，1961。
7. 陳怡宏編，《乙未之役中文史料》（臺南：國立臺灣歷史博物館、潘思源，2016），頁 137-166。
8. 薛福成，《出使英法義比四國日記 凡例》（光緒十七年刻本），頁 1。
9. 胡傳纂輯，詹雅能點校，《臺東州采訪冊》（臺北：文建會，2006），頁 323。
10. 蔣師轍，《臺游日記》（臺北市：臺灣銀行經濟研究室，1957），頁 14、58、76-77。
11. 池志澂，《全臺遊記》（臺北市：臺灣銀行經濟研究室，1960），頁 15-16。
12. 邵友濂，〈為海疆重要吏治洋務差遣需員敬舉所知事〉（光緒十七年九月十六日），《光緒朝月摺檔》（臺北市，故宮博物院藏）。閩浙總督臣譚鍾麟、福建臺灣巡撫臣邵友濂跪奏（光緒二十年九月十七日），《軍機處檔摺件》（臺北市，故宮博物院藏），文獻編號：135485。

13. 胡傳，《臺灣日記與稟啟》，頁6-11。

14. 胡傳，《臺灣日記與稟啟》，卷二。

15. 胡傳，《臺灣日記與稟啟》，卷三。

16. 胡傳，《臺灣日記與稟啟》，卷三。

# 六、日記史料、反殖民運動與殖民地近代報刊的經營

莊勝全

## 反殖民運動中的日記

由於天災頻仍及潮溼溫熱的氣候風土，加上焚燒故人遺物的文化風俗，以及戰後長期戒嚴的政治陰影，造成了臺灣的私人日記佚失問題嚴重，也連帶深刻地影響了日記史料在學術研究上的運用時程——直至近二十年來，日記中別開生面的歷史景致在臺灣史研究上的價值，才正式受到重視與運用。[1]

以日治時期的反殖民運動為例，如果說臺灣總督府警務局編纂的《臺灣總督府警察沿革誌》等史料是出自統治者的觀察紀錄，而代表被殖民者立場的《臺灣民報》系列報刊則可透射出各類政治社會運動團體的思想與主張的話，那麼日記史料可以說是透過運動參與者的個人角度，在細緻地重建歷史現場，及反映他們當下最真實的情緒、觀點及反應上，最直接的素材。

可惜的是，目前運動參與者的日記並不多見，最著名的約有以下五種：自二〇〇〇年起陸續出版的林獻堂《灌園先生日記》（一九二七－一九五五年，全套二十七冊已於二〇一三年出版完

成）；[2]二〇〇〇年底出版的〈蔡培火日記〉（一九二九－一九三六年，收錄於《蔡培火全集》第一冊）；[3]二〇〇二年出版的《葉榮鐘日記》（上冊一九三一－一九七〇年，下冊一九七一－一九七八年）；[4]二〇〇五年出版的《簡吉獄中日記》（一九二九年十二月二十日至一九三〇年十二月二十四日）；[5]自二〇〇八年起陸續出版的《黃旺成先生日記》（一九一二－一九七三年，其中缺少十三個年份，共計四十九冊，截至目前已出版至第二十冊）。[6]

其中，《簡吉獄中日記》是為期一年的獄中生活，並非運動過程的持續紀錄。而蔡培火、葉榮鐘日記也不是每日持續書寫，內容時有中斷而不完整，又葉榮鐘的部分戰前比戰後零碎，日治時期僅留下一九三一至一九四二年間的片段紀錄。因此，雖然《灌園先生日記》和《黃旺成先生日記》在關鍵年份的失落（例如林獻堂環球遊歷的一九二八年、發生祖國事件的一九三六年；黃旺成離開新竹公學校教職的一九一八年、遭臺灣新民報社免職的一九三二年、被控宣傳反日言論而捲入「新竹事件」並遭拘禁的一九四〇年、因二二八事件而避居上海的一九四七至四八年等），總不免令人有缺憾之感，但這兩套日記逐日逐年書寫的連貫性與細膩度，對於重建反殖民運動的細節與經過、成員彼此間的人際網絡，以及和總督府的交手與互動等，都具有高度的參考價值。

〈茶壺內的風暴〉一文，便是以《黃旺成先生日記》和《灌園先生日記》於一九三二年二月四日至九日的日記為主要素材，並輔以〈蔡培火日記〉中的相關描述，儘量重現一九三二年

經過、他和臺灣總督府警務局保安課課長小林光政的談判過程，以及他對移臺發行的種種準備。

在移回臺灣之前，林獻堂最多只是報刊的創辦資助者、報社股東或顧問，並未經手任何經營事務。然而移臺後，由於仍挽回不了文協分裂對《臺灣民報》經營的重創，諸股東決定委請羅萬俥另成立臺灣新民報社，並敦請林獻堂擔任社長。一九三〇年三月，新、舊民報社正式合併，續發行《臺灣新民報》，後於一九三二年一月取得臺灣總督太田政弘之許可，自該年四月起發行日刊。由於林獻堂最初僅立約答應擔任一屆社長（一九二九－一九三二年）即卸任，往後新民報社內部社長一職遂成懸缺。在《灌園先生日記》中，可以明顯看出林獻堂在三年社長任內最重要的目標，就是通過與總督府日刊許可的談判。總督府原本想藉由日刊的許可來支配《臺灣新民報》，從而破壞這個號稱「臺灣人唯一之言論機關」的主體性，如林獻堂在一九三〇年九月二日的日記寫到：

> 十時半呈祿、萬俥同訪石井警務局長，交涉許可日刊新聞之事。石井言許可本島人日刊新聞是絕對不可能，君等若與內地人合辦就能許可。合辦之條件資本、重役、記者，內地、臺灣各一半。他問余內臺人合辦有反對乎？余謂內臺人合辦無反對，但這種條件須與諸重役及各株主商量，然後決定。次訪新任保安課長小林長彥，是前保安課長小林光政之弟也，因有客在，僅談數語而出。[8]

然而，林獻堂透過長期從事反殖民運動所累積的聲望和人脈，靈活運用日本中央政界的施壓、臺灣地方官吏的斡旋等多管齊下的談判方式，最終抵擋了總督府欲安插日本資金與日籍幹部的條件，讓《臺灣新民報》得以維持純臺灣人資本與經營階層的形態發行日刊。

如果說蔡培火與林獻堂的日記描述，代表的是報社高層為了報刊經營和存續的操盤過程，那麼黃旺成的日記，則是站在實際賦予報刊內容生命力的記者群角度。黃旺成在時任營業部主任的謝春木招募下，於一九二五年十二月加入臺灣民報社，並一路由見習的囑託記者到新竹的地方駐在記者，一九二八年九月更因報社人手短缺而兼任臺中支局長，開啟了一段將近一年往返新竹、臺中兩地採訪的歲月。新、舊民報社交接之際的一九三〇年二月，黃旺成升職為新竹支局長，一九三二年四月隨著《臺灣新民報》轉為日刊，他也在支局長的職務之外，兼任本社通信部長和論說委員。隨著職務與薪俸提高，他所撰寫的稿務量和負責的欄位亦隨之擴增，從原本的地方時事，逐漸加上點評時政的〈冷語〉和〈評論〉，後又加上轉介中國局勢的〈中國時事〉，最後更輪值代表報刊門面的〈社說〉。例如一九三一年十一月十六日，即《臺灣新民報》獲得日刊許可前約兩個月，黃旺成在日記裡寫下他是在何等繁忙的稿務中度過一天：

早上起遲，如常洗掃，午前中只寫就「【竹塹】旋風」一篇而已。午頃老曾來說他債務難處事，要予稿務暇時為之考慮。午前〔後〕作「冷語」一篇、中國時事四段，夜寫關於中國時局的「社說」一篇，至十時半才完成。天氣晴明、朔風凜冽，非有稿務定要登山涉水，散々步、吃些新空氣去了。繼母今天生日，其女碧如帶了孩子，買了不知什麼禮物來為她上壽，但予是無暇顧及的。中國地圖使石頭提出裱褙了。[9]

黃旺成的經歷，不僅讓我們見識到臺灣本地知識分子在報社科層組織內的升遷過程，也提供一個不同於報社決策核心、來自地方記者的視角。

## 日記史料的運用

將林獻堂、黃旺成與蔡培火三人的日記描述互相參照、比對，可以看出《臺灣民報》是如何在總督府殖民統治、反殖民運動的走向及報社經營考量的權衡拿捏下，每一次的抉擇與發展的脈絡。過程中，報社的內部成員未必每一次都能團結一致，而是難免會在各種人際網路、思想派別及利益考量上拉扯、角力。

然而，日記史料能帶給我們的視野遠不止如此，畢竟即便是反殖民運動者，抵抗也不是他們的全部生活，這是過往常常被忽略的一點：在運動背後紛陳繁複的社會生活樣態，也是日記所能提供給我們的珍貴訊息。當中涉及的課題甚為廣泛，例如以生活史的面向來看，側重的是理解記主是在什麼時空背景下，開展他每一天的生活和活動，其中又牽涉到生活節奏、物質環境、職業營生、商業活動、飲食習慣、醫療衛生及交通方式等；而以社會史的面向來看，要留意的是記主受到什麼樣的社會條件之影響，開展與他人的關係和互動，而形成交友圈、婚姻圈、人際網絡、社交儀式、家族活動、家庭生活及教育方式等。至於在文化史方面，必須剖析記主是在何等的歷史脈絡中，展開其文化行為和精神生活的養成，包括書籍瀏覽、報刊閱讀、體育活動、旅遊觀覽、文學創作、休閒嗜好、宗教信仰、性別意識及世界觀等。[10]林獻堂與黃旺成兩人所留下的長時間、連續性、跨時期的日記書寫，就是探索上述議題絕佳的敲門磚。

此外，這兩部日記細緻、綿密的書寫特點，可以拿來與其他史料檢證及互補，而這一點更是彌足珍貴。林獻堂除了自己有寫日記的習慣外，其夫人楊水心也有日記留下來，包括一九二八、一九三〇、一九三四及一九四二年的日記，其中一九二八年的日記極具價值，不僅記載天數最多，也因這一年林獻堂的日記佚失（展開歐美環球之旅的一年），楊水心這一年的日記，可以提供林獻堂歐美旅遊的一些細節，也可以看出林獻堂不在臺灣時，她主持家中事務的情況。至於其他三個年份，則與林獻堂日記有極高的互補性，特別是一九三〇年及一九三四年的日記中，有很多內容是抄錄自林獻堂的日記。將夫妻兩人的日記兩相對照，更有助於家族史、婦女史、社會生活史的研究。[11]

至於黃旺成在進入臺灣民報社擔任記者之前，曾於一九二一至一九二五年間，赴臺中仕紳蔡蓮舫家族擔任家庭教師。透過期間黃旺成的日記描寫，再搭配蔡蓮舫家族的相關文書，可以清楚呈現日治中期臺中富紳的家庭生活和人際關係。[12]黃旺成的長子黃繼圖也有逐日寫日記的習慣，時間跨度有四十四年（一九二九至一九七二年，其中缺少六個年份）。[13]黃旺成及黃繼圖兩父子的日記，記述內容可資互補，如黃旺成從臺灣新民報社離職的一九三二年，雖然本人日記已丟失，但透過兒子黃繼圖的日記，可以間接拼湊出黃旺成當年離職的經過、心情及對家庭的衝擊。反過來看，一九三七年黃繼圖從京都帝國大學法學部畢業後，返回新竹準備司法考試期間，在時代氛圍與就業壓力下所呈現的頹廢狀態，也能由黃旺成的日記略窺一二。另一方面，黃氏父子的日記也是提供比較視野的絕佳素材。曾投身反殖民運動的黃旺成及其同輩，在當時多為「遺民世代」或「乙未新生代」，跟接受新式教育並負笈日本留學的黃繼圖所屬的「戰爭期世代」，[14]無論是日常生活的實踐、休閒娛樂的選擇、世界觀的養成與對重大歷史事件的反應等都有不小差異，日後若能對兩者的異同進行深入觀察與比較，當能讓日記史料的運用與研究向前邁進一大步。

## 注釋

1. 許雪姬，〈「臺灣日記研究」的回顧與展望〉，《臺灣史研究》22：1（2015年3月），頁158-160。

2. 林獻堂著，許雪姬主編，《灌園先生日記（一）——（廿七）》（臺北：中央研究院臺灣史研究所、近代史研究所，2000-2013）。本文在此所舉乃以一般讀者在坊間較便於取得、已出版的日記為主，其他如彰化二林事件的領導者之一的劉崧甫〈獄中日記〉（1926 年），或臺灣地方自治聯盟的重要成員洪元煌的女婿吳萬成之〈吳萬成日記〉（1931、1937 年）等私家日記，不在此列。

3. 蔡培火著、張漢裕主編，《蔡培火全集（一）：家世生平與交友》（臺北：財團法人吳三連臺灣史料基金會，2000），頁 83-392。

4. 葉榮鐘著，葉芸芸總策劃，《葉榮鐘全集 6：葉榮鐘日記》上下冊（臺中：晨星出版社，2002）。

5. 簡吉著，簡敬、洪金盛、韓嘉玲、蔣智揚譯，陳慈玉校注，《簡吉獄中日記》（臺北：中央研究院臺灣史研究所，2005）。

6. 黃旺成著，許雪姬主編，《黃旺成先生日記（一）－（二十）》（臺北：中央研究院臺灣史研究所，2008-2020）。

7. 蔡培火著、張漢裕主編，《蔡培火全集（一）：家世生平與交友》，頁 98-99。

8. 林獻堂著，許雪姬主編，《灌園先生日記（三）一九三〇年》，頁 295。

9. 黃旺成著，許雪姬主編，《黃旺成先生日記（十八）一九三一年》，頁 372。

10. 許雪姬，〈「臺灣日記研究」的評介與現況〉，收於蔣竹山主編，《當代歷史學新趨勢》（新北：聯經出版社，2019），頁 599-600。

11. 楊水心著，許雪姬編注，《楊水心女士日記（一）－（三）》（臺北：中央研究院臺灣史研究所，2014-2015）。許雪姬，〈介於傳統與現代之間的女性日記——由陳岑、楊水心日記談起〉，《近代中國婦女史研究》16（2008 年 12 月），頁 227-250。

12. 李毓嵐，〈1920年代臺中士紳蔡蓮舫的家庭生活〉，《臺灣史研究》20：4（2013年12月），頁51-98。
13. 「黃繼圖日記」，〈黃旺成與黃繼圖文書〉（臺北：中央研究院臺灣史研究所藏），檔號：T0765_04。詳見「臺灣史檔案資源系統」，網址：http://tais.ith.sinica.edu.tw/sinicafrsFront/browsingLevel1.jsp?xmlId=0000314442。有關〈黃繼圖日記〉相關運用與研究，可見曾士榮，《近代心智與日常臺灣：法律人黃繼圖日記中的私與公（1912-1955）》（新北：稻鄉出版社，2013）。
14. 有關日治時期臺灣人「世代」（generation）概念的闡釋與運用，參見周婉窈，《海行兮的年代：日本殖民統治末期臺灣史論集》（臺北：允晨文化實業股份有限公司，2002），頁1-13。

# 七、《楊水心女士日記》的內容與史料價值

劉世溫

## 《楊水心女士日記》的採集

楊水心女士（一八八二－一九五七年）彰化人，楊晏然長女。十七歲與林獻堂結婚，婚後育有攀龍、猶龍、關關及雲龍三子一女，為林獻堂賢內助，在羅太夫人過世後成為霧峰林家頂厝的中心人物。性仁厚，恤貧濟困，不佞佛，喜吸收新文化。

楊水心女士的日記現存有四本，都是由許雪姬老師採集而來，頗費一番周折。先是許雪姬老師在一九九九年解讀林獻堂的《灌園先生日記》後，偶然發現中研院文哲所行政人員林耀椿的大作〈霧峰林家贈書整理：兼談林攀龍先生〉（《中國文哲研究通訊》第三卷第三期，一九九三年九月，頁五九－六七），從其中得知，霧峰林家將林攀龍先生的藏書捐給該所圖書館，其中包括楊水心日記一本（一九四二年），文哲所後將此日記歸還給林獻堂的長孫林博正先生。林博正先生手中另保留其祖母一九二八年和一九三四年的日記，許雪姬老師因此請他同意將這三本日記一起讓中研院臺史所掃描、解讀。至於一九三〇年的日記，是有一次許雪姬老師受邀到臺中演講，

林呆的孫女將該日記的影本送給許雪姬老師。二〇〇九年五月，中研院臺史所正式與林博正先生簽署捐贈同意書，同意授權日記的數位化與出版工作及保存。

根據林博正先生表示，楊水心女士可能由於家事繁忙，無法用更多時間詳細而周到地持續寫日記。因此到目前為止，她的日記總共也只不過發現四本，而且今後應該也不會再有她的日記出現了，可謂珍貴無比。

## 日記本的樣式與書寫

楊水心女士的這四本日記，都是一頁一天，A5大小。一九二八年是大阪積善館發行的《昭和三年積善館日記》；一九三〇年為影印本，不知由何者出版的《當用日記》；一九三四年是由東京株式會社博文館發行的《昭和九年園藝日記》；一九四二年為東京主婦之友社發行的《昭和十七年用家庭生活日記》。

這幾本日記都用鋼筆書寫，一九二八年（閏年）缺四十九天，一九三〇年缺三十三天，一九三四年缺一〇九天，一九四二年缺二二六天，可能是愈來愈忙或者有其他原因而造成此現象。由以上缺寫天數可知，楊水心女士不是逐日寫日記，而且缺寫天數一年比一年多，除了沒寫的天數外，還有某些天的日記是沒寫完的，也不乏漏字、缺字、缺筆的現象，似乎撰寫時受到了打擾，不得不中止，而事後忘了追記或沒有補寫的習慣。此外，將其日記與《灌園先生日記》對照，會發現有日期錯置的現象。

從楊水心女士日記不全的情況看來，應該沒有死後留供後世參考的考量。其在一九三〇年、一九三四年的日記中，有部分文字與林獻堂日記相當雷同，恐有部分是參考其夫的日記寫成。她寫日記的動機，不論是自主或模倣，都是以自我為中心的描寫，忠實呈現當時上層階級女性的生活史。

## 日記的文字與內容

楊水心女士出生於彰化，家庭環境至少是小康以上，自小受過漢文教育，其書寫的文字有其駁雜性，大部分使用漢文書寫，而在一九二八年有一〇五天、一九三〇年則有十天則使用白話字書寫，這可能和蔡培火提倡使用白話字有關。另外，在日記中偶爾會用日文片假名書寫，有時也有日式漢文和臺式漢文。

主要記載日常生活或例行工作的點滴，有時記，有時不記，另有將生活中較特別的事記錄下來，譬如有訪客登門（其日記的記載重點），外出亦然。將其日記內容概要分析如下：

一、日常活動範圍：主要在於霧峰林家頂厝及下厝，也常到臺中探訪親友、購物、看戲、看電影或看展覽，以及回彰化娘家。

二、記載的人物：日記以描寫自己為重心，也常提及家人、親戚、友人以及家中的管事、使用人等。另外，因丈夫林獻堂交遊廣闊，日記中除了經常記載林獻堂的活動外，林獻堂從事民族運動的夥伴、日人官吏、警察及特務等，日記中也有提及。後來她因為加入臺中婦女親睦會、一新會，不少相關人物也被記載下來。

三、宗教活動：除家中各長輩的忌日要祭祀外，還有春祭、清明節、冬祭都要祭祀祖先。少有求神問卜的行為，僅在林獻堂自歐美遊歷轉至日本養病時，因掛念生病的丈夫，而回彰化娘家到天公壇拜拜，並做善捐。雖非基督教徒，但曾去聽基督教相關演講，也會看宣傳基督教的電影「一粒麥」，對於基督徒亦善待之。

四、醫療行為：感冒、頭痛、治療牙齒等，都是找西醫診治，另有自行服用瘧疾藥、アスピリン（阿斯匹靈）的記載。

五、休閒生活：楊水心女士的休閒生活可以說是多采多姿的，平日就經常到霧峰座看戲劇演出及電影，也會到大花廳看電影，有時則到臺中的大正館、臺中座、娛樂館看電影。另外也到霧峰公學校看油畫展覽，或是去臺中市民館看楊三郎的留歐作品展覽會。另外，她也常出外旅遊，一九二八年到日本東京旅遊六十八天，在女兒陪同下逛街、看電影、欣賞跳舞、看博覽會、飲茶吃飯，還有到各大百貨公司購物。一九三〇年到陽明山、臺北、鹽水港等地旅遊。一九三四年到關子嶺、屏東、北投旅遊，又和好友何秀眉一起去神戶、京都及東京玩，後來又在女兒、女婿的陪同下到中國北京、上海、蘇州等地遊玩。一九四二年十一月十二日因還曆初度（六十一歲生日），不欲受人祝賀，和其弟楊天佑前往日月潭。

六、飲食：喜歡美食，在島內外旅行時會到餐館、飯店吃好料理。本人較少下廚，最拿手的是潤餅，而請客時會到霧峰街上叫福州師傅慶和來做料理。

七、看報紙與學日語：在一九二八年、一九三〇年和一九三四年的日記中都有看報紙的記載。一九二八年和一九三〇年則有讀日語的記載，尤其是到日本旅遊和陽明山遊玩時也不忘讀日語，學得相當努力。

八、參與社會活動：一九三〇年受邀參加臺中婦女親睦會，擔任該會議長，並當眾致詞，往後有定期例行會議，也會前往參加。另外，就是參與一新會的活動，為會員之一，一九三四年的日記大量記載參與一新會活動的內容。

## 日記的史料價值

四年的日記中，最重要的是一九二八年這本。原因有四：其一，這本記載的天數最多；其二，日記用白話字寫的天數也最多；其三，這一年林獻堂有五個月時間在歐美旅遊，有五個多月在日本養病，而且這一年林獻堂沒有留下日記，因此楊水心女士一九二八年日記不僅可以得知丈夫不在家時，她如何主持中饋、接待親族和客人，還能補林獻堂日記的不足。

另外，把楊水心女士一九三〇年、一九三四年及一九四二年的日記，拿來跟林獻堂先生的日記做比對，可以發現兩者的互補性相當高，而且因為女性一向主內的角色，其記載重心都是和家庭成員的相處為主，也包括擔心及齡子女的婚姻大事，她個人的煩惱，這些都是研究家族史、婦女史的重要素材。

楊水心寫日記時使用的文體相當多樣化，有漢文、白話文、日式漢文、臺語，或把日語的名詞、形容詞直接用成臺語的外來語，甚至使用與漢文關係淺的白話字來表示。因此其書寫的形式，也是往後值得研究的另一道課題。

最後一點是，楊水心原本是個受傳統教育而非現代正規教育的女性，卻作為仕紳之妻，她有很多機會接受現代文明的洗禮，像是看電影、戲劇、出外旅遊等，並在接觸基督教後習得了白話字，又努力地學習日語，使其身分介於傳統與現代之間。目前所知戰前被研究的婦女，不是接受正規教育的現代女性，就是在社會底層的娼妓，但是楊水心女士則另成一類，像她這樣的臺灣婦女，不僅在家族婦女中頗有地位，能號召家中其他婦女加入，捐款又不落人後，再加上林獻堂在臺灣民族運動的重要角色，雖然她不能算是婦女界的領袖，但是在妻以夫為貴的加持下，多少在婦女界也產生一些影響力。因此這一類的婦女對社會有何影響，也是往後研究的要點。至於殖民統治如何影響並改變傳統婦女的生活，同樣值得進一步探討。

# 八、淺談臺籍日本兵的戰爭經驗書寫形式與作品：以回憶錄與日記為例

陳柏棕

## 回憶錄

關於臺籍日本兵戰爭經驗的紀錄，自一九九〇年代起，包括像是中央研究院臺灣史研究所、各地方縣市政府、原住民族委員會單位等，委託專家學者、文史工作者、記者，或藉由舉辦座談會與口述訪談，開始為臺籍日本兵的經歷進行記錄，並將成果集結成書，公開刊行。除此之外，以單篇發表的口述紀錄，更是難以計數。由此可見，在臺灣解除戒嚴後，臺籍日本兵戰時體驗的口述歷史紀錄，如雨後春筍般的公開於世，在近年來逐漸打開其能見度。

但若以臺籍日本兵為主體觀之，口述歷史終究還是屬於被動式的紀錄。所以口述歷史以外，回憶錄是對臺籍日本兵的戰時經驗得以更直接理解的途徑。回憶錄的性質雖不是屬於當下產出，卻是由歷史當事人親自完成的見證書寫。這些回憶錄運用中、日文寫作者均有，再透過翻譯，在臺灣、日本兩地出版流通。以下試舉數本臺籍日本兵的回憶錄，略述其內容。

一九八四年四月張子涇以自身戰爭經驗為題，出版《台籍元日本海軍陸戰隊軍人軍屬いずこに》，二〇一七年復以《再見海南島：臺籍日本兵張子涇太平洋終戰回憶錄》，譯為中文再行出版；而陳千武亦將受召為陸軍特別志願兵期間派往印尼帝汶（Timor）的從軍經歷，於一九八四年十一月以文學小說的形式改寫成《獵女犯：臺灣特別志願兵的回憶》一書對外刊行。

臺籍日本兵出版品，還有賴泰安於一九八四年一月在日本出版的《少年飛行兵よもやま物語》。本部回憶錄集中敘述他以陸軍少年飛行兵身分赴日，在飛行兵學校時期的生活實記，呈現出戰時日本軍校生活的真實樣貌。賴泰安逝後，二〇一四年時再以《出發吧！少年飛行兵》為書名，在臺灣刊行中文版；另一名陸軍少年飛行兵黃華昌，亦將其在日本軍校的經歷，以及戰後白色恐怖的受難遭遇，在二〇〇四年書寫成回憶錄《叛逆的天空：黃華昌回憶錄》，原書使用日文書寫，再翻譯為中文出版。翌年，又以《台湾・少年航空兵：大空と白色

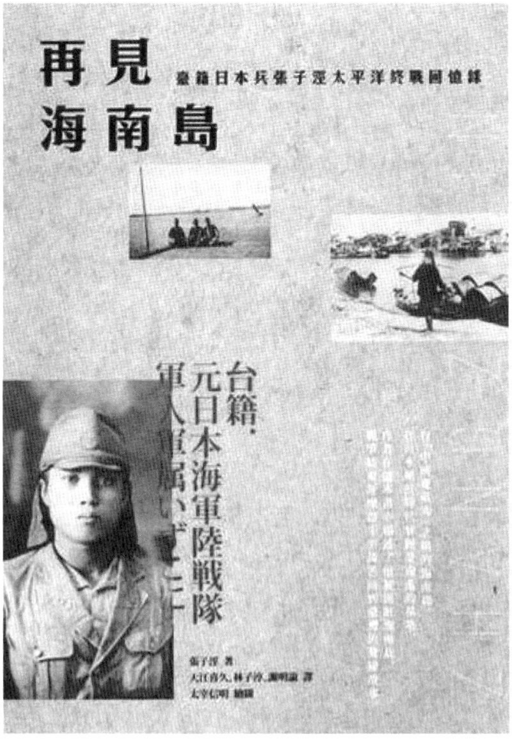

張子涇著《再見海南島：臺籍日本兵張子涇太平洋終戰回憶錄》書影（遠足文化，2017）。

テロの青春記》為名，以原本的日文版本於日本發行。

在女性的從軍回憶錄方面則有，海外派遣從軍看護助手陳惠美的《台湾人従軍看護婦追想記：すみれの花が咲いた頃》、看護助手洪林幸與日本軍醫伊丹康人合著之《台湾人従軍看護助手と日本人軍医：広東第二陸軍病院の絆は今も》。兩本回憶錄的內容主要記述戰時臺灣女性以看護助手為名，至香港及廣東兩地的日本陸軍醫院從事照護傷病士兵的工作歷程，尚有在海外的生活體驗、人際交往以及戰後如何返回臺灣的記事。

另有一部分的臺籍日本兵回憶錄，則是採少量印製，不對外刊行，書寫目的單純是將自己的特殊時代經驗傳遞給下一代，成為家族成員的共同記憶，或是致贈戰友收存留念之用。以下也茲舉數例，簡要說明這些未公開的回憶錄內容。

目前所知記錄時間最早的一本臺籍日本兵親撰、未出版的回憶錄，是黃文卿於一九四六年六月撰寫的《崇山峻嶺・槍林彈雨，菲島從軍記：二次大戰烽火餘生錄》。最初以日文寫成，二〇〇七年一月，經由家屬協助之下翻譯成中文《菲島從軍記（二次大戰）烽火餘生錄》。此部回憶錄分為離鄉、在馬尼拉時期、民答那峨島卡加揚（Kagayanon）時期、奧地走山生活時期、POW（戰俘）生活時期、歸鄉等七節，記述了黃文卿於一九四四年三月以陸軍航空廠要員身分被軍方派往菲律賓戰地的兩年餘從軍經歷。

在戰時和黃文卿一樣被派往菲律賓從軍的郭南洲，在一九八八年春天寫下《驚心動魄回憶錄》。全書為手寫稿，使用中文寫作，完整記錄郭南洲在戰爭期間的經歷至戰後個人生命史。郭南洲在新竹湖口接受約兩週的基本軍事訓練後，於一九四二年七月即至日本陸軍設於菲律賓的俘虜收容所，執行看守及管理美軍戰俘任務。這本回憶錄首先簡述當年的社會背景，再到其出征受訓、俘虜收容所看守戰俘、戰爭末期的逃難體驗，以及返臺後的生活，是目前所見唯一由臺灣俘虜監視員親自撰寫的回憶錄。

未出版的臺籍日本兵回憶錄，還有巫隆邦的《二次世界大戰當時、追憶の一部回憶錄》。這本回憶錄在一九九〇年十一月成稿，記述巫氏在一九四三年四月至新加坡、馬來西亞吉隆坡軍用農場的經歷，並略述對戰後時勢的見解，書中尚貼有十餘張巫氏個人從軍照、當地友人及街景照片；另一本未對外發行的回憶錄是陳德富於二〇〇一年完稿，翌年成書的《臺灣勞務奉公團拉霸爾從軍記述（ラバールたより）》。此書記敘他受召成為臺灣勞務奉公團，前往位在新不列顛島（New Britain Island）拉包爾（Rabaul）的陸軍貨物廠服役經歷。

由臺籍日本兵撰寫的回憶錄，未經過第三者之手轉述，就其個人體驗進行寫作，為他／她們深刻的時代經歷留下見證，但相較於戰後日本以個人從軍體驗為題著書發表者眾，臺籍日本兵的著作數量明顯偏低，所以這些公開刊行的回憶錄實屬難能可貴。特別是未對外發行的回憶錄，部分書寫時間甚早，加以印量極少，有些還歷經蟲蛀損壞，所幸最終仍完整保留下來，而尤顯珍貴。

Kelasay 在日記裡對於人物的描寫，尚且保留雙方對話內容，更是令人印象深刻。舉例來說，Kelasay 在前往戰地的運輸船上，結識了千代田春美和赤松志乃兩位日本人女性，兩人響應日本赤十字社號召，特意前去南方戰場擔任護士，照料傷病士兵，未料卻還被要求到軍人俱樂部提供高級軍官「慰安」服務，赤松志乃表示：「以護士的名義被騙來這裡當慰安婦，真不值得……」從 Kelasay 日記裡的這段記述內容，讀者可以了解到在當時不僅有臺灣女性遭誘騙成為慰安婦，日本人也有相同遭遇，呈現戰火下女性共同的哀憐命運。

在日記中，Kelasay 也提及執行特攻任務而全滅的薰空挺隊。以高砂族特別志願兵為主體的輝第二游擊隊，其中第一中隊神田部隊部分人員被編入代號薰空挺隊的特殊部隊，於一九四四年十一月執行「義號作戰」，是日軍首次執行對敵方機場的突擊行動，也是一趟一去不復返的決死任務。他們攜帶爆破器材，以空降奇襲方式進入位於菲律賓雷伊泰（Leyte）美軍占領的布拉文（Burauen）機場，打算要破壞機場內的美軍戰機與設施，最後結果無一生還。

Kelasay 記下了和神田部隊戰友們訣別的話語，以及分別時的場景，他記道：「彼此握緊雙手互相道別的神田部隊的戰友，他們當時所說的話，在馬尼拉的碼頭的相送身影後，久久都令人難忘……」雖然薰空挺隊的義號作戰以失敗收場，但由於有臺灣原住民參與其中而值得關注，Kelasay 更為這些執行特攻任務的臺灣原住民留下記憶的線索。

另外，曾轟動一時，一九七四年十二月二十六日於摩洛泰島被發現的殘留兵——阿美族人 Suniuo（日本姓名為中村輝夫，戰後在戶籍上被登記為李光輝），同為輝第二游擊隊的戰友 Kelasay，在日記中對於 Suniuo 的動向亦留有紀錄。Kelasay 如此記述：「前田上尉的搜索隊完成任務，但羽島第二中隊第一小隊、第三分隊的逃兵中村輝夫一等兵沒回來。中村輝夫在昭和十九年（一九四四）九月十四日從上午四時至五時擔任站崗任務，戰地有一道嚴格的命令，凡是見到逃亡士兵可立即射死之，他是否怕（逃亡以後）被發現或病死，不得而知。」然而，據回臺後接受記者訪問的 Suniuo 表示，他是因為厭惡戰爭，所以離開部隊，潛入山林中躲藏起來。又說由於在前線烽火流離，容易彼此失去連絡，而他就是在這種情況下，自然而然地與部隊脫節掉隊，不認為自己是「逃兵」。這樣主觀、客觀的兩者說法與觀察，形成一種耐人尋味的對照。

Kelasay 運用生動筆觸，把他在戰地上的種種見聞翔實記錄起來，他的日記不但透露出戰事程度、善戰臺灣原住民戰士在戰場上的英勇表現、人員犧牲的狀況，也呈現了戰時南國人文風情，特別是尚能讀取日記主與日本人看護婦（慰安婦）、即將執行決死任務的原住民同伴等的交往與對話，更凸顯出此部戰地日記的價值。端看日記中部分內容或為事後補記，因此亦帶有回憶錄性質，這樣的書寫方式沒有破壞原本的敘事脈絡，也未影響對事實的陳述，反倒兩者協調配合，更增添可讀性。

## 記主其人其事

吳墉祥（一九〇九－二〇〇〇年），字茂如，山東棲霞人，民國十三年（一九二四年）加入國民黨，後投考中央黨務學校，協助北方黨務工作，二十二年於中央政治學校第二期財政系以第一名畢業。二十六年任安徽地方銀行副總經理、三十四年任山東省銀行總經理、三十六年為齊魯公司常務董事，也曾參選山東棲霞區國民大會代表，名列第二，為國民大會列席代表。三十八年七月以國民大會代表證件獲得赴臺許可，舉家遷居臺北。四十五年任美國國際合作總署駐華安全分署高級稽核，五十四年美援結束後，改任台達化學工業公司財務長，六十五年退休。著有《中國貨幣問題論叢》，以及在《臺灣合作金融》、《國民大會憲政研討委員會年刊》、《稅務旬刊》等刊物發表論著數十篇。[7]

吳墉祥先生的日記，內容包含抗戰末期敵後第十戰區情形、戰後重慶、復員、接收、抗共被圍於濟南、競選國民大會代表、濟南淪陷、遷徙臺灣、澎湖煙台聯中案等事件及經歷，並附有吳墉祥所著〈九十懷舊〉，以及家屬吳紹中所著〈追懷父親〉一文。日記格式除正文外，附有該年小引、日期、天氣、氣候、發信表、收支一覽表。吳墉祥寫日記時，會依內容性質下小標題，如師友、業務、娛樂、體質、家事、看書、集會、公益、交際、采風、參觀、娛樂、瑣記、見聞等。關於日本的內容由於涉及家屬隱私，出版時予以刪除。[8]

吉星文（一九一〇—一九五八年），字紹武，河南人，早年追隨族叔吉鴻昌部隊入伍，參與長城戰役、抗日戰爭、國共內戰等戰役。二十六年盧溝橋事變，正率部隊駐防宛平縣城，堅守橋頭與縣城，不令日軍越雷池一步，博得各界讚揚，聞名中外。三十八年底隨政府撤退來臺，先後於革命實踐研究院軍訓團、高級班、參謀學校將官班、國防大學聯戰系等處受訓，歷任戰鬥團長、澎湖與金門防衛部副司令等職。四十七年八二三砲戰不幸殉職，次年追晉二級上將。[9]

吉星文先生的日記，內容包括部隊訓練、家庭生活、社會觀察、國內外政情發展等，按日記載，逐日不輟。該日記已經由國史館全部注解及出版，並附有吉星文所記之「原子炮的真相」上課講義與就任澎湖防衛司令部副司令時填寫的「澎湖防衛司令部將校參加北伐、抗日、剿匪、戡亂、作戰、戰歷調查表」。日記格式除正文外，還附有日期、星期及氣候。[10]

## 日記史料價值

離鄉背井的外省人，跟隨政府遷徙逃難，最後落腳在臺灣展開新生活。經過流離失所、有家歸不得的鬱悶，接著是遷怒臺灣人的苟安鬆懈，然後是希望幻滅的自我調適，這一連串的心路歷程，若不是透過梳理日記內容，就難以理解他們的內心世界，而這也是官方檔案、報刊資料所無法言說的，正因如此才會更顯得真實與珍貴。我們在吉星文及吳墉祥日記所看到的，分別代表了

# 參考書目

## 第一章　以鐵換金：雅各・巴爾比安航向黃金東海岸之旅

### 正文

Blusse, Leonard, and Natalie Everts, eds. *The Formosan Encounter: Notes on Formosa's Aboriginal Society* Vol. 4. Taipei: Shung Ye Museum of Formosan Aborigines, 2010.

Borao Mateo, Jose Eugenio, ed. *Spaniards in Taiwan*. 2 vols. Vol. 1. Taipei: SMC Publishing, 2001.

Dahlgren, Erik Wilhelm. "Were the Hawaiian Islands Visited by the Spaniards before Their Discovery by Captain Cook in 1778?". *Kungl. Svenska vetenskapsakademiens handlingar* 57, no. 4 (1916): 1-220.

van Linschoten, Jan Huygen. *Itinerario: Voyage Ofte Schipvaert Van Jan Huygen Van Linschoten Naer Oost Ofte Portugaels Indien, 1579-1592, 1579-1592*. Vol. 5,'s-Gravenhage: Martinus Nijhoff, 1939.

Robert, Willem Carel Hendrik, ed. *Voyage to Cathay, Tartary and the Gold- and Silver-Rich Islands East of Japan, 1643*. Amsterdam: Philo Press, 1975.

Verseput, Jan, ed. *De Reis Van Mathijs Hendriksz. Quast En Abel Jansz. Tasman Ter Ontdekking Van De Goud-En Zilvereilanden, 1639*. 's-Gravenhage: Martinus Nijhoff, 1954.

中村孝志，〈十七世紀荷蘭人在臺灣的探金事業〉，收入吳密察、翁佳音、許賢瑤編，《荷蘭時代台灣史研究（上）》，臺北縣：稻鄉出版社，1997，頁 165-217。

——，〈荷蘭人的臺灣探金事業再論〉，收入吳密察、翁佳音、許賢瑤編，《荷蘭時代台灣史研究（上）》，臺北縣：稻鄉出版社，1997，頁 219-249。

——，〈荷蘭時代的探金事業補論：特別關於哆囉滿〉，收入吳密察、翁佳音、許賢瑤編，《荷蘭時代台灣史研究（上）》，臺北縣：稻鄉出版社，1997，頁 251-257。

江樹生譯，《熱蘭遮城日誌　第二冊》，臺南：臺南市政府，2002。

村上直次郎編，《ドン・ロドリゴ日本見聞録；ビスカイノ金銀島探検報告》，東京：駿南社，1929。

清・周鍾瑄，《諸羅縣志》，收入《臺灣文獻叢刊》，第 141 種，臺北：臺灣銀行經濟研究室，1962（1717）。

清・郁永河，《裨海紀遊》，收入《臺灣文獻叢刊》，第 44 種，臺北：臺灣銀行經濟研究室，1959（約 1698）。

翁佳音，《荷蘭時代：臺灣史的連續性問題》，板橋：稻鄉出版社，2008。

康培德，《殖民想像與地方流變：荷蘭東印度公司與臺灣原住民》，臺北：聯經出版社，2016。

## 附錄

Blussé, Leonard, Natalie Everts, and Evelien Frech, eds. *The Formosan Encounter*. 4 vols. Vol. 1-4. Taipei: Shung Ye Museum of Formosan Aborigines, 1999-2010.

Blusse, Leonard, and Natalie Everts, eds. *The Formosan Encounter: Notes on Formosa's Aboriginal Society* Vol. 4. Taipei: Shung Ye Museum of Formosan Aborigines, 2010.

Slot, B. J., M. C. J. C. van Hoof, and F. Lequin. "Notes on the Use of the Voc Archives." Chap. 3 In *The Archives of the Dutch East India Company : (1602-1795)*, edited by M. A. P. Roelofsz, Remco Raben and H. Spijkerman, 47-69. 's-Gravenhage: Sdu Uitgeverij, 1992.

中村孝志，〈十七世紀荷蘭人在臺灣的探金事業〉，收入吳密察、翁佳音、許賢瑤編，《荷蘭時代台灣史研究（上）》，臺北縣：稻鄉出版社，1997，頁 165-217。

——，〈荷蘭人的臺灣探金事業再論〉，收入吳密察、翁佳音、許賢瑤編，《荷蘭時代台灣史研究（上）》，臺北縣：稻鄉出版社，1997，頁 219-249。

——，〈荷蘭時代的探金事業補論：特別關於哆囉滿〉，收入吳密察、翁佳音、許賢瑤編，《荷蘭時代台灣史研究（上）》，臺北縣：稻鄉出版社，1997，頁 251-257。

江樹生主譯，《荷蘭聯合東印度公司臺灣長官致巴達維亞總督書信集》，南投：國史館臺灣文獻館，2007-2015。

江樹生譯，《熱蘭遮城日誌》，臺南：臺南市政府，1999-2011。

——，《熱蘭遮城日誌　第一冊》，臺南：臺南市政府，1999。

——，《熱蘭遮城日誌　第二冊》，臺南：臺南市政府，2002。

——，《熱蘭遮城日誌　第四冊》，臺南：臺南市政府，2011。

林偉盛譯，〈雷理生〔Cornelis Reyersen〕司令官日誌（一六二二年）〉，《臺灣文獻》54 卷 3 期，2003，頁 139-187。

——，〈雷理生〔Cornelis Reyersen〕司令官日誌（一六二二年）〉，《臺灣文獻》54卷4期，2003，頁241-282。

曹永和、包樂史、江樹生編，《台灣史檔案·文書目錄（十）荷蘭東印度公司有關台灣檔案目錄》，臺北：國立臺灣大學，1997。

程紹剛編譯，《荷蘭人在福爾摩沙》，臺北：聯經，2000。

簡宏逸，〈社船與頭家：試論十七世紀後半以降百年間臺灣北海岸地區的商業運作〉，臺北：二〇一九中央研究院明清研究國際學術研討會，2019。

## 第二章　借力使力：十八世紀末林爽文事件中的鹿港郊商

《鰲西林氏長房二家譜》，中國福建省泉州市永寧陳朝冷提供，2011年8月7日採集。

中國人民大學清史研究所、中國第一歷史檔案館合編，《天地會》，北京：中國人民大學出版社，1980-1988。

周璽，《彰化縣志》，臺北：行政院文化建設委員會、遠流出版社，清代臺灣方志彙刊第21種，2006。

臺灣銀行經濟研究室編，《平臺紀事本末》，臺北：臺灣銀行經濟研究室，臺灣文獻叢刊第16種，1958。

臺灣銀行經濟研究室編，《海濱大事記》，臺北：臺灣銀行經濟研究室，臺灣文獻叢刊第213種，1965。

趙翼，《清朝武功紀盛》，臺北：文海，1961。

吳正龍，〈林爽文事件中的彰化戰役：兼論人群對立與官方剿撫策略〉，《臺灣文獻》69:2（2018.6），頁 67-124。
吳正龍，〈清代臺灣的民變械鬥與分類意識的演變——以林爽文事件為中心所作的探討〉，臺北：中國文化大學史學系博士論文，2013。
林加豐，〈圖史互證：院藏《清軍圍捕林爽文圖》與福康安剿捕林爽文之役〉，《故宮學術季刊》26:3（2009.3），頁 105-132。
張炳楠（王世慶），〈鹿港開港史〉，《臺灣文獻》19:1（1964.3），頁 1-44。
莊吉發，《清高宗十全武功研究》，臺北：國立故宮博物院，1982。
許雪姬，〈誤讀乾隆、誤解清制——王芬的官家記載與民間傳說〉，《故宮學術季刊》21:1（2003.秋），頁 181-214。
陳仕賢，《人物鹿港：從墓誌銘看鹿港人物》，臺中：鹿水文史工作室，2015。
黃富三，《臺灣水田化運動先驅：施世榜家族史》，南投：國史館臺灣文獻館，2006。
楊彥杰，〈「林日茂」家族及其文化〉，《臺灣研究集刊》2001:4（2001），頁 23-33。
葉大沛，〈鹿港「日茂行」林氏及「慶昌號」陳氏〉，《臺灣文獻》47:4（1996.12），頁 149-170
鄭應、李揚，〈鰲城古蹟瑣談〉，《石獅文史資料》，第四輯（1995.3），頁 99-108。

## 第三章　慕義來歸：十九世紀中葉水沙連埔地弛禁與版圖擴張

簡史朗，《水沙連眉社古文書研究專輯》，南投：南投縣文化局，2005。
鄭螢憶，〈王朝體制與熟番身分：清代臺灣的番人分類與地方社會〉。國立政治大學臺灣史研究所博論，2017。

鄭螢憶，〈清代台灣官員「番界」認識與番人分類的演變〉，《國史館館刊》60（2019.6），頁 1-42。

曹士桂，《宦海日記校注》，雲南：雲南人民出版社，1988。

## 第四章　跬步千里：十九世紀馬偕的傳道之旅

Clark, John D. *Formosa*. Shanghai: Shanghai Mercury Office, 1896.

Mackay, George Leslie. *From Far Formosa: The Island, its People and Missions*. New York: Fleming H. Revell, 1895. 譯文參林晚生譯，《福爾摩沙紀事：馬偕台灣回憶錄》，臺北：前衛出版，2007。

Shepherd, John Robert. *Statecraft and Political Economy on the Taiwan Frontier, 1600-1800*. Stanford: Stanford University Press, 1993.

中央研究院臺灣史研究所檔案館「臺灣日記知識庫」網站：http://taco.ith.sinica.edu.tw/tdk/

王政文，〈近代臺灣基督徒的婚姻網絡——以滬尾、五股坑教會信徒為例〉，《新史學》27:1（2016.3），頁 175-246。

李尚仁，〈萬巴德、羅斯與十九世紀末英國熱帶醫學研究的物質文化〉，《新史學》17:4（2006.12），頁 145-194。

林紋沛，《行旅致知：李仙得、達飛聲等西方人建構的臺灣知識（1860-1905）》，臺北：南天，2020。

柯志明，《番頭家：清代臺灣族群政治與熟番地權》，臺北：中央研院社會學研究所，2001。

偕叡理（Rev. George Leslie MacKay）著，北部臺灣基督長老教會大會、北部臺灣基督長老教會史蹟委員會譯，《馬偕日記：1871-1901》，臺北：玉山社，2012。

曾尹軍、張崑振，〈馬偕與「生番」：十九世紀獅潭底教會的建立〉，《臺灣文獻》67:3（2016.9），頁 1-50。
黃智偉，《省道台一線的故事》，臺北：如果，2011。
黃頌文，〈清季臺灣開港前後英商杜德與寶順洋行的崛起（1850-1870）〉，東吳大學歷史學系碩士論文，2012。

## 第五章　文武雙全的政治精算師：胡鐵花

胡傳著；羅爾綱、胡適校編，《臺灣紀錄兩種》，臺北市：臺灣省文獻委員會，1951。
胡傳，《臺灣日記與稟啟》，臺北市：臺灣銀行經濟研究室，1960。
胡傳纂輯，詹雅能點校，《臺東州采訪冊》，臺北市：文建會，2006。
黃學堂，《胡傳傳》，南投市：臺灣省文獻會，1997。
許雪姬，《滿大人最後的二十年：洋務運動與建省》，臺北市：自立晚報，1993。
池志澂，《全臺遊記》，臺北市：臺灣銀行經濟研究室，1960。
蔣師轍，《臺游日記》，臺北市：臺灣銀行經濟研究室，1957。
陳怡宏編，《乙未之役中文史料》，臺南市：國立臺灣歷史博物館、潘思源，2016。
羅爾綱，《師門五年記　胡適鎖記》，北京市：生活．讀書．新知三聯書店，2006。
孔祥吉，《清人日記研究》，佛山市：廣州人民出版社，2008。
潘繼道，〈晚清臺東直隸州的制度與運作〉，《國史館館刊》61（2019.09），頁 43-45、47-85。
福爾索姆（Kenneth E. Folsom）著；劉悅斌、劉蘭芝譯，《朋友．客人．同事：晚清的幕府制度》，臺北市：知書房出版社，2003。

黃昭堂著；廖為智譯，《台灣民主國研究》，臺北市：前衛，2006。

達飛聲（J. W. Davidson）原著；陳政三譯注，《福爾摩沙島的過去與現在 上冊》，臺南市：國立臺灣歷史博物館；臺北市：南天書局，2014。

## 第六章　茶壺裡的風暴：當新、舊民報社的合併遇上臺灣民眾黨的分裂

蔡培火、陳逢源、林伯壽、吳三連、葉榮鐘合著，《臺灣民族運動史》，臺北：自立晚報社文化出版部，1971。

葉榮鐘著，葉芸芸主編，《葉榮鐘全集 1：日據下臺灣政治社會運動史》上、下冊，臺中：晨星出版社，2000。

連溫卿著，張炎憲、翁佳音編校，《臺灣政治運動史》，新北：稻鄉出版社，2003。

黃秀政，《『台灣民報』與近代台灣民族運動》，彰化：現代潮出版社，1987。

楊肇嘉，〈附錄：《臺灣新民報》小史〉，收於氏著，《楊肇嘉回憶錄》，臺北：三民書局股份有限公司，2007，頁 403-436。

吳叡人，〈世界與我們之間：《臺灣》的思想史定位初探〉，收於劉維瑛策劃執行，《現存《臺灣》復刻》第 1 冊，臺南：國立臺灣歷史博物館，2020，頁 I-XXI。

蘇碩斌，〈活字印刷與臺灣意識：日治時期臺灣民族主義想像的社會機制〉，《新聞學研究》，第 109 期（2011.10），頁 1-41。

陳翠蓮，〈大正民主與臺灣留日學生〉，《師大臺灣史學報》，第 6 期（2013.12），頁 53-99。

潘國正編著，《天皇陛下の赤子：新竹人・日本兵・戰爭經驗》，新竹：新竹市立文化中心，1997年。
賴泰安，《少年飛行兵よもやま物語》，東京：潮書房光人社，1984年。
賴泰安著、張詠翔譯，《出發吧！少年飛行兵》，臺北：楓書坊，2014年。
黃華昌著、蔡焜霖等譯，《逆的天空：黃華昌回憶錄》，臺北：前衛出版社，2004年。
黃華昌，《台湾・少年航空兵：大空と白色テロの青春記》，東京：社會評論社，2005年。

## 第九章　飄洋過海到臺灣：外省移民的流離歲月

### 正文

《中央日報》
《聯合報》
吳墉祥原著、馬國安主編，《吳墉祥戰後日記（一九四九）》，香港：開源書局；臺北：民國歷史文化學社，2019。
吳墉祥原著、馬國安主編，《吳墉祥戰後日記（一九五〇）》，香港：開源書局；臺北：民國歷史文化學社，2019。
吳墉祥原著、馬國安主編，《吳墉祥在台日記（一九五一）》，香港：開源書局；臺北：民國歷史文化學社，2020。
吉星文著，何鳳嬌、蕭李居編輯校訂，《吉星文先生日記（一）》，臺北：國史館，2015。
吉星文著，何鳳嬌、蕭李居編輯校訂，《吉星文先生日記（二）》，臺北：國史館，2015。

國防部史政局編，《趙家驤吉星文章傑將軍哀榮紀實》，台北：國防部史政局，1960。
林桶法，《1949 年大撤退》，臺北：聯經，2009。
黃翔瑜〈山東流亡師生冤獄案的發生及處理經過（1949-1955）〉，《臺灣文獻》，第 60 卷第 2 期（2009 年 6 月），頁 269-307。
李漢昌主編，國軍退除役官兵輔導委員會行政管理處編，《英烈千秋：紀念對日抗戰八十週年專輯》，臺北：行政院國軍退除役輔導委員會，2017。
薛月順，〈臺灣入境管制初探——以民國 38 年陳誠擔任省主席時期為例〉，《國史館學術集刊》第 1 期（2001 年 12 月），頁 225-256。
呂培苓，《一甲子的未亡人：王培五與她的 6 個子女》，新北市：文經社，2015。
歐素瑛，〈臺灣省參議會與中華民國政府遷臺〉，《臺灣學研究》，第 13 期（2012 年 6 月），頁 127-160。

**附錄**

林桶法，《1949 年大撤退》，臺北：聯經，2009。
傅正主編，《雷震日記》，臺北市：桂冠圖書公司，1989。
蘇雪林著；國立成功大學中國文學系蘇雪林作品集編輯小組主編，《灌園先生日記（一）–（十五）》，臺南：國立成功大學教務處出版組，1999-2013。
吉星文著，何鳳嬌、蕭李居編輯校訂，《吉星文先生日記（一）》，臺北：國史館，2015。
吉星文著，何鳳嬌、蕭李居編輯校訂，《吉星文先生日記（二）》，臺北：國史館，2015。

吳墉祥原著、馬國安主編，《吳墉祥戰後日記（一九四九）》，香港：開源書局；臺北：民國歷史文化學社，2019。

吳墉祥原著、馬國安主編，《吳墉祥戰後日記（一九五〇）》，香港：開源書局；臺北：民國歷史文化學社，2019。

吳墉祥原著、馬國安主編，《吳墉祥在台日記（一九五一）》，香港：開源書局；臺北：民國歷史文化學社，2020。

傅正著；薛化元主編，《傅正日記》，臺北市：自由思想學術基金會，2019。

國防部史政局編，《趙家驤吉星文章傑將軍哀榮紀實》，台北：國防部史政局，1960。

# 圖片來源與授權

## 第一章

福爾摩沙島與澎湖群島地圖（François Valentijn, 1726）。來源：Wikimedia Commons。

庫拉獨木舟（Kula kanoe）。作者拍攝。

抵達哆囉滿（示意圖）。莊河源繪製。

巴爾比安日記抄本首頁。出自 VOC 1222 fol. 455r，作者提供。

## 第二章

「恩霑海國」匾。作者拍攝。

鹿港日茂行外觀及矗立的八座旗杆。作者拍攝。

「新建蚶江海防官署碑記」。作者拍攝。

乾隆皇帝敕建的天后宮「新祖宮」。作者拍攝。

福康安畫像（《御筆平定臺灣二十功臣像贊》中的福康安畫像）。來源：Wikimedia Commons。

《欽定平定臺灣紀畧》（記載福康安渡海）。國立臺灣圖書館提供。

生擒林爽文圖。來源：國立故宮博物院 open data 區。

福康安返抵廈門圖。來源：國立故宮博物院 open data 區。

《欽定平定臺灣紀畧》（記載林文湊、文濬助官平亂）。國立臺灣圖書館提供。

## 第三章

彰化縣水沙連等社歸化生番。來源：https://gallica.bnf.fr。

水沙連族群分布圖。改繪自簡史朗《水沙連眉社古文書研究專輯》，廖于婷改繪。

閩浙總督劉韻珂道光年間巡視水沙連圖。國立臺灣博物館提供。

《宦海日記》〈東渡〉。出自：曹士桂，《宦海日記校注》，雲南：雲南人民出版社，1988，頁45。

## 第四章

馬偕博士在北臺灣的傳教據點。出自：馬偕一八九五年《臺灣遙寄》。來源：Reed Digital Collection。

馬偕博士向原住民傳道。真理大學提供。

馬偕博士及學生們經三貂嶺。真理大學提供。

前往奇萊平原。真理大學提供。

馬偕博士收藏之佛像及神主牌。真理大學提供。

馬偕日記。中央研究院臺灣史研究所檔案館提供。

## 第五章

臺東天后宮與昭忠祠，邱奕傑拍攝。

胡傳畫像。來源：Wikimedia Commons。
胡傳日記。中央研究院近代史研究所胡適紀念館提供。
光緒十八年胡傳巡臺地圖。廖于婷繪。
重修安平第一橋碑記。國立臺灣圖書館提供。
臺南井仔腳瓦盤鹽田。作者拍攝。
《臺灣府城街道全圖》。來源：Reed Digital Collection。
抽鴉片。國立臺灣歷史博物館提供。

## 第六章

黃旺成日記。中央研究院臺灣史研究所檔案館提供。
《臺灣青年》封面。作者提供。
一九二四年二月十八日「治警事件」出獄攝影。出自：〈臺灣議會設置請願運動相關照片〉，《六然居典藏史料》。中央研究院臺灣史研究所檔案館提供。
一九二七年七月《臺灣民報》報社成員合影。出自：〈臺灣民報與臺灣新民報同仁合影〉，《黃旺成與黃繼圖文書》。中央研究院臺灣史研究所檔案館提供。
一九三〇年八月十七日在臺中醉月樓舉辦臺灣地方自治聯盟成立大會。出自：〈臺灣議會設置請願運動相關照片〉，《六然居典藏史料》。中央研究院臺灣史研究所檔案館提供。
林獻堂一九三〇年日記。中央研究院臺灣史研究所檔案館提供。
一九三〇年三月臺灣新民報社成員於報社前之合影。出自：〈臺灣民報與臺灣新民報同仁合影〉，《黃旺成與黃繼圖文書》。中央研究院臺灣史研究所檔案館提供。

## 第七章

一九二八年楊水心所用日記本的首頁。中央研究院臺灣史研究所檔案館提供。
林獻堂、楊水心夫婦結婚四十年紀念照。中央研究院臺灣史研究所檔案館提供。
一九三二年會員、幹部一起展示會旗的合照。中央研究院臺灣史研究所檔案館提供。
新會義賣會紀念照。中央研究院臺灣史研究所檔案館提供。
一九二九年楊水心日記。中央研究院臺灣史研究所檔案館提供。

## 第八章

角板山蕃童教育所。中央研究院臺灣史研究所檔案館提供。
霧社事件中編入西川部隊投入戰鬥的「味方蕃」。出自：海老原耕平，《霧社討伐寫真帳》（臺北：共進商會，1931），頁97。
原住民以血染的「日之丸」（日本國旗）與「血書」報名軍夫甄選。出自：竹內清，《事變と臺灣人》（臺北：臺灣新民報社，1940），頁167。
Kelasay 出征時的軍裝照。出自：Kelasay 著、林哲次譯，《一位高砂志願兵的摩洛泰島戰記》（臺東：國立臺東大學南島文化中心，2017），未註頁碼。Kelasay 家屬授權使用。
游擊隊部分成員在湖口陸軍演習場訓練時合影。出自：モロタイ戦友会編，《春島戰記：あゝモロタイ》（東京：芳文社，1978），未註頁碼。

向哇庥海岸登陸的美軍。出自：モロタイ戦友会編，《春島戰記：あゝモロタイ》（東京：芳文社，1978），未註頁碼。

向二〇高地前進的美軍部隊。出自：モロタイ戦友会編，《春島戰記：あゝモロタイ》（東京：芳文社，1978），未註頁碼。

Kelasay 日記文字。Kelasay 家屬提供及授權使用。

## 第九章

吳墉祥。家屬授權使用。

一九四九年廟宇成為來臺軍民的居所。出自：古碧玲、林絜霏主編，《從異鄉到家鄉：「外省人」影像文物展》台北市：台北二二八紀念館，2000，頁31。原圖來源不明。

一九四九年各地部隊抵臺自行搭建帳篷作為臨時營舍。出自：古碧玲、林絜霏主編，《從異鄉到家鄉：「外省人」影像文物展》台北市：台北二二八紀念館，2000，頁45。羅超群攝影、授權。

吉星文。吉民立授權使用。

《中央日報》刊登張敏之槍決消息。出自臺灣圖書館微卷。

一九九六年立法院建請行政院成立專案小組澈查民國三十八年張敏之校長等冤獄事件。國家發展委員會檔案管理局提供。

吳墉祥日記。家屬授權使用。

吳墉祥日記文字（本書彩頁第12頁）。出自《吳墉祥戰後日記（一九四九）》，臺北：民國歷史文化學社，頁316。

## 附錄

羅爾綱校抄胡傳日記手稿。中央研究院近代史研究所胡適紀念館提供。

臺東鯉魚山忠烈祠的「臺東直隸州州官胡鐵花先生紀念碑」。作者拍攝。

《再見海南島：臺籍日本兵張子涇太平洋終戰回憶錄》封面，遠足文化授權使用。

# 索引

**八畫**



**九至十畫**

**十一畫**

### 十二畫



### 十三至十四畫



### 十五畫

## 地點

**二至三畫**

## 十至十一畫

**十二至十三畫**



**十四至十五畫**

## 十六畫以上



## 文獻

## 其他

### 一至十畫



### 十一畫以上

# 跨越世紀的信號 2：日記裡的臺灣史（17-20 世紀）

主　　編　張隆志
作　　者　簡宏逸、楊朝傑、鄭螢憶、林紋沛、陳冠妃、莊勝全、劉世溫、陳柏棕、曾獻緯
選書責編　張瑞芳
校　　對　魏秋綢
版面構成　張靜怡
美術設計　簡曼如
封面設計　徐睿紳
行銷統籌　張瑞芳
行銷專員　何郁庭
總 編 輯　謝宜英
出 版 者　貓頭鷹出版

發 行 人　凃玉雲
發　　行　英屬蓋曼群島商家庭傳媒股份有限公司城邦分公司
　　　　　104 台北市中山區民生東路二段 141 號 11 樓
　　　　　劃撥帳號：19863813；戶名：書虫股份有限公司
城邦讀書花園：www.cite.com.tw　購書服務信箱：service@readingclub.com.tw
購書服務專線：02-2500-7718~9（周一至周五 09:30-12:30；13:30-18:00）
24 小時傳真專線：02-2500-1990；25001991
香港發行所　城邦（香港）出版集團／電話：852-2877-8606 ／傳真：852-2578-9337
馬新發行所　城邦（馬新）出版集團／電話：603-9056-3833 ／傳真：603-9057-6622
印 製 廠　中原造像股份有限公司
初　　版　2021 年 1 月
　　二刷　2022 年 11 月
定　　價　新台幣 599 元／港幣 200 元
I S B N　978-986-262-452-4



讀者意見信箱　owl@cph.com.tw
投稿信箱　owl.book@gmail.com
貓頭鷹臉書　facebook.com/owlpublishing



國家圖書館出版品預行編目資料

跨越世紀的信號 2：日記裡的臺灣史 17-20 世紀／簡宏逸、楊朝傑、鄭螢憶、林紋沛、陳冠妃、莊勝全、劉世溫、陳柏棕、曾獻緯著；張隆志主編．-- 初版．-- 臺北市：貓頭鷹出版：家庭傳媒城邦分公司發行，2021.01
面；　公分．
ISBN 978-986-262-452-4（平裝）

1. 臺灣史　2. 史料　3. 書信

733.7　　109019904

**本書採用品質穩定的紙張與無毒環保油墨印刷，以利讀者閱讀與典藏。**